햇볕정책을 위한 변론

햇볕정책을 위한 변론

이원섭 한겨레 논설위원실장 지음

햇볕정책을 위한 변론

1판 1쇄 펴낸날 · 2003년 7월 30일
1판 2쇄 펴낸날 · 2003년 8월 30일

지은이 · 이원섭

펴낸이 · 이주명
펴낸곳 · 필맥
등 록 · 제2003-63호
주 소 · 110-101 서울시 종로구 송월동 99-2 송월빌딩 401호
전 화 · 02-3210-4421
팩 스 · 02-3210-4431
전자우편 · philmac@philmac.co.kr

ⓒ 이원섭, 2003
표지사진ⓒ AP/연합, 2002

ISBN 89-954116-2-7 03300

* 이 책은 한국언론재단의 언론인연구저술 지원으로 출판되었습니다.
* 잘못된 책은 바꾸어 드립니다.
* 값은 뒤표지에 있습니다.
* 표지설명: 2002년 4월 29일 평양에서 열린 아리랑축전 개막 행사에서 한복을 입은 북한 무용수들이 한반도를 형상화한 춤을 추고 있는 모습 사진을 그래픽 처리

언젠가 하나 된 조국에서
민족 도약의 꿈을 펼칠 미래의 젊은이들에게
이 책을 바칩니다.

 머리말

　신문은 그날그날의 역사이고, 신문기자는 그날그날의 역사를 기록하는 사람이다. 그날그날의 역사를 기록하는 데 충실해야 할 언론인으로서 이처럼 긴 글을 쓴 것은 역사의 분기점에서 그에 걸맞은 평가의 기록을 남겨야 한다는, 나름의 의무감 때문이다. 남북문제와 통일문제에서 김대중 정부 5년은 분명 새로운 경험이었다. 김대중 정부의 퇴장을 계기로 그 5년간의 대북정책을 종합 정리함으로써 기록자의 소임을 다하고 싶었다.

　이런 의무감을 더욱 부추긴 것은 대북송금에 대한 특검수사였다. 김대중 정부의 햇볕정책을 긍정적으로 평가하는 글을 써온 입장에서 햇볕정책이 특검의 수사대상으로 전락하고, 더구나 어렵게 쌓아온 남북관계가 크게 훼손되는 모습을 지켜보게 된 것은 안타까운 일이었다.

특검수사 결과, 정부가 남북 정상회담을 추진하면서 대북 지원금 명목으로 북한에 돈을 보낸 사실이 밝혀졌다. 정상회담이 단지 대북 지원금 때문에 이루어진 것은 단연코 아니겠지만, 국민들을 실망시킨 것은 틀림없다. 그동안 단 1달러도 보내지 않았다고 거짓 공언해온 김대중 정부의 도덕성이 치명상을 입게 됐다.

그럼에도 한반도 평화를 유지하고 분단된 조국을 잇겠다는 큰 뜻에서 출발했을 것이 분명한 남북 정상회담이 돈 몇 푼의 뒷거래나 야합의 결과로 매도돼서는 안 된다는 믿음이 이 글쓰기를 재촉했다. 한반도에서 전쟁위기를 해소하고 평화체제를 굳히는 데 정상회담이 가장 효과적이면서 현실적인 돌파구라고 확신했다면 정치적 결단을 내릴 수 있고, 대북송금 문제도 그런 차원에서 봐야 한다는 게 필자의 생각이다.

식량난으로 아사자가 속출하는 등 경제적으로 어려운 처지였던 북한에 현금 지원을 하지 않고는 정상회담 개최가 불가능하다고 판단했지만 드러내놓고 국민의 동의를 구하는 절차를 밟을 수 없는 상황이었다면 국가 지도자로서 결단할 수밖에 없었을 것이라는 게 내 변론의 핵심이다. 물론 최종적인 평가는 역사의 몫이 될 터이다. 뭐든지 당위론적으로 비판하기는 쉽지만, 현실적으로 따져 들어가 엄하게 비판할 대목과 이해할 대목을 가리는 것은 쉽지 않으려니와 상당한 용기도 필요로 한다.

햇볕정책은 남북 정상회담을 성사시켜 민족화해를 촉진하고 남북관계를 급진전시켰다. 돈으로만 따질 수 없는 큰 성과를 거둔 것이다. 현대가 선투자금 명목으로 송금한 4억 달러는 이어질 경제협력 사업으로 연결되고, 정부의 대북 지원금 1억 달러도 민족사의 물줄기를 바람직한 방향으로 돌리는 데 사용됐다면 평화유지 비용이라 긍정할 수도 있지 않을까.

'절대권력은 절대 부패한다'는 믿음과, 특히 언론인은 권력에 대한 감시와 비판을 게을리 해서는 안 된다는 생각에 전혀 변함이 없다. 하지만 시시각각 변하는 여론에 매몰돼 '합당한 비판'을 넘어 '과도한 매도'를 하는 것은 여론을 선도하는 게 아니라 여론에 영합하고 추수하는 것이라고 말하고 싶다. 그런 태도는 역사의 눈으로 길게 볼 때 균형감을 상실한 것일 수 있다.

한때 너무 고평가됐다가 지금은 바닥으로 떨어진 햇볕정책의 위상이 민족사에서 정당하게 차지해야 할 본래의 자리를 되찾도록 해야 한다. 이런 나의 생각은 남북관계의 현장을 지켜보며 글을 써온 글쟁이의 작은 자존심을 반영하는 것이기도 하다.

이 책은 편의상 5장으로 나뉘었지만, 전체적으로 김대중 정부 5년을 관통한 햇볕정책에 초점을 맞추어 한반도 문제를 여러 각도에서 분석한 것이다. 1장에서는 김대중 정부의 햇볕정책 기조를, 2장에서는 남북 정상회담과 정상회담을 전후한 한반도 흐름을 살폈다. 3장에서는 한반도의 다른 한쪽인 북한의 선택을 중점적으로 분석했고, 4장에서는 햇볕정책에 직접적인 영향을 끼친 미국 대북정책의 변화 양상을 클린턴 정부와 부시 정부로 나눠 살펴보았다. 5장에서는 북미간 핵 갈등과 국내 역학구도에 치인 햇볕정책의 딜레마를 분석했다.

집필 과정에서 많은 자료와 글들을 참조했으나 일일이 출처를 밝히지 않았다. 학술서적이 아니며, 무엇보다 독자들의 글 읽는 흐름을 해치고 싶지 않아서다.

  이 책이 곤경에 처한 햇볕정책이 민족사 차원에서 응당 받아야 할 평가와 대우를 받도록 하는 데 조금이라도 보탬이 된다면, 그리고 한반도 평화와 민족화해의 흐름을 지속시키는 데 조금이라도 도움이 된다면 필자로서는 큰 기쁨과 보람이 될 것이다.

2003년 7월 15일
지은이 이원섭

 차례

· 머리말

· 프롤로그 - 영광과 좌절   13

1장 김대중 정부와 햇볕정책

햇볕정책을 말하다   21
취임사에서 천명한 대북 3원칙 | 햇볕정책 추진 방향 | 햇볕정책, 북한에 따뜻한 빛을… | 햇볕정책 명칭에 대한 북한의 반발 | 소모적 논쟁 피해간 김 대통령

호기 날려버린 남북의 기 싸움   37
보수에는 보수로! 강인덕 통일부 장관 발탁 | 상호주의에 발목 잡힌 베이징 차관급회담 | 서해교전으로 2차 차관급회담 또 결렬

햇볕정책의 첫 시련, 서해교전   46
해상충돌 부추긴 보수언론 | 계획적 도발인가, 우발적 충돌인가 | NLL 논쟁 바로 알기 | 3년 만에 재발한 제2 서해교전

햇볕정책의 동반자 현대그룹과 금강산 관광   60
정주영 회장의 집념과 소떼 방북 | 교류와 협력의 상징, 금강산 관광사업 | 수지 못 맞춰 난관에 빠진 금강산 관광 | 정주영 회장 상가에 온 조문사절단

2장 남북 정상회담 전후

정상회담 특사접촉   75
정상회담 합의 깜짝 발표 | 베일을 벗은 싱가포르 비밀접촉 | 베를린 선언과 특사접촉의 상관관계 | 박지원 장관이 나선 까닭 | 총선 앞둔 발표로 '정치적 이용' 구설수 자초 | 뒤늦게 안 미국의 분노와 의심 | 판문점에서의 정상회담 준비접촉

세계를 놀라게 한 정상회담   98
방북 첫째 날 – 예상 밖 공항영접 | 방북 둘째 날 – 남북 정상회담 | 방북 셋째 날 – 오찬과 귀환

6.15 공동선언의 역사적 의미   142
통일문제의 자주적 해결 다짐 | 통일방안의 공통점 인정 | 인도적 문제 해결

남북 정상회담, 그 후   154
봇물 터진 남북 교류와 협력 | 임동원·김용순 두 대리인의 밀착 협상 | 눈물바다 된 이산가족 상봉 | 남북 교류협력의 획기적 진전 | 속도조절론의 함정 | 의미 깊은 남북 국방장관회담 | 역풍 만난 남북관계

3장 북한의 선택

김정일 정권의 전략적 변화   183
김정일 체제, 닻을 올리다 | 적극적 외교전략만이 살 길이다 | 개혁과 개방을 향해 | 신의주특구, 개성특구 지정

4장 햇볕정책 성패 가른 미국

클린턴 정부와 햇볕밀월 203
갈등과 협상 반복한 북미관계 | 클린턴 정부의 로드 맵, 페리 보고서 | 조명록 차수의 미국 방문 | 올브라이트 국무장관의 평양 방문

부시 대통령과 9.11 테러 이후의 한반도 230
클린턴 정책에 반대한다 | 공화당의 대북정책 로드 맵, 아미티지 보고서 | 첫 정상회담서 김 대통령 홀대한 부시 | 일방적인 대북 대화재개 선언 | 9.11 테러 사태에 휘말린 한반도 | 악의 축 | 미국, 핵 선제공격 가능성을 열어두다 | 미국의 한반도 전쟁 시나리오

5장 햇볕정책의 시련

북미 핵 갈등에 치인 햇볕정책 261
켈리 특사 방북과 핵 시인 파문 | 한국 반응 떠본 맞춤형 봉쇄 | 어렵게 열린 베이징 3자회담 | 이라크와는 다른 북한 | 1994년 핵 위기 때와 다른 점 | 미국 페이스에 끌려간 노무현·부시 정상회담 | 평화번영정책과 햇볕정책

국내 정치에 치인 햇볕정책 288
햇볕정책에 대한 북한의 반응 | 햇볕정책에 대한 미국의 반응 | 햇볕정책에 대한 주변국들의 반응 | 국내 정치적 지지기반이 취약했던 이유 | 대북송금 의혹과 특검 수사결과 발표 | 햇볕정책의 성과

· 에필로그 – 햇볕정책을 위한 변론 322

· 햇볕정책 관련 일지(1998~2003) 325

 프롤로그 | 영광과 좌절

#1_ 남과 북, 닫힌 문이 열리다

2000년 6월 13일 오전 10시 29분 평양 순안공항. 남한 대통령 전용기가 매끄럽게 활주로에 내려앉았다. 잠시 뒤 김대중 대통령의 얼굴이 텔레비전 화면에 나타났다. 만감이 교차하는 표정이 역력했다.

김정일 북한 국방위원장이 먼저 환영의 박수를 보냈다. 김 대통령도 박수를 쳐 화답하고 천천히 평양 땅을 밟았다. 두 사람은 뜨겁고 감격적인 모습으로 두 손을 맞잡았다. "반갑습니다." "만나고 싶었습니다."

분단 이후 반세기가 흘러서야 처음으로 남북의 정상이 만난 것이다. 텔레비전 중계방송으로 이 장면을 지켜본 사람들은 모두 울컥거리는 심정이었다. 두 정상은 나란히 의장대를 사열했다. 김정일 국방위원장은 도열해 있는 북한 인사들을 김 대통령에게 소개했다. 이어 두 정상은 나란히 승용차에 올랐다. 평양 시내로 들어가는 동안 수많은 평양 주민들이 꽃술을 흔들며 "만세"를 외쳤다.

두 정상은 이튿날 정상회담을 하고 5개 항의 남북 공동선언에 합의했다. 서명식은 밤 11시 20분 김 대통령의 숙소인 백화원 영빈관에서 열렸다. '대한민국 대통령 김대중' '조선민주주의인민공화국 국방위원장 김정일' 이라고 각각 서명했다.

두 정상은 손을 굳게 맞잡으며 밝게 웃었다. 서로 상대방의 손을 번쩍 치켜들고 이 역사적인 합의를 축하했다. 화해와 공존의 시대를 기념하며 건배도 했다. 양쪽 수행원들은 뜨거운 감격의 박수를 보냈다.

#2_ 노벨 평화상으로 이어진 영광

한국인으로서는 처음으로 노벨 평화상을 받는 김대중 대통령은 기쁨과 자랑스러움을 억제하지 못했다.

2000년 12월 10일 노르웨이의 수도 오슬로 시청 중앙 홀에서 열린 시상식은 그에게 감격 그 자체였다. 김 대통령은 수상연설에서 "한국에서 민주주의와 인권, 민족의 통일을 위해 기꺼이 희생한 수많은 동지들과 국민들을 생각할 때 이 영광은 그분들에게 바쳐져야 마땅하다"고 말했다. 그는 "지난 6월 북한의 김정일 국방위원장과 남북 정상회담을 했으며, 우리는 민족의 안전과 화해협력을 염원하는 입장에서 상당한 수준의 합의를 도출해내는 데 성공했다"고 덧붙였다.

군나르 베르게 노벨위원회 위원장은 김 대통령을 수상자로 선정한 경과를 보고하면서 "김대중씨는 수십 년 동안 권위주의 독재체제를 상대로 승산이 없어 보이던 싸움을 해왔다"며 "우리는 그가 민주화 과정을 마무리할 것으로 확신한다"고 강조했다. 그는 또 "한반도의 마지막 냉전의 잔재를 녹이는 과정에서 김대중씨보다 더 많은 기여를 한 사람은 없다"고 덧붙였다.

노벨 평화상 선정위원회가 김대중 대통령이 민주주의를 위해 노력한 공로와 남북분단 극복을 위해 노력한 공로를 국제적으로 인정한 것이었다. 김 대통령 본인은 물론 한국민 모두에게 영광스러운 일이었고, 온 국민이 함께 기뻐했다. 숱한 역경을 헤치고 생과 사의 고비를 넘긴 끝에 대통령에 당선되고 남북 정상회담을 성사시켜 그 공로로 노벨 평화상을 타게 되다니 김 대통령으로서는 꿈같은 일이었을 것이다. 김 대통령이 일관되게 추진해온 햇볕정책이 국제적으로 인정받고 환한 햇살을 받는 순간이었다.

#3_ 영광에서 좌절로… 불거진 의혹, 대북송금

대북송금 의혹을 밝히라는 국민 여론에 몰린 김대중 대통령은 해명하고 사과하기 위해 텔레비전 카메라 앞에 섰다. 퇴임을 불과 열흘 앞둔 2003년 2월 14일이었다.

밤새 잠을 이루지 못한 듯 초췌한 모습이었다. 그는 대국민 담화에서 "최근 현대상선의 대북송금 문제를 둘러싼 논란으로 국민 여러분께 큰 심려를 끼쳐 참으로 죄송하기 그지없다"는 사과로 말문을 열고 "이것이 공개적으로 문제가 된 이상 정부는 진상을 밝히고 모든 책임을 대통령인 내가 지겠다"고 말했다. 그는 "현대는 대북송금의 대가로 북한 측으로부터 철도, 전력, 통신, 관광, 개성공단 등 7개 사업권을 얻었다"며 "정부는 그것이 평화와 국가이익에 크게 도움이 된다고 판단했기 때문에 실정법상 문제가 있음에도 불구하고 수용했다"고 밝혔다.

김 대통령은 "남북관계의 이중성과 북의 폐쇄성 때문에 불가피하게 비공개로 법의 테두리 밖에서 처리할 수밖에 없는 경우가 있다"며 "이번 경우도 어떻게 하면 전쟁을 막고 평화와 번영을 누릴 수 있을 것인가, 어떻게 하면 통일에의 희망을 일구어 나갈 수 있도록 할 것인가 하는 충정에서 행해진 것"이라며 국민의 이해를 구했다.

대북송금 의혹에 대해서는 그 뒤 특별검사 법안이 공포되고 수사가 진행됐다. 특검수사 결과 남북 정상회담 특사 접촉과정에서 현대그룹이 포괄적인 경제협력사업권을 따내는 대가로 4억 달러를 지급하기로 약속했고, 이와 별도로 정부가 대북 지원금 명목으로 1억 달러를 전달하기로 했음이 드러나면서 햇볕정책은 큰 손상을 입었다.

햇볕정책을 수행하는 데 앞장서온 박지원 전 청와대 비서실장을 비롯해 이기호 전 청와대 경제수석, 이근영 전 산업은행 총재 등이 구속됐고, 임동원 전 국정원장, 정몽헌 현대아산 회장 등 핵심 인사들이 불구속 기소돼 재판을 받았다. 직접적으로 김대중 대통령에 대해 조사를 하지 않았을 뿐이지, 그의 측근들은 모두 특검에 불려가 조사를 받았다.

돈으로 정상회담을 샀다는 일부의 험담이 나오면서 민족의 화해와 평화를 일군 쾌거라는 남북 정상회담과 6.15 공동선언에 대한 그동안의 평가와 햇볕정책에 대한 긍정적 이미지가 크게 흔들렸다. 남북관계도 신뢰에 커다란 금이 갔다.

#4_ 햇볕, 북미갈등 속에서 빛을 잃다

햇볕정책의 또 다른 그림자는 북한과 미국의 갈등으로 빚어진 한반도 위기상황이다. 북한 핵 문제로 불거진 북미갈등은 한반도 평화를 위협했고, 긴장이 고조되면서 햇볕정책이 어렵게 쌓아올린 성과가 일시에 무너졌다. 핵 문제가 불거지면서 다시 전쟁위험의 한파가 몰아친 것이다.

햇볕정책은 미국 클린턴 행정부의 대북 포용정책과 보조를 맞추면서 전개돼, 남북 정상회담과 그 후의 남북관계 진전으로 만개했다. 그러나 조지 부시 행정부 등장 이후 강경해진 미국의 대북정책은 햇볕정책이 어렵게 이룩한 한반도 평화 기조를 다시 뒤흔들었다. 부시 대통령 취임 후 열린 첫 한미 정상회담에서 김대중 대통령이 받은 수모와 무례는 이런 변화된 상황을 상징하는 것이었다.

핵 문제가 불거지는 상황에서 대북 포용정책이 뒷전으로 밀리고 햇볕정책의 빛이 바래는 것은 당연하다. 따뜻한 햇살을 내리쬐어 북한 사회를 변화시킨다는 햇볕정책이 과연 성공을 거두었느냐는 비판론자들의 가시 돋친 물음에 답하기가 옹색해진다. 물론 햇볕정책을 써서 남북 정상이 만나고 남북간에 교류협력이 진행됐기에 핵 위기의 와중에도 국민들이 불안감에 젖지 않고 생업에 종사하며 평화롭게 사는 것 아니냐고 반론할 수도 있다. 그러나 이런 반론은 분명 타당성이 있음에도 피부로 느껴지지는 않는다는 데 문제가 있다.

김정일 국방위원장과의 역사적인 남북 정상회담과 6.15 공동선언 채택, 한국인으로선 처음인 노벨 평화상 수상 등이 햇볕정책의 빛이라면, 대북 비밀송금으로 빚어진 이미지 퇴색, 북한 핵 위기로 인한 한반도 긴장상황 등은 햇볕정책의 성과를 훼손하고 깎아내린 어두운 그림자다.

1장
김대중 정부와 햇볕정책

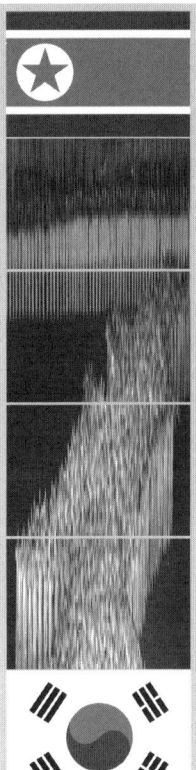
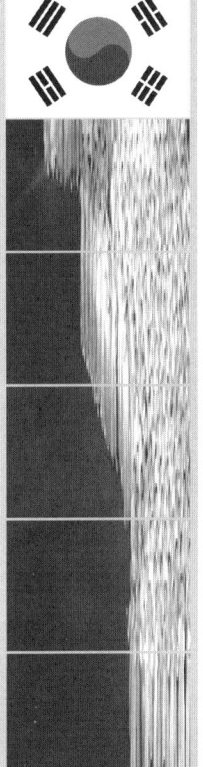

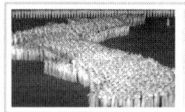 햇볕정책을 말하다

취임사에서 천명한 대북 3원칙

1997년 12월 17일 천신만고 끝에 네 번째 도전에서 기어이 대통령에 당선된 김대중씨는 준비된 대통령으로서 꿈을 펼치기 시작했다. 당선이 확정된 다음날 그는 내외신 기자회견을 갖고 "남북간 교류와 협력을 위해 남북 기본합의서에 명시된 특사교환을 재개하고, 그 과정에서 필요하다면 북한의 김정일 총비서와 남북 정상회담을 개최할 것을 공식 제의한다"고 밝혔다.

1998년 2월 25일 '국민의 정부'가 공식 출범했다. 김대중 대통령은 취임사에서 남북관계는 화해와 협력, 그리고 평화 정착에 토대를 두고 발전시켜 나가야 한다고 대북정책의 큰 방향을 제시하며 '대북 3원칙'을 밝혔다. 첫째, 어떠한 무력도발도 결코 용납하지 않겠다. 둘째, 우리는 북한을 해치거나 흡수할 생각이 없다. 셋째, 남북의 화해와 협력을 가능한 분야부터 적극적으로 추진해 나가겠다. 김대중 정부의 이 같은 대북 3원칙은 그 뒤 정경분리 원칙이 더해지면서 햇볕정책의 뼈대를 이루게 된다.

김 대통령은 취임사에서 남북간에 교류협력이 이루어질 경우 북한이 미국과 일본 등 우리의 우방국가나 국제기구와 교류협력을 추진해도 지원할 용의가 있다고 밝혔다. 김 대통령은 우선 남북 기본합의서의 이행을 위한 특사교환을 제의하면서 북한이 원한다면 정상회담에도 응할 용의가 있다는 말로 취임사를 마무리했다.

햇볕정책 추진 방향

국민의 정부는 대북정책을 '대북 포용정책'으로 명명했고, 나중에 '대북 화해협력정책'으로 공식 이름을 바꾸었다. 이 대북 화해협력정책은 '햇볕정책'이란 별칭으로 더 널리 알려지게 된다.

정부에서 펴낸 통일백서는 대북 화해협력정책의 목표로 '평화와 화해협력을 통한 남북관계 개선'을 내세웠다. 튼튼한 안보를 통해 평화를 유지하면서, 다른 한편으로 화해와 협력을 추구함으로써 북한이 스스로 변화의 길로 나오는 데 적합한 환경을 조성하고, 한반도 평화와 안정을 도모함으로써 남북이 평화롭게 공존하기 위해서다.

이는 당장 법적, 제도적 통일의 실현을 서두르기보다는 평화의 토대를 확고히 유지하는 가운데 교류와 협력을 꾸준히 활성화해 나감으로써, 남북 주민들이 자유롭게 오가며 상호 이해의 폭을 넓히고 민족

동질성을 회복하는 사실상의 통일 상황을 실현하자는 것이었다.

이런 목표를 달성하기 위해 김대중 정부는 무력도발 불용, 흡수통일 불추구, 남북 화해협력 적극 추진을 대북정책의 3원칙으로 천명했던 것이다.

첫째 원칙인 무력도발 불용은 한반도에서 가장 시급하고 중요한 과제는 무엇보다도 평화를 확고히 유지하는 것이란 인식에서 출발하고 있다. 한반도 평화유지는 대북 화해협력정책을 효과적으로 추진하는 토대일 뿐 아니라 더 나아가 남북관계를 개선하고 통일을 실현하는 기본 전제라는 것이다. 때문에 북한의 도발 의지를 사전에 억제시키는 것이 무엇보다 중요하며, 평화를 파괴하는 일체의 무력도발 행위에 대해서는 단호히 대처해 나간다는 뜻이 첫째 원칙에 담겨 있다. 한반도에서 냉전구조를 종식시키고 공고한 평화체제를 구축할 수 있는 제도적 장치를 지속적으로 마련해 나가는 데 노력한다는 강한 의지도 피력됐다.

흡수통일 불추구라는 두 번째 원칙은 통일이 어느 일방이 타방을 일거에 흡수하는 방식으로 추진되어서는 안 된다는 점을 강조한 것이다. 남과 북은 반세기에 걸쳐 서로 다른 체제를 유지하며 대결, 반목하면서 살아왔기에 상호 이질성이 심화됐다. 이런 상태에서 어느 한편이 다른 한편을 일방적으로 흡수하거나 준비과정 없이 급작스럽게 통일하는 것은 가능하지도 않으며, 설사 실현된다 해도 그 충격과 부작용이 심각할 것으로 예상된다는 것이다. 동서독의 경우 오랜 기간에 거쳐 많은 교류와 협력이 이루어지고 사회문화적 동질성을 유지해 왔음에도 통합에 따른 갈등과 부작용을 적지 않게 겪었다는 사실에 주목해야 한다는 설명이다. 이러한 점에서 당장 법적, 제도적 통일을 서두르기보다는 평화를 바탕으로 단계적, 점진적으로 통일을 실현시키고자 한다는 게 두 번째 원칙의 지향이다.

남북간 화해협력의 적극 추진이라는 세 번째 원칙은 단계적, 점진적 통일을 실현시키기 위해서는 우선 남북 사이에 평화공존의 관계를 정착시키고 상호 불신과 적대감을 해소해야 하며 교류와 협력을 통해 민족 동질성을 회복하는 게 필요하다는 것이다. 남과 북이 많은 대화와 접촉을 갖고, 서로 필요로 하는 가능한 분야부터 교류협력을 활성화해 나갈 때 상호 이익과 민족의 복리를 도모할 수 있다는 뜻이다. 아울러 남북 사이에 호혜적인 관계를 형성함으로써 북한의 무력도발 위협을 약화시키고, 결국은 이를 근원적으로 해소할 수 있을 것이라고 강조한다.

이상의 대북 3원칙 외에 정경분리 원칙이 더해진 가운데 김대중 정부의 햇볕정책은 그의 임기가 끝날 때까지 남북간 경제협력을 꾸준히 추진하는 기본정책이 됐다. 정경분리 원칙은 남북 교류에 대한 국민적 열망을 수용하면서, 그동안 불안정했던 남북관계를 민간교류를 통해 안정화되도록 유도하겠다는 뜻에서 채택됐다. 이중적인 한반도의 현실을 볼 때 남북 사이에 사소한 마찰이나 갈등이 있을 때마다 경제교류마저 단절된다면 남북관계는 이른바 냉탕과 온탕을 왔다 갔다 할 수밖에 없는 구조임을 인정해, 근본적으로 정치, 군사문제와 경제문제를 분리시킨다는 정책이었다.

이는 민간의 자율적인 교류확대가 전반적인 남북관계 개선으로 이어지고 민간 차원의 대화는 궁극적으로는 당국간 대화로 이어질 것이란 전망에 기초한 것이었고, 금강산 관광사업에서 보듯 상당한 성과를 거두었다.

　김대중 정부는 대북정책 3원칙에 입각해 ① 안보와 화해협력의 병행 추진 ② 평화공존과 평화교류의 우선 실현 ③ 화해와 협력으로 북한이 변화할 수 있는 여건 조성 ④ 남북간 상호 이익의 도모 ⑤ 남북 당사자 해결 원칙 아래 국제적 지지 확보 ⑥ 국민적 합의 등을 대북정책의 추진기조로 설정했다.

　이 가운데 안보와 화해협력의 병행 추진을 우선적으로 강조한 것은, 북한이 우리의 안보를 위협하는 적대적 존재이지만 다른 한편으로는 화해협력을 통해 통일을 함께 이루어나가야 할 동반자라는 인식을 바탕에 깔고 있다. 북한이 이런 양면성을 지니고 있기에 우리의 대북정책 역시 이중성을 띨 수밖에 없다는 설명이다.

　한반도에서 무엇보다 시급한 과제는 북한의 군사적 모험주의와 긴장 확산을 방지하면서 한반도에 공고한 평화를 정착시켜 나가는 것이다. 북한이 군사적 모험주의를 포기하지 않는 한 한반도에서 공고한 평화의 길은 기대하기 어렵다. 따라서 북한의 무력 적화통일 의지를 약화시키고, 궁극적으로는 그것을 포기하도록 하는 것이 한반도 평화를 확보하는 근원적인 길이다.

　튼튼한 안보를 바탕으로 한 평화 정착은 남북의 화해협력을 추진하는 데 중요한 기반이며, 남과 북이 교류와 협력을 통해 호혜적인 의존 관계를 이루어가는 것은 장기적으로 한반도 평화를 확보하는 방안이라는 것이다.

　둘째, 평화공존과 평화교류의 우선 실현을 내세운 것은 당장 통일에 주력하기보다는 평화적 공존, 공영의 관계를 형성하는 것이 급선무라는 인식에서다. 반세기 이상 대결과 반목을 거듭해 온 남북이 짧은 시일 안에 통일을 이루기는 어려울 것이므로, 평화 정착을 통해 남북간 평화공존과 평화교류부터 우선 실현하는 게 시급하다. 이는 먼저 평화공존의 남북관계를 정착시켜 분단 상황을 평화적, 안정적으로 관리하는 것이 남북간 대결구도를 화해협력의 구도로 전환하기 위한 첫걸음이라고 보는 것이다.

물론 분단 상황의 안정적 관리에만 머물러서는 안 되며, 분단 상황을 변화시키기 위한 노력도 필요하다. 따라서 평화공존과 함께 평화교류를 병행 추진해 평화의 바탕 위에서 교류와 협력을 적극 활성화해 나가야 한다. 그렇게 해서 북한이 스스로 변화할 수 있는 환경을 조성하고 남북관계를 개선함으로써 통일을 지향하자는 뜻이다.

셋째, 북한이 변화할 수 있는 여건을 조성하자는 것은 북한의 변화가 전제되지 않고서는 우리가 추구하는 인류 보편적 가치가 구현되는 통일국가를 이루기는 어려울 것이란 점에 근거하고 있다. 민주주의와 시장경제 체제의 우월성은 이미 역사적으로 증명됐고, 과거 사회주의 국가들도 개혁과 개방 등 변화의 길을 걷고 있다. 북한 역시 그들 체제의 문제점과 한계를 극복하기 위해 변화해야 한다는 필요성을 인식하고 있으며, 실제적으로 북한 내부에서 이미 그러한 조짐들이 부분적으로 나타나고 있다.

문제는 북한의 변화를 어떻게 촉진시킬 것인가에 있다. 북한 체제의 특성상 변화를 강요하는 것은 체제 붕괴를 의도하는 것으로 인식되어 오히려 북한의 반발을 부를 수 있다. 따라서 북한 스스로 변화의 필요성을 느끼고 개혁과 개방의 길로 나오도록 하는 것이 중요하다. 이를 위해서는 개혁개방과 남북관계 개선이 체제의 붕괴와 흡수통일로 이어질지 모른다는 북한의 우려를 해소해 주어야 한다. 이런 이유에서 남한은 기회가 있을 때마다 흡수통일을 추구하지 않을 것이란 점을 분명히 해야 한다는 것이다. '보다 많은 접촉'과 '보다 많은 대화' 그리고 '보다 많은 협력'을 추진함으로써 북한이 스스로 변화할 수 있는 여건을 만들어 나가야 한다는 얘기다.

넷째, 남북간 상호 이익 도모라는 정책 기조는 남북간 교류와 협력이 북한에 대한 일방적인 지원이나 시혜의 차원을 벗어나 남북 모두에게 이익이 돼야 함은 물론, 더 나아가 민족 전체의 공동 발전과 번영이라는 대승적인 목표에도 부합해야 한다는 것이다. 남한과 북한의 현재 상황과 여건으로 볼 때 서로 주고받는 것의 양과 종류, 시기 등이 대칭되거나 물리적으로 동일할 수는 없다. 하지만 서로 상대방을 인정하고 존중하면서 성의를 보이는 기본적인 자세는 중요하다.

다섯째, 남북 당사자 해결 원칙 아래 국제적 지지를 확보한다는 정책 기조는, 남북문제는 우리 자신의 삶과 민족의 장래에 직결되는 문제이므로 당연히 우리 7000만 겨레의 뜻을 바탕으로 남북이 대화와 협상을 통해 해결해야 한다는 내용이다. 특히 권한과 책임을 가진 남북 당국이 직접 대화하는 것이야말로 남북문제를 해결해 나가는 지름길이라고 설명한다.

한반도 문제는 민족 내부의 문제인 동시에 주변국들의 이해관계가 걸린 문제라는 특수성을 갖고 있다. 그러므로 우리의 노력이 보다 실질적인 결과로 나타나게 하려면 국제사회의 지지와 협조가 필요하므로 관계국과의 협력을 꾸준히 진행해야 한다는 것이다.

여섯째, 국민적 합의를 강조한 것은 대북정책을 효율적으로 추진하고 그 실질적인 성과를 거두기 위해서는 국민들이 확고한 지지로 뒷받침해줘야 한다는 생각을 바탕으로 하고 있다. 국민적 합의를 얻기 위해서는 정책을 투명하게 추진하는 동시에, 국민들의 다양한 의견을 지속적으로 수렴해 정책에 반영해야 한다. 아울러 국민들의 뜻과 역량을 결집시킴으로써 통일 역량을 배양하기 위한 노력도 지속해 나가야 한다는 것이다.

햇볕정책, 북한에 따뜻한 빛을…

김대중 정부 대북정책의 별칭인 햇볕정책이 이솝우화에서 따온 것임은 널리 알려져 있다. 이 그리스 우화는 어린이 동화집마다 실려 있어 한국 사람이라면 누구나 잘 아는 매우 친숙한 이야기다.

한번은 북풍과 해가 누가 더 힘이 센지 시합을 해보기로 했다. 둘은 나그네의 외투를 벗게 만드는 쪽이 더 힘이 센 것으로 인정하기로 했다. 북풍이 먼저 시작했다. 그는 우악스럽게 바람을 몰아쳤다. 나그네가 옷을 끌어당기면 당길수록 바람은 보다 강한 힘으로 그를 몰아쳤다. 그러나 나그네는 바람이 몰고 온 추위 때문에 더욱 외투를 감싸 조였다. 바람은 결국 포기하고 말았다. 이번에는 해가 나서서 적당하게 그를 내리쬐었다. 나그네는 바깥 외투를 벗었다. 해가 나그네를 겨냥해 타는 듯한 빛을 내리쬐었다. 나그네는 열기를 참을 수 없어 옷을 몽땅 벗어던지고는 근처 강물로 뛰어들었다.

김대중 대통령은 대북 포용정책이 북한을 변화시킬 것이라고 설명할 때 이 우화를 자주 인용했다. 그의 대북정책이 지닌 의미를 국민들에게 가장 효과적으로 전달하는 도구로 이 우화를 활용한 것이다. 외국 언론에서도 햇볕정책을 선샤인 폴리시(Sunshine Policy)나 양광정책(陽光政策) 등으로 일반화해 불렀다.

햇볕정책에는 남북문제에 대한 김대중 대통령의 오랜 연구와 통일철학이 녹아들어 있다. 그는 오랜 야당 정치인 생활을 하면서 남보다 혹독한 고난의 길을 걸었다. 역대 집권자들이 그를 정치적 라이벌로 여겨 지역적으로 고립시키고 사상적으로 붉은 색칠을 하며 모함한 탓도 있지만, 시대를 앞서 가는 그의 진보적 사상도 한몫을 했다.

40대의 젊은 야당 지도자로서 박정희 현역 대통령과 맞붙은 1971년 대통령 선거 때 그는 '4대국에 의한 한반도 평화보장'과 '남북간 평화교류를 통해 남북관계를 개선하고 점진적인 평화통일을 실현하는 방안'을 제창해 눈길을 끌었다.

그는 오랜 기간 정치 활동을 해오면서 자신의 지론인 '3단계 평화통일방안'을 여러 차례 가다듬으며 그 내용의 질을 더욱 개선했다. 1980년대 중반에는 이를 더 발전시켜 '공화국연방제'라는 통일방안을 내놓았다. 그는 1992년 대선에서 김영삼 대통령에 패해 정계를 은퇴한 뒤 아태평화재단을 만들어 남북통일 연구에 몰두했다. 이런 역정 끝에 그가 1997년 대통령에 당선됐을 때는 독자적인 '3단계 통일방안'을 확정해 갖고 있었다.

김대중 정부의 햇볕정책은 기본적으로 북한 체제는 실패한 체제이고 어려움에 처해 있으나 곧 붕괴하지는 않는다는 인식을 전제로 했다. 김대중 대통령은 북한이 체제 내부에 안고 있는 정치, 경제, 사회적 문제점들에도 불구하고 한반도 주변 환경을 보거나 주체사상에 의한 주민 결속도 등을 볼 때 체제 유지가 가능할 것이라고 판단하고 있었다. 하지만 북한은 식량난 등 경제적 어려움 때문에 결국 변화할 수밖에 없으며, 이미 조금씩 변화가 시작되고 있다고 보았다. 김정일 정권의 속성상 근본적인 변화를 기대할 수는 없다고 하더라도 경제와 사회 분야에서 조금씩 나타나는 변화가 쌓이면 정치와 군사 분야에서 질적인 변화를 기대할 수 있다는 것이었다.

일반적으로 대북정책은 크게 세 가지 유형으로 나눌 수 있다. 첫째는 대북 봉쇄정책이고, 둘째는 대북 포용정책이며, 셋째는 불개입 정책이다. 이 가운데 불개입 정책은 북한에서 무슨 일이 일어나든 방관하고 상관하지 않는다는 것이다. 이는 한쪽의 움직임이 다른 쪽에 곧바로 영향을 미칠 수밖에 없는 한반도 현실에서는 고려될 수 없는 비현실적인 정책이다.

대북 봉쇄정책은 북한의 붕괴를 촉진하려는 정책인데, 한반도 현실에 적용하기에는 많은 문제점을 내재하고 있다는 비판을 받아왔다. 상대 국가를 붕괴시키기 위해 봉쇄정책을 시행한다 하더라도 실제로 붕괴를 유도하는 것이 용이하지 않고, 오히려 반발만 불러일으킬 가능성이 높다는 게 그 이유다. 또 설사 붕괴가 가능하다 하더라도 그에 따른 부작용이 너무 클 것이다.

남북관계처럼 군사적 대치가 심한 상태에서 북한이 붕괴할 경우 그 과정은 한국 사회에 총체적인 긴장과 혼란을 초래할 것이다. 이로 인한 국민들의 불안과 사회치안망의 급격한 혼란, 경제활동의 극단적 위축 등이 발생할 위험성이 크다. 또한 국지적 충돌이 전면전으로 비화할 수도 있다.

뿐만 아니라 대북 봉쇄정책으로 남북관계에서 정치, 군사적 긴장이 고조될 경우 한국 경제가 국제경쟁력을 잃고 심각한 위기를 맞게 될 위험성이 있다. 만일 가까운 장래에 북한이 붕괴하게 된다면, 그로 인한 사회적 혼란과 엄청난 통일비용은 우리가 감당하기 어렵다는 것이 전문가들의 공통된 의견이다.

그렇다면 현실적으로 남는 것은 오직 대북 포용정책이다. 대북 포용정책은 불신과 대결의 남북관계를 화해와 협력의 관계로 전환시켜, 북한이 개방과 변화의 길로 나올 수 있는 환경과 여건을 조성함으로써 전쟁을 방지하고 평화통일의 기틀을 마련하는 것을 목표로 삼는다.

북한의 개혁과 개방은 북한 스스로 추진해야 할 과제이기는 하나, 북한에게만 맡겨둘 경우 그들이 안고 있는 내재적 한계 때문에 이런 길을 쉽게 선택하기 어려운 것이 현실이다. 그렇다면 변화와 개방에 대해 북한이 갖고 있는 우려를 해소시켜줌으로써 여건을 만들겠다는 것이 포용정책이 추구하는 바다.

햇볕정책의 전도사로 일컬어진 임동원 청와대 외교안보수석은 어느 심포지엄 연설에서 대북정책에 대해 다음과 같이 설명했다.

"우리의 대북정책 목표는 두 가지다. 하나는 남북관계를 개선해서 분단 상황을 평화적으로 관리함으로써 평화를 유지하자는 것이다. 전쟁은 안 된다. 긴장을 완화해야 한다. 평화적으로 공존해 나가야 한다.

절대로 전쟁에 의한 통일은 바람직하지 않으며 흡수통일도 바람직하지 않다. 둘째는 화해와 협력을 통해 북한이 개방하고 현대화할 수 있도록 여건과 환경을 만들어주자는 것이다. 북한이 안심하고 변할 수 있도록 끌어내자. 국제사회의 책임 있는 성원으로 끌어내자. '끌어내자'는 말이 너무 지나친 말이라면 '모셔내자'고도 할 수 있다. 환경을 만들어주자는 것이다. 이것이 우리 대북정책의 두 가지 목표다. 이렇게 해서 '사실상의 통일'을 실현하고자 한다. 즉 법적인 통일에 앞서 사실상 통일 상황부터 만들자는 것이다. 이는 서로 오가며 돕고 나누는 상황이다."

1998년 2월 임동원 특보는 중국에서 중국의 한반도 문제 전문가들과 토론회를 가졌다. 그때 그는 중국인들이 양광정책(햇볕정책)을 16자로 요약해 설명하는 것에 감탄하고, 그 뒤 기회가 있을 때마다 그때 들었던 16자 표현을 원용해 햇볕정책의 타당성을 전파하곤 했다.

16자 표현이란 '선이후난(先易後難), 선경후정(先經後政), 선민후관(先民後官), 선공후득(先供後得)'이다. 선이후난은 쉬운 것부터 먼저 하고 어려운 것은 나중에 한다는 것, 선경후정은 경제 분야부터 먼저 접근하고 정치 문제는 나중에 푼다는 것, 선민후관은 민간이 먼저 접촉하고 정부는 나중에 나선다는 것, 선공후득은 먼저 베풀고 나중에 받는다는 것이다. 햇볕정책의 핵심에 대한 일목요연한 설명이 아닐 수 없다. 특히 선공후득 논리는 비판론자들이 엄격한 상호주의를 내세워 '퍼주기'라며 햇볕정책을 공격하는 데 대한 대항논리로 자주 인용됐다.

햇볕정책 명칭에 대한 북한의 반발

이솝우화에서 따온 햇볕정책이란 이름은 포용에 바탕을 둔 김대중 정부의 대북정책 성격을 상징적으로 잘 나타낸다. 그러나 북한의 입장에서는 기분이 썩 좋지 않은 명칭이었다. 상대방은 햇볕을 쪼이는 주체적 위치에 있고, 북한은 그 쪼임의 대상으로 전락한 것으로 느껴지기 십상이었다. 햇볕정책의 우화에서 벗겨져야 할 외투가 다름 아닌 북한의 체제를 뜻한다고 오해할 수 있다. 나쁘게 본다면, 자신들의 체제를 붕괴시키겠다는 교활한 수법으로 볼 수도 있는 터였다.

북한 사람들에게는 이 말이 자신들을 비하하는 것으로 느껴질 만도 했다. 쌀이나 비료 등을 지원받는 처지였기에 더욱 자존심 상하는 측면이 있었을 것이다. 실제로 북한은 김대중 정부 들어 최초의 당국간 접촉인 베이징 차관급회담이 결렬되고 쌀 지원이 틀어지자 햇볕정책이란 용어에 대해서도 성명 등을 통해 노골적인 불쾌감을 드러냈다.

남쪽에서도 햇볕정책은 무조건 따뜻한 햇볕만 내리쬐는 것으로 비친다는 반론이 일었다.

특히 김대중 정부의 대북 포용정책에 대해 가장 비판적 시각을 지닌 사람들이 굳이 햇볕정책이란 용어를 골라 썼다는 것도 아이러니컬한 얘기다. 이들은 정부가 대북 압박과 같은 지렛대도 하나 없이 무조건 북한을 지원하고 인내한다며 '퍼주기' '끌려 다니기'라는 말로 비아냥대면서, 무조건 햇볕만 내리쬔다고 북한이 변하느냐며 정부를 몰아붙였다. 이렇게 정부정책을 공격할 때 '햇볕'이라는 상징어가 주는 이미지가 매우 편리하지 않았나 싶다.

북한과 남한 사회 양쪽에서 동시에 햇볕정책이란 명칭에 대한 문제가 제기되면서 햇볕정책이란 이름은 공식 석상에서 사라졌다. 그 대신 대북 화해협력정책이란 이름이 정식으로 자리 잡았다. 그때까지 공식 용어로 쓰이던 대북 포용정책이란 명칭도 햇볕정책과 같은 의미에서, 한쪽이 상대방을 포용하거나 않거나 하는 자기중심적이란 비판에서 자유로울 수 없었다. 따라서 대북 화해협력정책이란 무난한 이름에 자리를 내준 것이다.

그럼에도 불구하고 김대중 대통령은 햇볕정책이란 이름에 애착을 가졌고 때때로 이 명칭을 사용했다. 이때마다 김대중 정부의 대북정책을 공격하는 사람들은 햇볕정책이란 이름을 다시 끄집어내 공격대상으로 삼았다.

무엇보다 이 명칭은 김대중 정부의 대북정책의 성격을 가장 잘 드러낸다는 의미에서, 그 후에도 언론 등에 의해 두루 통용됐다. 이 책에서 대북 화해협력정책이란 공식 명칭을 놔두고 햇볕정책이란 용어를 쓰는 것도 이런 이유에서다.

소모적 논쟁 피해간 김 대통령

통일문제에 대해 연구를 오래 했고 독자적인 통일방안을 제시했던 김 대통령은, 그러나 막상 대통령에 당선된 뒤에는 자신의 철학이 담긴 통일방안을 정부의 공식 통일정책으로 채택하지 않았다. 이는 언뜻 이해하기 힘든 일이었다.

소수파 정권으로 출범하면서, 김 대통령은 불필요한 견제나 반발을 살 것을 항상 우려했다. 그는 몇 차례의 대통령 선거에서 패배하자, 선거에서 이기기 위해서는 지지층을 넓히는 수밖에 없다는 생각을 갖게 됐다. 이에 따라 김 대통령은 5.16 쿠데타를 일으킨, 보수의 원조를 자처하는 김종필과도 손을 잡는 정치적 양보를 했다. 게다가 총리직과 장관 자리의 절반을 그에게 할애하는 불평등 거래를 감수했다.

김 대통령은 자신의 정권 안에서도 마찬가지였지만, 외부적으로도 역대 정권에 기대면서 그에게는 적대적이었던 한나라당 등 많은 기득권 세력에 둘러싸여 있었다. 자칫하면 집권 초기에 권력기반이 흔들릴지도 모른다는 두려움 때문에 그는 조심조심 돌다리를 두드리는 심정으로 정책을 펴나갔다.

더구나 당시는 IMF 사태라는 국가부도에 따른 위기감이 사회 전반을 짓누르고 있었다. 눈앞에 닥친 위기를 극복하는 것이 급선무였다. 사상 초유의 국가부도 사태를 맞아 김대중 대통령은 당선 다음 날부터 이 문제를 해결하기 위해 동분서주할 수밖에 없었다. 김영삼 대통령은 이미 통치권을 행사할 권위와 능력을 상실해 식물상태에 들어간 처지였다. 온 국민은 김대중 당선자의 일거수일투족에 시선을 집중했다. 벼랑 끝에 몰려 지푸라기라도 잡는 심정들이었다. 국가의 신용이 바닥에 떨어진 상태에서 아무도 가보지 못한 길을 가야 했고, 모든 국민들이 불안한 심정이 되어 마음을 졸여야 했다.

이런 상황에서 논란을 일으킬 것이 뻔한 대북정책을 놓고 반대파들과 소모적인 논쟁을 벌이느니, 정책을 통해 자신의 뜻을 실천하겠다는 실용주의적 태도를 보인 것이었다. 김 대통령은 소수파 정권의 한계를 절감하고, 가능하면 반대파들의 반발을 피하면서 국민들의 지지를 얻어가겠다는 뜻을 굳혔던 것 같다. 오랜 분단 구조에서 국민들 사이에 팽배한 냉전문화를 단시간에 극복하기에는 이르다고 판단했던 것으로도 보인다. 그는 이런 생각에서 자신의 통일방안을 정부의 공식 통일방안으로 채택하지 않았지만, 집권 5년 동안 일관되게 대북 화해와 협력 정책을 폈다.

 ## 호기 날려버린 남북의 기 싸움

보수에는 보수로! 강인덕 통일부 장관 발탁

김대중 정부 첫 내각의 통일부 장관으로 발탁된 인물은 뜻밖에도 보수파로 알려진 강인덕씨였다. 강인덕 장관은 박정희 대통령 시절 '나는 새도 떨어뜨린다' 던 중앙정보부(현재는 국가정보원)의 국장 출신으로 중앙정보부를 나온 뒤 극동문제연구소를 운영하면서 보수적인 논조를 전파해온 인물이었다. 그런 그가 평화통일을 외치고 민족의 화해와 협력을 내건 김대중 정부의 통일정책을 추진할 통일부의 첫 장관으로 임명된 데 대해 사람들은 크게 놀라지 않을 수 없었다.

김 대통령과 강 장관의 인연은 아태재단에서 비롯됐다. 거듭된 대권 도전에 실패한 후 정계를 은퇴한 김 대통령이 만든 아태재단에서 강인덕씨가 초청강사로 몇 차례 강연을 한 일이 있다. 이를 계기로 두 사람은 깊이 있는 토론을 나누었다. 한편, 오랫동안 아태재단 사무총장으로 있으면서 김 대통령과 호흡을 맞춰온 임동원 청와대 외교안보수석도 강인덕씨를 적극 추천했다. 그러나 단지 이런 연유에서 강인덕씨의 장관 임명이 이루어진 것은 아니다. 김 대통령에게는 다른 깊은 뜻이 있었음이 그 후에 확인됐다.

김 대통령은 오랜 야당생활을 하면서 보수세력으로부터 집요한 색깔공세를 받아왔다. 그럼에도 불구하고 보수파로 분류돼온 강인덕씨를 통일부 장관으로 임명한 데는 그의 원모심려가 담겨 있었다. 돌다리도 두드리고 건너는 성격인 김 대통령 특유의 조심성과 신중함이 바탕에 깔린 인사였다. 앞으로 예상되는 보수세력의 공격을 막아내는 데 검증된 보수파인 강인덕씨가 적격이라고 판단한 것이다.

첫 통일부 장관을 보수파 인물로 내세운 전략은 일장일단의 결과를 빚었다. 강 장관 발탁은 보수세력의 힘이 압도적으로 강한 당시 상황에서, 김대중 정부의 대북정책에 대한 보수세력의 뿌리 깊은 의구심과 색깔공세를 차단하는 데 어느 정도 기여했던 게 사실이다. 그러나 북한을 대화와 화해협력의 자리로 이끌어내려는 햇볕정책이 제 자리를 잡는 것을 상당히 지체시키는 요인으로도 작용했다. 이른바 옷로비 사건에 부인이 연루돼 강인덕 장관이 자리에서 물러난 1999년 5월까지 1년 2개월, 집권 초기에 큰 틀을 짜고 첫 발을 성큼 내디뎌야 할 중요한 때에 김대중 정부의 통일정책은 갈지자걸음을 하며 시간만 흘려보낸 것이다.

물론 통일부 장관은 겉으로 내세운 얼굴마담에 불과했고, 장막 뒤에서 큰 정책방향을 정하고 얼개를 짠 것은 임동원 청와대 외교안보 수석이었으며 그 뒤에 김대중 대통령이 버티고 있었다. 이는 큰 방향은 뒤에서 조정하겠다는 구도였다. 그러나 관료조직의 특성상 실제로 정책이 집행되는 과정에서는 애초 구상대로만 진행되지 않았다.

정권이 바뀌면서 그동안 남북관계를 막후에서 주도해오던 국정원도 그리 큰 역할을 할 수 없었다. 사상 초유의 수평적 정권교체가 일어난 마당에 국내 정치에 직접 간여하면서 역대 정권을 떠받쳐온 국정원 조직이 조용히 넘어갈 리 없었다. 이종찬 국정원장은 오랜 기간 정권 안보의 핵심 역할을 해온 국정원을 개혁하고 역대 권력과 유착해온 인사들을 물갈이하는 데 우선적으로 힘을 쏟아야 할 처지였고, 남북문제를 주도적으로 끌어갈 여력이 충분하지 못했다.

상호주의에 발목 잡힌 베이징 차관급회담

김대중 새 정부와, 3년여의 유훈통치를 끝내고 노동당 총비서를 맡으며 공식으로 출범한 김정일 정권이 처음으로 의미 있는 대좌를 한 것은 베이징 차관급회담에서였다. 김대중 정부가 출범하고 2개월이 지났을 때다. 1994년 6월 김영삼 대통령과 김일성 주석 사이의 남북정상회담을 준비하기 위한 예비접촉이 있었던 이래 3년 9개월 만에 성사된 남북 당국간 회담이었다.

이 회담이 열리게 된 배경과 경위는 이렇다. 북한은 1998년 3월 베이징에서 열린 대북 구호물자 지원을 위한 5차 남북 적십자 대표 접촉 때 비료 20만 톤을 지원해 줄 것을 남쪽에 요청했다. 남쪽 적십자 대표단은 비료 20만 톤 지원은 그 규모로 볼 때 정부 차원에서 해결해야 할 문제라며, 당국 차원에서 공식 제의를 해야 한다는 입장을 전달했다. 그 결과 북한은 이성호 북한적십자회 위원장 대리 이름으로 차관급회담을 제의했고, 남한은 정원식 대한적십자사 총재 이름으로 전화통지문을 보내 이를 수락했다.

회담은 4월 11일부터 17일까지 중국 베이징 차이나월드 호텔에서 열렸다. 정부는 대표단의 수석대표로 정세현 통일부 차관을 내세웠다. 그리고 4명의 대표로 조건식 청와대 비서관, 김동근 농림부 국장, 손인교 통일부 국장, 서영교 국정원 단장을 내보냈다.

정세현 차관은 김영삼 정부 시절 청와대 통일비서관으로 통일정책에 깊숙이 간여한 인물이다. 때문에 다소 보수적이라는 평판을 얻었으나, 김대중 정부에서 통일부 차관으로 승진해 햇볕정책의 선봉으로 나섰다. 그는 공산주의 이론을 체계적으로 공부한 사람으로 언변에 특히 능해 회담에서 밀고 당기는 협상을 하는 능력이 뛰어난 것으로 평가받았다. 또한 김대중 정부 임기 말에는 통일부 장관으로 발탁돼 남북 장관급회담 대표라는 중책을 성공적으로 수행함으로써 전문성을 다시 한번 인정받았으며, 북한 핵 위기가 한층 고조된 가운데 이를 풀어갈 적임자로 꼽혀 노무현 정부에 들어서서도 바뀌지 않은 유일한 각료로 기록됐다.

북한에서는 전금철 정무원 참사를 단장으로 한 대표단이 나왔다. 전금철 단장 역시 북한 내에서 가장 노련한 대남사업 일꾼으로 손꼽혀 온 인물이다. 그는 2000년 6월 남북 정상회담 후 정례화된 남북 장관급회담에서 북쪽 단장으로도 활약했다. 이때부터 그는 본명인 전금진을 사용하기 시작한다.

회담에서 양쪽은 비료 지원 문제와 이산가족 문제 해결, 특사교환, 기본합의서 이행 문제를 놓고 절충을 시도했으나 처음부터 난항을 겪었다. 남한이 이산가족 면회소 설치 문제와 비료 지원 문제를 병행해 협의하자는 입장을 제시한 데 반해, 북한은 비료 지원 문제를 우선적으로 협의하고 해결하자는 입장을 고수했다. 남북은 수석대표 접촉을 통해 타협을 모색했으나 결국 회담 결렬을 선언할 수밖에 없었다.

베이징 차관급회담은 국민의 정부가 출범한 뒤 처음으로 남북한 당국자가 마주앉아 상호 관심사에 대해 논의했다는 점에서 나라 안밖의 관심을 끌었으나, 별다른 성과를 거두지 못했다. 아니, 성과를 거두지 못한 정도가 아니라 서로에게 크게 실망해 한동안 대화를 추진하지 못하는 큰 역작용을 빚었다. 회담은 처음부터 상호주의 문제를 두고 팽팽히 맞서 힘겨루기를 했다. 김대중 정부 들어서 처음 갖는 남북회담이고, 북한 역시 김정일 총비서 체제에서는 첫 회담인지라 서로 밀리지 않으려는 기 싸움이 치열했다. 서로가 상대를 길들이려는 태도가 역력했다. 하지만 이런 기선제압 싸움이 남북간에 상대에 대한 불신을 깊게 했다. 처음부터 화해와 협력을 통해 공감대를 형성할 수 있는 좋은 기회를 허무하게 날려버린 것이다. 그리고 그 뒤 아까운 시간을 접촉조차 없이 흘려보내야 했다.

몇 년 만에 어렵게 만난 남북 당국자들이 서로 상대방의 양보만 촉구하다 회담을 결렬시킨 것은 아쉽기 짝이 없는 일이었다. 북쪽은 회담에 나온 것 자체가 남쪽에 큰 선물을 준 것이라고 주장하는 등 낡은 행태에서 벗어나지 못했다.

그러나 더 큰 문제는 남쪽의 경직된 자세였다. 남쪽은 북쪽이 회담에 나오기만 하면 응당 비료를 지원할 것처럼 언질을 줘놓고, 막상 회담장에서는 상호주의를 강하게 내세움으로써 상대를 기만했다는 비난을 자초했다. 물론 이산가족 문제 등 남쪽이 시급히 해결해야 할 문제들이 쌓여 있었다. 그러나 보다 넓고 길게 보지 못하고 눈앞의 현안에만 매달렸다는 비판을 면할 수 없었다.

회담이 결렬되자 북한은 조평통 서기국 대변인 담화를 통해 남쪽을 격렬히 비난했다. 담화는 "남측이 몇 푼도 안 되는 비료 제공 문제를 걸고 상호주의니 전제조건이니 하면서 우리에게 그 무슨 대가를 요구하는 것은 너무나도 치졸한 행동"이라며 "이번 회담에 나타난 남측 당국의 행동이 실로 개탄스러우며 통일부가 회담의 남측 당사자로서 앞으로 우리의 대화 상대가 될 수 있겠는지 깊이 생각해보지 않을 수 없다는 점을 밝혀둔다"는 내용이었다.

회담이 결렬되고 서로 실망함으로써 남북간 접촉마저 끊어지자, 김대중 정부는 회담에서 내세웠던 상호주의의 적용 문제를 재고해야 한다는 결론에 이르게 된다. 처음부터 이런 전략적 사고를 했더라면 정권 초기의 중요한 시간을 허비하는 실수를 피할 수 있었을 것이란 점에서 아쉬움이 남는다.

사실 상호주의는 민족이 다른 외국 사이에서는 당연한 것인지 몰라도 같은 민족끼리의 관계에서 내세우기에는 비인도적이며 비현실적이라는 비판이 강력히 제기돼 왔다. 양쪽이 균등하게 주고받을 형편이 되지 않는 경우 상대의 체면을 깎아내리거나 궁지로 몰아넣게 됨으로써 오히려 협상 진행에 역기능을 하는 폐단이 있는 것이다.

이에 따라 김대중 정부는 엄격한 상호주의를 포기하고 신축적 상호주의를 내세웠다. 이는 앞서 말한 선공후득(先供後得) 논리에 따라 상호주의를 비동시, 비등가, 비대칭으로 신축성 있게 운영하겠다는 것이었는데, 사실상은 비현실적인 상호주의 주장을 거둬들인 것이었다.

서해교전으로 2차 차관급회담 또 결렬

베이징 차관급회담이 결렬된 뒤 남북 당국이 다시 회담 테이블에 앉기까지는 무려 1년 2개월여의 시일이 소요됐다. 1999년 6월 장소는 이번에도 베이징이었다. 남쪽은 통일부 차관으로 새로 임명된 양영식 차관이 수석대표로 나섰고, 북쪽에서는 1994년 '서울 불바다' 발언으로 악명을 떨쳤던 박영수 내각 책임참사가 단장으로 나왔다.

남북 차관급회담이 1년여 만에 다시 열리기까지 사전 분위기 조성과 비공식 접촉이 있었다. 김대중 대통령은 1998년 남북 차관급회담이 결렬된 데서 교훈을 얻어 1999년에는 상호주의를 비동시, 비등가, 비대칭으로 신축성 있게 운영함으로써 남북관계를 실질적으로 해결하겠다는 의지를 보였다.

이에 따라 정부는 비료 5만 톤을 인도적 차원에서 북한에 제공하기로 결정했다. 비료가 북한에 전달되는 가운데 남북은 비공개 접촉을 가졌다. 남쪽은 김보현 총리특보(국정원 국장)를, 북쪽은 전금철 아태평화위 부위원장을 각기 수석대표로 내세웠다.

김보현 대표는 총리특보 모자를 쓰고 갔지만, 국정원의 대북전략 실무를 담당하는 베테랑이었다. 그는 임동원 국정원장 밑에서 남북 정상회담을 위한 사전접촉과 정상회담 준비 등 각종 대북정책 수립 및 비공개 접촉의 실무를 도맡아 처리했다. 노무현 정부가 들어선 뒤 그는 국정원 3차장으로 자리를 지켜 대북정책의 맥을 이어갔다. 김보현은 제주도 출신으로 잠시 학교 교사를 했던 경력도 있는데, 상황판단이 빠르고 복잡한 상황을 쉽게 풀어낸다는 평가를 받았다.

이들은 사전접촉을 통해 남쪽이 7월말까지 비료 20만 톤을 북한에 제공하고, 이산가족 문제 및 상호 관심사를 논의하기 위한 남북 차관급회담을 6월 21일 베이징에서 열기로 했다.

그런데 공교롭게도 예정된 회담 직전에 서해교전(후에 연평해전으로 명명)이 터졌다. 6월 7일부터 북한의 어선과 경비정이 북방한계선(NLL)을 넘어와서 우리 해군과 대치하다가 결국 6월 15일 양쪽 해군 함정의 교전사태로 번진 것이다. 교전으로 다수의 북한군이 죽거나 다치고 수 척의 북한 선박들이 파손됐으며, 남북 사이에 일촉즉발의 군사적 긴장이 고조됐다.

예기치 않았던 서해교전 사태로 이미 약속된 차관급회담이 무산될 위기에 처했으나 양쪽은 가까스로 자리를 마주했다. 양영식 수석대표는 기조연설을 통해 이산가족 문제를 먼저 논의하기로 한 합의에 따라 이산가족 문제 해결을 위한 제도화와 시범사업을 구체적으로 제안했다. 그리고 추가로 서해교전 문제는 장성급회담에서 협의돼야 한다는 정부의 입장을 강조했다. 이에 대해 박영수 북쪽 단장은 서해교전 사태에 대한 협의가 긴급한 당면 과제인 만큼 이번 회담에서 이를 당연히 의제로 다뤄야 한다고 주장했다. 어렵게 열린 회담이 또다시 결렬될 수밖에 없었다.

정부가 비료 지원 등 온갖 공을 들인 끝에 간신히 당국간 대화의 길을 뚫었으나 서해교전 사태가 터지면서 무위로 돌아간 것은 그만큼 남북관계는 접점을 찾기가 쉽지 않다는 점을 잘 말해준다. 굳이 의미를 찾는다면 김보현·전금철 접촉라인이 남북대화의 통로로 자리매김 되면서 그 뒤에도 계속 힘을 발휘하게 됐다는 점이다. 서해교전이란 엄청난 충격에도 불구하고 북쪽이 일단 회담장으로 나온 것은 바로 이 남북 비밀라인에서 비료 지원에 합의한 덕분이었다.

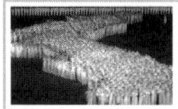 햇볕정책의 첫 시련, 서해교전

해상충돌 부추긴 보수언론

　1998년 베이징 차관급회담의 결렬과 북한 잠수함의 동해안 침투에 이어 1999년 6월 15일 서해 연평도 앞바다에서 발생한 남북간 교전은 김대중 정부가 추진하는 햇볕정책에 첫 시련을 안겨주었다. 서해에서 남북간 군사충돌이 발생할 당시, 동해에서는 금강산 관광선이 남한 승객을 태우고 북으로 올라가고 있었다. 서해교전은 한반도의 이중적 상황을 가장 극적으로 표출해 주는, 남북관계가 현실적으로 얼마나 취약한 상태에 있는지를 상징적으로 보여준 사건이었다.

　서해교전으로 북한 함정 6척이 침몰하거나 대파되는 큰 손실을 입었고 북한군 병사 수십 명이 죽거나 다쳤다. 남쪽은 장병 7명이 경상을 입었고, 해군 고속정 기관실과 초계함 기관실 등이 일부 파손됐을 뿐이었다. 이 사건을 통해 북한의 선박이 우리가 생각하던 것보다 훨씬 노후하고 전투력이 취약하다는 점이 노출됐으며, 이는 해군을 비롯해 우리 군이 자신감을 갖게 되는 계기로 작용했다.

하지만 서해교전은 우리가 심사숙고하고 고민해야 할 내용들을 두루 지니고 있다. 우선 정부와 국방을 책임진 군 수뇌부가 보수적 여론, 특히 대북 강경론을 주도하는 보수언론의 질타와 강경대응 주문에 밀려 강력하게 대처하는 과정에서 빚어졌다는 점에서 다각도로 깊이 분석해야 할 필요가 있다.

북한 어선들이 서해의 북방한계선을 넘어와 꽃게잡이를 하고, 북한 경비정이 어선 보호를 명분 삼아 북방한계선을 계속 침투하자 일부 보수언론들은 우리 군이 영해 침범에 소극적으로 대응한다는 비난을 퍼부었다. 보수여론의 십자포화가 쏟아지자 급기야 국방장관이 "앞으로는 강력히 대처하겠다"고 다짐했고, 이 말이 족쇄가 돼 해군에서 선체충돌 작전을 펴며 밀어내기를 하다가 무력충돌로 이어졌다. 뒤에 자세히 살펴보겠지만, 엄밀히 말해 북방한계선 월선과 영해 침범은 그 성격이 크게 다르다.

그러나 보수언론은 월선을 영해 침범으로 몰아갔고, 보수적 여론에 몰린 해군은 선체충돌 등 강경책으로 대응하기에 이르렀다. 남한 경비정들은 북방한계선을 넘어온 북한 경비정들을 밀어내기 충돌로 막아냈다. 몇 차례 몸통 공격을 받은 북한 경비정들은 우리 선박에 대해 마찬가지로 선체충돌을 시도했으나, 기동력에서 차이가 나 번번이 당하기만 할 뿐 제대로 응징을 할 수 없었다.

북한 해군은 남쪽 해군의 선체충돌 공격에 번번이 격퇴 당한 뒤 6월 11일부터는 북방한계선 남쪽 깊숙이 내려왔다 빠지는 식의 공격적 행태를 보였다. 이에 대해 남쪽 해군은 14일부터 더욱 공세적으로 전환해 강력한 압박작전에 들어갔다. 해군은 그동안 북방한계선 남쪽 완충지역 남단 부근까지는 북한 경비정이 넘어 와도 어느 정도 허용했다. 그러나 이날은 북방한계선 남쪽 4킬로미터에 저지선을 구축했고, 15일에는 2킬로미터 지점에서 북한 배의 남하를 막았다.

15일 오전 9시 25분 북방한계선을 넘어온 북한 경비정과 어뢰정은 압박충돌 작전을 펴는 우리 해군 경비정과 초계정에 대해 기습적으로 선제공격을 가했다. 우리 고속정이 북한 어뢰정의 꼬리를 들이받는 충돌작전을 펴자 양쪽 배가 순간적으로 서로 끼는 상황이 빚어졌다. 그러자 이에 당황하고 약이 오른 북한군 경비정에서 북한군 10여 명이 갑판 위에 올라와 조준사격 자세로 소총 공격을 시작했다.

보수여론에 몰린 해군이 선체충돌로 강력히 대응하며 자극했다고는 하나 북한군이 먼저 사격을 가한 것은 분명한 도발이며, 큰 잘못이라는 점은 두말할 나위가 없다. 해상에서 선체충돌이 매우 위협적이라고는 하지만, 사람의 목숨을 노려 총포로 사격을 가하는 것은 이와는 또 다른 차원이다. 더구나 북방한계선을 월선해 교전의 원인을 제공한 잘못까지 있지 않은가.

우리 해군 고속정은 북한군 기관포탄이 쏟아지자 교전수칙에 따라 40밀리미터 기관포로 대응사격을 시작했다. 양쪽이 쏘는 수천 발의 함포로 굉음과 포연이 순식간에 일대를 뒤덮었다. 우리 초계함에서 발사한 76밀리미터 함포 포탄 한 발이 북한 어뢰정에 명중했다. 선체 중앙에 함포를 맞은 40톤 급의 북 어뢰정 한 척은 시커먼 불기둥에 휩싸이며 바다 속으로 가라앉기 시작해 10여 분 뒤 완전히 침몰했다.

155톤 급의 경비정 한 척은 불길에 휩싸인 채 절반 가까이 침몰한 상태로 북방한계선 너머로 예인됐다. 이날 교전에서 나머지 북한 경비정과 어뢰정도 우리 해군 고속정에서 발사한 40밀리미터 기관포에 의해 선체가 크게 파손됐다. 월선한 10척의 함선 중 6척이 침몰하거나 대파되는 큰 피해를 입은 것이다. 정확한 인원은 확인되지 않았으나 북한군 상당수가 사망하거나 부상을 입었다.

결과적으로 본다면, 서해교전은 우리 해군의 완승으로 끝났다. 양쪽의 교전 시간은 불과 14분여에 지나지 않았다. 교전 당시 양쪽은 수천 발의 기관포를 주고받았다. 하지만 북한 함정의 함포는 대부분 우리 함정을 제대로 맞히지 못하는 등 정확도가 크게 떨어졌다. 북한 함정들은 1960년대와 1970년대에 옛 소련에서 도입한 것으로, 함포를 손으로 일일이 조준해야 하는 수동형이었다. 반면 우리 해군 고속정은 컴퓨터와 레이더로 신속히 정조준 되는 40밀리미터 유압식 함포를 장착하고 있었다. 성능에서부터 이미 비교가 되지 않는 싸움이었다. 북한군의 선박이 노후하고 전투력도 크게 뒤진다는 사실이 증명되면서 우리 군의 사기가 매우 높아졌음은 물론이다. 해군은 압도적 승리를 기념해 서해교전을 연평해전으로 명명했다.

계획적 도발인가 우발적 충돌인가

북한이 서해교전 사태를 일으켜 무엇을 얻으려 했는지에 대해서는 분석이 엇갈린다. 외화벌이에 제법 큰 몫을 하는 제철 꽃게잡이 어선

보호를 위해 북한 경비정들이 월선했다는 분석, 한반도의 불안정한 정전체제를 미국에 일깨움으로써 평화협정 체결을 압박하기 위해 사건을 일으켰다는 분석, 그리고 평소 불만이었던 북방한계선(NLL)을 무력화하고 이곳을 분쟁해역으로 만들기 위한 것이었다는 설 등 다양한 분석이 나왔다.

   그 가운데 꽃게잡이 때문에 사태가 빚어졌다는 분석이 가장 사실에 근접한 것 같다. 북한 서해함대사령부 예하로 있으면서 서해안 남쪽을 관할하는 7전대는 1999년 꽃게잡이 할당량이 전년에 비해 두 배로 늘어나자 비상이 걸렸다고 한다. 북한으로서는 흔치않은 외화벌이 수단인 꽃게잡이 목표량을 달성함으로써 충성을 증명하기 위해 위험을 무릅쓰고 무리하게 월선을 하게 된 것이다. 북방한계선 북쪽 수역에서는 그동안의 남획으로 꽃게가 씨가 마르다시피 했지만 조금만 남쪽으로 내려오면 남북 어느 쪽에서도 접근하지 않는 곳이라 꽃게가 몰려있기 때문이다. 북한 7전대의 지휘 아래 어선들이 총출동한 이른바 '꽃게잡이 전투'의 시작이었다.

   북한군의 판단 착오로 빚어진 사태였다는 분석도 나온다. 북방한계선 월선 등 서해상에서 웬만큼 긴장을 조성하더라도 남쪽에서 용인할 것으로 생각했는데, 보수여론의 공격으로 궁지에 몰린 해군이 예기치 않은 강경 대응을 하는 바람에 일이 확대됐다는 것이다. 앞에서 살펴보았듯이 실제 그런 측면이 크다.

   국방부 장관이 강력한 대처를 다짐하자 해군은 선체를 충돌시켜 밀어내기를 한다는 작전을 세웠다. 해군은 인천 해역에 있던 고속정들은 규모가 작아서 충돌작전에 사용하기는 힘들 것으로 보고 멀리 진해에서 큰 규모의 선박들을 끌어올리는 동원작전을 폈다. 이어 선체충돌로 본때를 보이라는 작전지침이 시달됐다. 절대로 먼저 사격하지 말되, 상대가 공격을 가해오면 압도적으로 제압하라는 지침이었다. 그래서 해군은 북한군이 총격을 가해오자 기다렸다는 듯이 함포사격으로 응사해 북한 선박들을 격침시켰다.

북한군은 일부 군인들의 선제사격으로 인한 총격전을 시작으로 갑자기 사태가 확대되자 허둥대며 갈팡질팡할 뿐 제대로 대응하지 못했다. 전혀 예상하지 못한 일이었던 것이다. 군사비밀이라 자세히 공개되진 않았지만 우리 쪽의 감청에도 북한군이 무전기로 교신하고 상부에 보고하면서 허둥대는 모습이 그대로 드러났다고 한다. 서해교전은 북한 지도부에서 사전에 치밀하게 계획한 도발이 아니라, 하급 부대에서 일어난 우발적인 충돌이 확대된 것 같다는 분석이 설득력을 지니는 것도 이런 이유들 때문이다.

외화가 극히 귀한 북한에 있어 꽃게 수출로 벌어들이는 외화는 무시할 수 없는 큰돈이다. 그래서 바다에 금이 그어진 것도 아닌 터에 금값인 꽃게를 서로 많이 잡겠다고 다투다 실랑이가 벌어지고 선체충돌을 하며 기 싸움을 벌이다 약이 오르자 마침내 교전으로 치달았다는 것이다. 서해상에서 북방한계선 월선을 둘러싸고 긴장이 고조되거나 무력충돌이 빚어지는 일이 공교롭게도 꽃게가 한창인 철인 6월에 집중돼 있는 것도 이런 분석에 힘을 실어 준다.

서해교전이 남쪽의 일방적인 승리로 끝나게 된 것은, 남북 무기의 질이 워낙 차이가 나기도 하지만 북한이 일을 확대시키지 않으려고 자제했기 때문이라는 분석도 나왔다. 교전 당시 황해남도 인접 해안에 배치된 해안포들은 전혀 포격을 하지 않았다. 당시 정황을 볼 때 만일 북쪽 해안에서 포격을 가했다면 남쪽이 이에 대응했을 것이고, 단계적으로 군사적인 대응 수준이 높아져 걷잡을 수 없는 사태가 벌어졌을 가능성이 크다.

김정일 국방위원장은 서해교전이 발발했을 당시 함경도 쪽에 현지시찰을 가있었는데, 서해교전 사실을 보고받고 크게 놀랐다고 한다. 그리고 사태가 크게 확대되지 않도록 지시한 것으로 알려졌다. 그는 나중에 패전의 책임을 물어 해당 지휘관을 문책했다고 한다. 김정일 위원장은 일년 뒤 김대중 대통령과 정상회담을 할 때 한반도 정세의 위험성을 이야기하던 도중 서해교전을 거론하면서 서해교전은 위에서 시킨 것이 아니었고 하부에서 잘못한 것이었다고 잘못을 인정한 것으로 알려졌다.

이제까지 군사강국 강성대국을 외치며 주민결속을 도모하고 내부적으로 군사부문에 지속적인 투자를 해왔음에도 불구하고, 남쪽의 현대화한 무기를 당해내지 못한 것은 물론이고 전투력 차이가 너무도 현격했기 때문에 북한 지도부의 충격은 더욱 컸을 것이다.

물론 서해교전 결과가 남북간 군사력 차이를 대변한다고 속단할 수는 없다. 북한에는 서해교전 때 맞붙은 배들보다 중무장한 전투함의 수가 훨씬 많다. 국방부에서 펴내는 국방백서에는 남쪽 선박이 200여 척임에 비해 북쪽은 990여 척으로 나와 있다. 그런데 북쪽 선박들은 매우 낡았을 뿐 아니라 소형선들이 대부분이라 총 톤수에서는 우리에게 오히려 뒤진다.

그러나 중요한 것은 남쪽과 북쪽 어느 쪽 군사력이 더 강하냐 하는 문제가 아니다. 좁은 한반도에 엄청난 무기가 밀집해 있기 때문에 전쟁이 나면 최종 승패를 가리기도 전에 양쪽이 모두 재기불능의 치명적인 피해를 입는다는 사실을 명심해야 한다. 한민족의 공멸이 우려된다. 이는 한반도에서 어떻게 하든 전쟁을 없애고 평화를 유지해야 하는 까닭이다. 군축이 필요한 이유이기도 하다. 교전에서 참담한 패배를 당한 북한 경비정들이 북방한계선을 넘지 않으며 굴욕을 감수한 것도 혹시 일이 커질까 두려워했기 때문은 아닐까.

서해교전이 발생하고 두 달쯤 지나자 북한은 기존 북방한계선의 무효를 선언하고 백령도, 연평도 등 서해 5도 해역을 북한군의 관할구역으로 두는 내용의 '새로운 서해 해상 군사분계선'을 일방적으로 선포했다. 또 "새로운 해상 군사분계선에 대한 자위권은 여러 가지 수단과 방법에 의해 행사될 것"이라고 밝혀 서해상의 긴장을 높여놓았다.

6개월 뒤 북한 인민군 해군사령부는 이른바 '5개 섬 통항질서'를 발표해 새삼 긴장을 불러왔다. 백령도를 포함한 서해 5개 섬 수역에 일방적으로 통행로를 설정하고, 이를 벗어날 경우 영해와 영공 침범으로 간주하겠다고 선포한 것이다. 이런 북한의 조처는 장기적으로 이 지역에 분쟁거리를 만들어 놓으려는 의도였다.

NLL 논쟁 바로 알기

서해에서 해마다 꽃게 철이면 벌어지는 예고된 분쟁과 같은 무력충돌을 막으려면 문제를 근원적으로 풀어야 한다. 그런데 무력충돌이 벌어지거나 긴장이 높아질 때는 고민하는 듯하다가 그때를 넘기면 또 그냥 지나간다. 이런 안이하고 소극적인 태도가 3년 뒤인 2002년 여름 꽃게 철에 같은 서해상에서 제2의 서해교전 사태가 벌어지는 비극을 초래했다. 또 그대로 놔두고 근본적인 대책을 마련하지 않으면 언젠가 제3, 제4의 서해교전이 발생할 위험성을 안고 있다.

우선 북방한계선의 개념을 명확히 할 필요가 있다. NLL은 정전협정상 아무런 근거가 없지만, 이런 사실이 제대로 알려져 있지 않다. 내용을 잘 아는 군이나 언론에서도 일부러 이를 외면하거나 무시하는 경향이 있다. 일단 우리에게 유리한 쪽으로 굳어졌는데 새삼스럽게 북쪽 주장을 들어주느니 아예 무시하고 버티자는 것이다.

한국전쟁을 마감한 1953년 정전협정 협상 때 육지의 군사분계선에 대해서는 합의가 이뤄졌지만, 서해 해상의 경계선은 의견의 차이로 합의되지 못했다. 당시 유엔은 이승만 대통령이 우세한 해군력을 동원해 북진공격을 할까 두려워했다. 그래서 남쪽 해군의 북진 한계를 내부적으로 규제할 필요성에서 NLL을 그었다.

이 선은 북방한계선(Northern Limited Line)이라는 이름이 말해주듯 남쪽의 선박이 북쪽으로 더 이상 올라가지 못하도록 하기 위해 설정한 한계선이었다. 클라크 유엔사령관은 1953년 8월 30일 NLL을 내부적 작전규칙의 일환으로 해군에만 전달하고 북쪽에는 정식으로 통고하지 않았다. 즉 NLL은 해상에서 무력충돌이 일어날 가능성을 없애기 위해 한국과 미국의 해군과 공군의 초계활동 범위를 한정하는 선이라 할 수 있다.

북한군이 NLL을 월선했을 때 유엔군사령부가 이를 영해 침범이라고 말하지 않았다는 점에 유의해야 한다. 유엔사는 서해 5개 도서에서 3해리 밖의 수역을 '공해(International Waters)'라 했다. 미국 국무성도 NLL 통과를 영해 침범으로 보지 않고 있다.

우리 군 수뇌부도 이런 내용을 잘 알고 있었다. 이양호 국방장관은 1996년 7월 16일 국회 본회의의 대정부 질문에 대한 답변에서 "해상 북방한계선은 우리 어선이 조업 도중 잘못해 북상할 것을 우려해 우리가 임의로 설정한 북방한계선인 만큼 북한에서 넘어와도 정전협정과는 관련이 없는 것"이라고 답변한 바 있다.

다시 말하면, 정전협정에서는 물론 그 뒤 맺어진 남북 기본합의서에서도 NLL이 남북 사이의 경계선이 될 수 있게 하는 쌍방 합의는 분명하게 이뤄진 게 없다. 이런 이유로 북쪽은 한사코 NLL을 인정하지 않았고, 따라서 서해 5개 도서 지역은 국제적으로 분쟁수역이 돼 왔다. 북한의 어선이나 경비정이 이곳 NLL을 통과한다고 해도 그것은 국제법상 영해 침범이 아니라 월선이라고 하는 것이 정확한 표현이기 때문이다.

이런 객관적 사실을 애써 외면하면서 북한 배의 월선을 정전협정 위반이나 해상 군사분계선 침범, 영해 침범으로 몰아치고 단호한 응징을 부르짖는 보수 수구세력들의 강경 몰이는 정직한 태도가 아니다. 그럼에도 불구하고 NLL 사건이 터질 때마다 일부 보수언론과 정치권에서는 강경한 대응과 응징을 주장하며 충돌위기를 부추기고 있다. 이런 강경 주문은 해상 방위를 담당한 해군을 곤혹스럽게 만들고, 자칫 또 다른 충돌을 부를 위험성을 항시 내포하고 있다.

3년 만에 재발한 제2 서해교전

서해교전이 발생한 지 3년, 역사적인 남북 정상회담이 있은 지 2년 뒤에 다시 발생한 제2의 서해교전은 문제의 심각성을 잘 말해 준다. 2002년 6월 29일 꽃게 철에 발생한 남북 충돌은 근본적인 처방이 없으면 해상충돌이 언제라도 또 발생할 수 있음을 보여준다. 제2의 서해교전은 북한군의 계산된 선제공격에 우리 해군이 미처 대처할 틈도 없이 일방적으로 당해 인명피해가 발생했고 고속정이 침몰하는 등 우리 쪽 피해가 컸다. 국민의 분노도 그만큼 커졌다.

북한군의 도발행위에 대해서도 꽃게 때문이었다느니, 지난번 서해교전 때 일방적으로 당한 것에 대한 분풀이 차원의 공격이었느니 분석들이 엇갈렸다. 또 해당 지역 차원에서의 제한된 공격이었다느니, 이런 엄청난 일이 평양 지도부의 지시를 받지 않고 벌어진다고 보는 것은 너무 순진한 시각이라느니 하는 엇갈린 분석들도 나왔다. 월드컵 분위기를 망치기 위한 것이었다는 주장도 나왔다. 그러나 월드컵 잔치를 훼방 놓으려면 진작 훼방하지 다 끝나가는 마당에 훼방하겠느냐는 지적과, 월드컵에서 남쪽 선수들이 4강에 오르며 선전하는 모습을 북한에서 텔레비전으로 녹화방영까지 했다는 점에서 설득력을 지니지 못했다.

꽃게잡이 어선들을 보호하느라 남북 경비정들이 조우하는 일이 잦아지면서 북한군은 3년 전의 일방적 패배와 수치를 만회하려는 태도를 보였던 것으로 알려졌다. 그러던 차에 우리 경비정이 서로간에 안전하게 뒤를 받쳐주어야 하는 작전규정을 무시하고 너무 깊숙이 들어갔다가 본때를 보이려고 벼르고 있던 북한군에 당한 것이었다.

남북 정상이 회담을 하며 평화를 다짐한 뒤의 무력충돌이라 그 충격이 더했다. 외부에 공개되지는 않았지만, 북한은 비밀채널을 통해 즉각적으로 유감을 표명해 왔다. 위에서 시킨 것이 아니고 7전대 수준에서 그렇게 한 것인데 매우 유감스럽다는 사과의 뜻과 함께 책임자를 문책할 뜻을 비친 것이다. 정부는 계획적인 도발이 아니라는 북한 지도부의 본심을 전달받고 일단 안심하는 한편, 비밀채널로만 이런 뜻을 알리지 말고 북한의 입장을 공개적으로 표명할 것을 요구했다. 결국 북한은 교전 27일 만에 공개적으로 유감의 뜻을 밝혔다.

무고한 목숨을 앗아간 북한의 선제공격 행위나, 유혈충돌의 원인을 제공한 무단 NLL 월선 행위는 마땅히 비난을 받아야 한다. 하지만 비난만으로 NLL을 둘러싼 근본적인 문제가 해결될 수 없다. 오히려 근본적인 문제 해결의 필요성을 더욱 부각시키고 있다.

2002년 서해교전 뒤 우리 군은 비상시의 빠른 대응을 위해 해상 교전규칙을 단축시켰다. 상대가 선제공격을 해올 가능성을 줄이자는 이유였다. 그런데 이 단축된 해상 교전규칙은 해상에서 남과 북이 우발적 충돌을 할 가능성을 더욱 높여 놓았다. 전에는 남북 선박들이 해상에서 부닥쳤을 때 실제 사격에 이르기까지 5단계(경고방송 – 시위 및 차단 기동 – 경고사격 – 위협사격 – 조준 및 격파사격)를 거치도록 했다. 그러나 지금은 3단계(시위기동 – 경고사격 – 격파사격)로 줄었다. 초기 경고방송이나 위협사격 등의 단계가 빠진 것이다. 그만큼 해상에서의 무력충돌, 즉 교전이 발생할 위험성이 커졌다.

해마다 꽃게 철이면 NLL을 둘러싸고 벌어지는 해상 무력충돌 소지를 줄여 서해상의 긴장도를 낮추려면 꽃게 분쟁수역을 공동어로 구역으로 설정하는 방안을 진지하게 검토할 필요가 있다. 남쪽이 아무리 북방한계선을 정전협정상의 군사분계선인 양 영해 사수의 자세를 고수하더라도, 북쪽은 이를 인정하지 않고 자신들이 일방적으로 선언한 '서해 5개 섬 통항질서'를 내세우는 한 무력충돌의 가능성은 항시 존재한다. 해상 군사분계선 문제가 근본적으로 해결될 때까지는 남북이 협상을 통해 잠정적인 공동어로 구역을 설정하는 것이 해마다 꽃게 철에 되풀이되는 충돌의 위험을 예방하는 최선의 방법이다.

서해에서처럼 무력충돌이 발생하지 않아 크게 주목받고 있지는 않지만, 동해상에서도 비합리적인 북방한계선으로 인한 문제가 크다. 동해안 저진항에서 218마일 공해로 뻗은 동해 북방한계선이야말로 원칙대로 하자면 남북이 서로 피곤한 노릇이다. 공해상에 임의로 선을 그어 놓고 이를 기계적으로 적용하자면 엄청난 군사력이 소진된다. 현실적으로 월선을 감시하고 막을 해군력이 부족하다. 또 이를 어기는 북한 선박을 교전수칙에 따라 무리하게 검색하거나 나포하면 국제법적으로도 공연한 분쟁을 일으키게 된다. 뿐만 아니라 그에 앞서 남북간에 험악한 충돌이 벌어질 가능성이 크다. 실제 해상 북방한계선 월선을 둘러싼 안보논쟁이 터지기 전에는 러시아를 오가는 우리 상선들은 기름을 아끼고 일정을 단축하기 위해 아무 일 없이 이 선을 넘나들며 북한 쪽 해상을 통과했다고 한다.

합참에서도 이런 점 때문에 해상작전 예규를 보완해 이 수역을 절대사수구역, 경비구역, 공해권으로 나눠 합리적으로 대처하자는 방안이 한때 나왔지만, "북방한계선을 포기하는 것 아니냐"는 보수여론의 공세에 밀려 다시 잠복했다. 군 수뇌부로선 공연히 벌집을 건드려 논쟁을 일으켜 놓으면 지키지도 못할 안보부담을 떠안게 되는 것 아니냐는 걱정이 앞섰을 것이다. 제대로 하자면, 해역에 따라서도 대처가 달라져야 하지만, 상대방 선박이 군함이냐 비무장 상선이냐 어선이냐 정체가 의심스런 선박이냐에 따라서도 대응을 달리하도록 세밀한 규정이 마련돼야 한다.

안보가 최우선이라는 데 이의를 달 사람은 없다. 그러나 현실적으로 맞지 않는 것까지 안보란 이름으로 과대포장하면 실질적으로 도움이 되지 않을뿐더러 오히려 부담이 된다. 융통성 없이 철통방어를 외치는 것은 기분에는 맞을지 모르나 국익에는 도움이 되지 않는다는 점을 명심해야 한다.

 햇볕정책의 동반자
현대그룹과 금강산 관광

정주영 회장의 집념과 소떼 방북

김대중 정부의 햇볕정책은 현대그룹과 떼어놓고 생각할 수 없다. 역사적인 남북 정상회담이 이뤄진 배경에도 현대가 막대한 자금력을 바탕으로 닦아놓은 길이 결정적 구실을 했다. 김대중 정부는 한반도 평화 정착을 위해 남북 정상회담을 추진하고 있었고, 현대는 대북사업의 정상적 추진을 위해서는 남북관계의 획기적 진전이 필요하다고 보고 정상회담을 주선했던 것이다.

현대가 북한과 이미 벌이고 있거나 약속한 사업들은 한둘이 아니다. 잘 알려진 금강산 관광사업 외에도 개성공단 건설 등 현대가 독점권을 갖고자 미리 투자해 깔아놓은 것들이 적지 않다. 이른바 7대 사업을 하겠다면서 장래가 불확실하고 사업전망이 불투명한 북한에 거액의 돈을 투자하는 일은, 건설사업으로 시작해 큰돈을 번 현대그룹이 아니었으면 엄두조차 내지 못했을 것이다. 비슷한 시기에 대북사업을 고려했던 다른 기업들이 이것저것 재고 따지며 몸을 사렸던 데 비하면 현대는 무모할 정도로 밀어붙였다. 어찌 보면 통이 큰 것이고, 다르게 평가하면 주먹구구식 감에 의한 사업 스타일이었다. 현대 특유의 밀어붙이기 사업 스타일은 그래서 부실 논란을 불러오기도 했고, 나중에 대북송금 의혹으로 특검의 조사를 받는 시련을 겪기도 했다.

한편, 대북 사업을 싹쓸이 하겠다는 현대의 욕심이 지나쳐 미국 내 유수한 기업들이 반발을 불러왔고, 이것이 훗날 대북송금 의혹이 터져 나오게 된 배경이 됐다는 분석도 음미할 만하다.

금강산 관광사업을 비롯한 현대의 대북사업 추진의 바탕에는 고향이 북쪽인 정주영 명예회장의 남다른 고향 사랑과 집념이 깔려 있다. 그러나 정 회장의 대북사업 집념을 북녘이 고향인 노기업인의 고향 사랑 혹은 남북 화해협력에 대한 열망으로만 설명하기는 어렵다. 건설경기 퇴조와 방만한 경영 등으로 곤경에 처한 그룹의 돌파구를 대북사업에서 찾으려 했던 사업가적 판단이 더 큰 요인이 됐을 것이다.

현대그룹은 1970년대 후반에 떼돈을 벌게 해준 해외건설 특수가 퇴조하자, 해외건설에 투입됐던 엄청난 장비와 유휴인력을 소화하기 위해 국내에서 대규모 간척사업을 벌였다. 그러나 1980년대 중반 이후 환경보존 의식의 확산 등으로 더 이상 대규모 간척사업을 추진하기가 힘들어지자 북한에 대한 사회간접자본 건설로 눈을 돌렸다.

때마침 노태우 정부의 북방정책으로 남북관계 개선도 곧 이뤄질 것으로 보였다. 현대의 정주영 회장은 1989년 처음으로 방북해 김일성 주석을 만났고, 북한의 대규모 사회간접자본 건설을 도맡아 해내고 금강산 관광사업을 한다는 꿈을 키웠다. 그리고 마침내 북한과 금강산 공동개발 의정서를 맺었다.

그러나 김영삼 정부 들어서자 남북관계는 급속도로 악화됐다. 결국 금강산 공동개발은 전혀 진척되지 못했다. 더구나 정주영 회장이 국민당을 창당해 1992년 대통령 선거에 출마했다가 실패하는 정치적 문제까지 겹쳐, 대북사업 추진은 엄두를 낼 형편이 못됐다. 김영삼 대통령은 대선에 나와 자신을 괴롭힌 정 회장의 현대그룹을 철저히 외면하고 견제했다. 냉탕 온탕을 오가는 김영삼 대통령의 대북정책 아래서는 정 회장도 투자할 의욕이 생기지 않았을 것이다.

그러나 정주영 회장의 야심 찬 대북사업 구상은 김대중 정부가 출범해 대북 포용정책을 펴고 정경분리 원칙을 내세우면서 제대로 힘을 받기 시작했다. 현대그룹은 김대중 정부의 햇볕정책 추진에 충실한 동반자 역할을 했다. 정 회장은 발 빠르게 움직였다.

북한과 긴밀한 관계를 유지하던 재일동포 요시다 다케시 신일본산업(新日本産業) 사장 등을 통해 북한과 길을 트고 대북사업을 밀어붙이던 정 회장은 1998년 6월 16일 드디어 엄청난 큰일을 해냈다. 자신의 서산농장에서 기른 소 500마리를 이끌고 판문점을 통해 군사분계선을 넘어가는 이벤트를 마련한 것이다. 분단 이후 북한이 민간 차원의 합의를 통해 군사구역인 판문점을 개방한 것은 정주영 회장의 방북이 처음이었다.

정 회장이 통일 소떼를 몰고 판문점 군사분계선을 넘는 것은 일대 장관이 아닐 수 없었다. 소떼가 북녘으로 가는 모습을 지켜본 국민들, 특히 가족을 북녘 땅에 두고 온 이산가족들의 아픔은 컸다. 그리운 가족들을 두고도 자신은 휴전선에 막혀 가지 못하는데 소들은 아무 일 없다는 듯 가는 것을 보며 "차라리 소가 되고 싶다"고 눈물로 절규하기도 했다. 프랑스의 문명비평가 기 소르망은 이 광경을 보고 "20세기의 마지막 전위예술"이라고 극찬했다. 그의 소떼 방북은 대북 화해정책과 정경분리를 내세우며 북한과 교류협력의 길을 트려는 김대중 정부의 햇볕정책에 크게 힘을 실어주는 출발점이 됐다.

정 회장은 방북에 앞서 가진 회견에서 "어린 시절 무작정 서울을 찾아 달려온 이 길, 판문점을 통해 고향을 찾아가게 돼 무척 기쁘다"면서 "이번 방문이 단지 한 개인의 고향 방문이 아니라 남북의 화해와 평화를 이루는 초석이 되길 진심으로 기원한다"고 말했다. 정 회장은 7박 8일간의 방북 일정을 마치고 23일 귀환했다. 그는 북한에서 김용순 아태평화위원회 위원장을 만나 유람선 운항을 통해 금강산 일대를 관광하는 상품을 개발하기로 합의했다고 발표했다. 그러나 이때만 해도 그것이 실제로 성사될 수 있을까 의심하는 사람들이 대부분이었다.

정 회장은 곧 이어 10월 27일부터 4박 5일간 북한을 다시 방문했다. 이번에도 서산에서 기른 소 501마리를 이끌고 갔다. 그는 이때 김정일 국방위원장을 만났다. 현대의 금강산 관광사업에 비로소 힘이 실리며 첫 스타트를 끊는 순간이었다. 정 회장의 김정일 면담에는 앞서 언급한 요시다 신일본산업 사장의 중개가 큰 몫을 했다. 물론 결정적인 것은 남쪽에 금강산 관광을 허용해 외화를 확보하기로 마음을 굳힌 김정일 위원장의 결단이었음에 틀림없다.

정 회장의 원대한 대북사업 구상이 대박을 터트리는 현실성을 갖기 위해서는 남북 화해협력이 획기적으로 진척돼야 했다. 그리고 투자한 사업에 북한이 돈을 지불하도록 만들기 위해서는 50억~100억 달러에 달하는 일본의 식민지 보상금을 받고, 국제금융기구에서 돈을 빌릴 수 있도록 여건을 만들어야 했다. 북한이 서방세계에서 돈을 빌리려면 미국의 경제제재 해제가 필요했고, 미국과의 관계 정상화도 필수였다. 일본과의 수교도 미국과 문제를 풀어야만 가능한 일이었다. 이는 김대중 대통령이 구상하던 햇볕정책의 추진 방향과 정확히 일치했다. 그리고 그 출발점은 남북간 화해협력을 앞당길 남북 정상회담의 추진이었다.

김대중 정부의 남북 정상회담 추진에 현대가 처음부터 개입한 것은 바로 이런 연유에서였다. 오히려 현대 쪽에서 더 서두른 듯한 모습도 보인다. 정몽헌 현대아산 회장이 북쪽에 먼저 남북 정상회담을 할 의향이 있는지를 타진하고, 긍정적 반응이 나오자 남쪽에 이런 뜻을 전달해 남북 특사접촉이 이뤄지게 주선한 것이다.

6.15 남북 정상회담이란 극적인 드라마에서 김대중 대통령이 화려한 조명과 각광을 받고 역사의 무대에 우뚝 선 감독이나 주연을 맡았다면, 정주영 현대그룹 명예회장은 훗날의 흥행 대박을 기대하며 뒤에서 엄청난 제작비를 댄 투자자이자 제작자에 비견된다고 설명한 사람도 있는데 매우 적절한 비유다.

교류와 협력의 상징, 금강산 관광사업

현대의 여러 대북사업 가운데서도 가장 먼저 시작되고 가시적인 충격을 주었으며, 동시에 남북관계 진전에 결정적인 구실을 한 것이 바로 금강산 관광사업이었다. 남한 사람들이 누구라도 여행경비만 내면 북녘 땅을 직접 밟아보고 꿈에 그리던 그 유명한 금강산에 직접 오를 수 있게 된 것이다. 이제까지의 상식으로는 도저히 상상하기 힘든 일이었다. 사실 금강산 관광사업은 정주영 회장 같은 배포가 큰 사업가가 아니었으면 엄두도 못 낼 일이었다. 수치로 계산할 수는 없지만, 금강산 관광을 통해 남북 사이에 패인 감정의 골이 엄청나게 메워졌을 것이다.

드디어 1998년 11월 18일 금강산 관광선 금강호가 강원도 동해항을 출항해 북한 장전항을 향해 역사적인 항해를 시작했다. 관광객 889명과 승무원 482명 등 1430명을 태운 금강호는 동해안에서 12마일 떨어진 공해 항로를 따라 올라가 10여 시간 만인 19일 새벽 6시 금강산 인근 장전항에 닻을 내렸다. 금강호에는 정주영 현대그룹 명예회장을 비롯해 정몽구, 정세영씨 등의 일가가 타고 있었다.

장전항에 내린 남쪽의 첫 관광객들은 부두에 마련된 북쪽 출입국관리소에서 입국허가 도장을 받는 번거로운, 그러나 매우 긴장되는 입국절차를 거치고 나서야 비로소 북녘 땅을 밟을 수 있었다. 이들은 만물상 코스, 구룡폭포 코스, 해금강 코스 등 3개 코스로 나눠 관광을 한 뒤 저녁 때 출국절차를 거쳐 배로 돌아온 뒤 선실에서 잠을 잤다. 다음날은 다시 입국절차를 거친 뒤 버스로 금강산 입구까지 가서 이번에는 코스를 바꿔 다른 곳을 관광하는 식이었다. 이들은 22일 동해항으로 무사히 돌아왔다.

금강산은 천하의 절경으로 국제적으로도 소문나 있다. 절기마다 제

멋을 뽐내 봄에는 금강, 여름에는 봉래, 가을에는 풍악, 겨울에는 개골이란 별도의 이름으로 불리기도 한다. 예로부터 많은 선조 시인묵객들이 금강산의 풍광을 노래하고 멋진 그림으로 남겼으며, 최근에도 분단되기 직전까지 많은 문인들이 금강산에 오른 뒤 절경을 예찬한 가슴 시린 글들을 남겼다.

비록 뱃길로 가는 관광이고, 철조망이 쳐진 가운데 일반 북한 주민들과의 접촉이 철저히 차단된 제한된 관광이었지만, 반세기 동안 금단의 땅이었던 북녘 땅을 밟는 남쪽 관광객들의 감회와 감격은 말로 표현할 수 없었다. 특히 고향을 두고 남쪽으로 내려온 실향민들에게는 가슴 벅찬 일이 아닐 수 없었다. 고향에 두고 온 부모나 가족들을 그리는 사람들은 내 고향은 아니지만 같은 북녘 땅인 금강산을 오르며 가족들 이름을 부르고 맺힌 한을 푸는 눈물겨운 모습도 보였다.

특히 금강산 곳곳 길목을 지키며 관광객을 안내하는 북쪽 안내원(환경감시원)들과의 첫 만남은 신기하고도 충격적인 일이었다. 노인들이 아니라면 대부분 태어나서 처음으로 북한 사람을 직접 만나보는 자리다. 처음에는 낯설고 어색했으나 곧 의사소통이 되면서 마음과 마음이 이어지는 특이한 체험을 하게 됐다. 똑같은 말을 하는 동포가 남북으로 갈려 각기 전혀 다른 삶을 살고 있다는 것이 실감나게 다가왔을 터이다. 엄청난 문화적 충격이 아닐 수 없었다.

금강산 관광이 순조롭게만 진행된 것은 아니었다. 관광이 시작된 지 반 년이 지나 첫 시련이 다가왔다. 1999년 6월 20일 금강산을 관광하던 주부 민영미씨가 관광 도중 북쪽 안내원과 나눈 수상한 대화 때문에 북한 당국에 억류된 사건은 금강산 관광사업을 총체적으로 위협하는 중대한 일이었다. 남쪽 관광객의 신변안전이 보장되지 않는다면 불안해서 누구도 선뜻 관광에 나서지 못할 것이고, 금강산 관광은 심각한 타격을 받을 수밖에 없기 때문이다. 국민의 안전을 책임져야 하는 정부도 금강산 관광사업을 허용할 수 없을 것이었다.

민영미씨가 북쪽 안내원에게 "빨리 통일이 되어 우리가 금강산에 오듯이 선생도 남한에 와서 살았으면 좋겠다" "귀순자인 전철우와 김용이 남한에서 잘 살고 있다"는 등의 말을 했는데, 북한이 이것을 귀순공작으로 몬 것이다. 민씨가 현대 쪽의 신신당부에도 불구하고 오해를 살 만한 말을 한 것은 잘못이지만, 그렇다고 주부 관광객을 불순한 의도를 지니고 공작하는 사람으로 본 것은 누가 봐도 지나쳤다. 우여곡절 끝에 민씨는 사죄문을 쓰고 닷새 만에 석방됐으나 서로 떨어져 살아온 남북의 이념 차이가 쉬 좁혀지지 않는다는 것을 실감하는 계기가 됐다. 이 사건으로 북한이 관광객의 신변안전을 확실히 보장한다는 약속을 할 때까지 한 달 반가량 금강산 관광이 중단됐다.

민씨 억류 사건은 바로 며칠 전 발생했던 서해교전에서 참패를 당해 자존심이 극도로 상한 북한이 딴 데서 화풀이를 하기 위해 트집을 잡은 측면도 있는 것으로 분석됐다.

수지 못 맞춰 난관에 빠진 금강산 관광

햇볕정책의 상징물이자 성과물로 출발한 금강산 관광은 그러나 수지를 맞추지 못해 고전을 거듭했다. 기대했던 것보다 관광객 수가 적은 탓도 있었지만, 현대그룹이 금강산 관광 및 독점개발의 대가로 북한에 지불하기로 한 돈은 현대가 감당하기에 너무 벅찼다. 현대는 2005년 2월까지 6년 3개월 동안 북한에 9억 4200만 달러(약 1조 1300억 원)를 지급하기로 약속했다. 이에 따라 매달 평균 1200만 달러씩 보내기로 했으나, 적자가 계속 누적되면서 자본금을 까먹기에 이르렀다.

금강산 관광이 침체에 빠지면서 현대는 북한과 재협상을 통해 관광이 활성화될 때까지 매달 일률적으로 보내던 관광대가를 관광객 수에 따라 지급하는 방식으로 바꾸기로 했다. 관광객이 줄더라도 매달 약정된 금액을 내야하는 형태로는 당연히 채산성을 맞추기 어려웠을 것이다. 이와 함께 현대는 육로관광 실시와 관광특구 지정을 적극 추진하기로 했다. 현대는 '왕자의 난' 등을 통해 그룹 전체가 흔들리고 자금 유동성 위기에 빠지며 관광사업 침체가 더욱 가중됐다. 그룹이 분할되면서 정몽헌 회장 쪽의 타격이 특히 컸다.

그렇다고 금강산 관광사업을 중단할 수도 없었다. 금강산 관광과 김대중 정부의 햇볕정책은 이미 한 배를 탄 운명공동체의 성격을 띠고 있었기 때문이다. 금강산 사업이 지닌 민족사적 의의를 되새겨보면 사업 채산성만 따질 일은 아니었다. 금강산 관광이라는 공동사업을 통해 남북이 얼마나 가까워지고 서로 믿을 수 있는 존재가 됐는지를 생각하면, 돈으로는 따질 수 없는 무형의 부수효과를 거둔 것이다.

마음속에 가위눌려 지냈던 전쟁 공포가 상당히 완화된 것을 어찌 돈으로 환산할 것인가. 남북이 서로 못미더워 만일의 경우에 대비해 투자해야 하는 군사비를 생각하면, 금강산 관광사업에 드는 비용을 평화

유지를 위한 생산적 투자로 볼 수도 있는 것이었다. 금강산 관광사업이 한반도 긴장완화와 남북관계 개선에 기여해 온 측면을 무시할 수 없었기에 수지타산이 맞지 않아 침몰해가는 사업을 두고 정부가 모른 체 할 수만도 없는 형편이었다. 더구나 후에 상세히 밝혀졌지만, 정부는 남북 정상회담 추진 과정에서 현대에 많은 빚을 지고 있었다.

결국 정부투자기관인 한국관광공사가 공동사업자로 참여하기로 하고 남북협력기금 900억 원을 대출받아 금강산 관광사업에 투자했다. 또 학생이나 교사, 이산가족, 국가유공자. 장애인, 통일교육 강사 등을 대상으로 금강산 관광 경비의 일부를 남북협력기금에서 지원하기로 했다. 이와 함께 현대는 한때 금강호, 봉래호, 풍악호, 설봉호 등 4편을 운행하던 관광선을 설봉호 한 편으로 대폭 줄여 경비를 절감했다.

금강산 관광사업이 기대했던 만큼 관광객을 끌어 모으지 못한 데는 자유로운 활동이 제한되는 단조로운 관광 형식이 큰 원인으로 작용했다. 정해진 일정에 따라 줄서서 관광을 다니고 며칠을 꼼짝없이 배 안에 갇혀 지내야 하는 방식으론 경제적 부담도 부담이려니와 자유분방한 관광의 제 맛을 만끽할 수가 없다.

관광이 활성화되려면 세 가지 요건이 충족돼야 한다. 상품성과 접근의 용이성, 자유로운 활동이 그것이다. 그런데 금강산 관광은 금강산이라는 빼어난 상품성을 빼고는 접근의 용이성이나 자유로운 활동 등이 제한돼 있다. 이에 따라 관광 초기에 북한에 간다는 호기심으로 몰리던 관광객들이 빠진 후로는 점차 관광객이 줄어드는 것을 막을 수 없었다. 무엇보다 가격이 너무 비싸다는 것이 결정적 흠이었다. 현대는 돌파구로 육로관광을 적극 추진했고, 우여곡절 끝에 북한과 육로관광에 합의했다. 비무장지대를 뚫고 길을 내는 도로공사가 진행 중이다. 또 한줄기 희망의 빛이 엿보인다.

정주영 회장 상가에 온 조문사절단

정주영 명예회장은 2001년 3월 21일 숨졌다. 향년 86세였다. 김정일 북한 국방위원장은 당시 남북 당국간 교류가 끊어진 상황에서도 송호경 아태평화위 부위원장을 단장으로 한 조문사절단을 보내 그의 죽음을 애도했다. 고인과 김 위원장의 이런저런 인연도 인연이지만 현대의 금강산 관광사업 등을 고려할 때 매우 의미 깊고 아름다운 일이었다. 북한이 평양과 금강산 현지에 분향소를 차려 문상하게 하고, 조문사절단을 직접 보낸 것은 분단사상 처음 있는 일이었다.

주위의 부축을 받으면서 노구를 이끌고 남북을 오간 정 회장의 열정과 사업 파트너로서 얻은 실질적 이득에 김정일 위원장으로서는 최고의 예우를 한 것이리라. 북한 조문사절단은 비록 단 몇 시간만을 서울에 머문 뒤 돌아갔지만, 조문사절단이 왔다는 것 자체만으로도 남북관계 진전에 커다란 이정표가 될 수 있었다. 실제로 김대중 대통령과 부시 대통령의 한미 정상회담에 대한 불만의 표현으로 북한이 남북 장관급회담을 무기 연기한 상황에서 북쪽의 조문단 파견은 단절된 대화를 잇는 마음의 다리 구실을 했다.

사실 우리 민족은 예부터 이웃의 경사에는 빠져도 애사만은 반드시 챙기는 것을 도리로 여겼다. 사이가 나쁜 이웃끼리도 문상을 통해 화해하는 미풍양속이 있었다. 이런 점을 생각할 때 1994년 김일성 주석이 숨졌을 때 남쪽 사회에서 소모적인 조문파동이 크게 벌어졌던 것은 두고두고 아쉬움으로 남는다.

상을 당해 슬픔에 잠겨 있는 상대에 대해 죽은 사람 욕을 해가며 자극하는 일을 굳이 해야 했을까. 더구나 과거의 악연을 접고 곧 남북 정상회담을 하기로 약속했던 상대방이 아니었던가. 보수세력의 일방적인 여론몰이는 민족사의 전진을 가로막았다. 그때 우리가 긴 안목에서 조금만 마음의 문을 열었더라도 남북화해는 훨씬 앞당겨졌을 개연성이 높다.

중국 천하를 놓고 다투었던 장제스 총통이 1975년 대만에서 숨졌을 때 중국은 정중한 조의를 표했고, 이듬해 마오쩌둥 주석이 숨지자 대만도 같은 조처로 화답했다.

2장
남북 정상회담 전후

 정상회담 특사접촉

정상회담 합의 깜짝 발표

박지원 문화관광부 장관은 2000년 4월 10일 기자회견을 자청해 깜짝 놀랄 대사건을 발표했다. 4.13 총선을 불과 사흘 앞둔 때였다. 박 장관은 주무장관인 박재규 통일부 장관을 옆에 앉혀놓고 의기양양하게 남북 정상회담을 합의했다는 사실을 발표했다.

김대중 대통령이 김정일 북한 국방위원장의 초청에 따라 2000년 6월 12일부터 14일까지 평양을 방문하기로 북쪽과 합의했다는 엄청난 소식이었다. 북한도 같은 시각 평양에서 남북 정상회담 합의 사실을 동시에 발표했다.

남북의 특사가 서명했다고 박 장관이 밝힌 합의서 전문은 다음과 같다.

남북 합의서

남과 북은 역사적인 7.4 남북 공동성명에서 천명된 조국통일 3대 원칙을 재확인하면서 민족의 화해와 단합, 교류와 협력, 평화와 통일을 앞당기기 위하여 다음과 같이 합의하였다.

김정일 국방위원장의 초청에 따라 김대중 대통령이 금년 2000년 6월 12일부터 14일까지 평양을 방문한다.

평양 방문에서는 김대중 대통령과 김정일 국방위원장 사이에 역사적인 상봉이 있게 되며 남북 정상회담이 개최된다.

쌍방은 가까운 4월 중에 절차문제 협의를 위한 준비접촉을 갖기로 하였다.

2000년 4월 8일

상부의 뜻을 받들어 　　　상부의 뜻을 받들어
남　　측　　　　　　　　　북　　측
문화관광부　　　　　　　　조선아시아태평양평화위원회
장관 박지원　　　　　　　　부위원장 송호경

　박지원 문화관광부 장관은 어안이 벙벙한 국내외 기자들에게 깜짝 놀랄 뉴스의 뒷얘기를 다음과 같이 설명했다.

김대중 대통령의 베를린 선언(3월 9일)이 나온 직후 북측이 비공개적으로 다양한 경로를 통해 우리 측에 접촉을 제의했고, 이 접촉에서 남북 정상회담 개최 문제를 논의할 수 있다는 입장을 표명해 왔다. 이 같은 북측의 제의에 대해 김대중 대통령은 여러 가지 상황을 고려하여, 나를 특사로 임명하고 북측 인사와 접촉케 했다.

박지원 장관의 설명에 따르면, 남북 사이의 첫 특사접촉은 2000년 3월 17일 중국 상하이에서 박 장관과 북쪽의 송호경 조선아시아태평양평화위원회(약칭 아태평화위) 부위원장 사이에서 비공개적으로 이루어졌다.

그 뒤 3월 22일과 4월 8일 등 두 차례에 걸쳐 중국 베이징에서 특사접촉이 추가로 이어졌고, 4월 8일에 남북 정상회담 개최가 최종 합의됐다는 것이다. 박 장관은 북쪽이 정상회담의 전제조건으로 경제지원 등을 요구한 사항이 없다는 말도 빼놓지 않았다.

그러나 뒤에서 상세히 살펴보겠지만, 이러한 공식적 설명은 사실과 다르다. 우선 남북 양쪽의 특사가 만난 것은 박 장관의 설명보다 열흘 정도 빠른 3월 8일이었다. 장소는 싱가포르였고 10일까지 비밀리에 접촉이 진행됐다.

박지원 장관과 송호경 아태평화위 부위원장의 첫 만남에는 정몽헌 현대그룹 회장과 이익치 현대증권 회장이 자리를 함께 했다. 그리고 재일동포 2세로 북한 쪽에 발이 넓은 요시다 다케시 신일본산업 사장도 그 자리에 있었다. 남북 정상회담과 현대의 관계는 떼려야 뗄 수 없는 관계임이 잘 드러나는 대목이다.

베일을 벗은 싱가포르 비밀접촉

남북 특사 사이의 싱가포르 비밀접촉은 한참 뒤에야 확인됐다. 2003년 2월 14일, 퇴임을 열흘 앞두고 국민 여론에 몰린 김대중 대통령은 대북송금 의혹과 관련해 기자회견을 갖고 "국민 여러분께 심려를 끼쳐 죄송하다. 내가 모든 책임을 지겠다"고 대국민 사과를 했는데, 이때 부연설명에 나선 박지원 당시 청와대 비서실장의 실토로 비로소 공식 확인된 것이다. 김 대통령의 담화 발표에 이어 임동원 청와대 특보가 대북송금 문제에 대해 해명했고, 박지원 청와대 비서실장은 정상회담을 둘러싼 사전접촉에 대해 설명했다.

박지원 특사의 싱가포르 비밀접촉설은 그 전부터 유력한 소문으로 정가에 떠돌았다. 싱가포르 접촉 여부는 남북 정상회담을 합의한 남북 특사접촉이 언제부터 시작됐느냐를 가리는 중요한 문제였다.

이날 박지원 비서실장은 남북 정상회담에 관한 논의를 하기 위해 2000년 3월 8일부터 10일까지 싱가포르에서 송호경 북한 아태평화위 부위원장과 극비로 접촉했음을 처음으로 시인했다. "이제껏 거짓말을 한 것이냐"는 기자들의 추궁에 그는 "북측에서 만남을 비공개로 해달라고 요구했고, 앞으로의 국면이 확실치 않기도 해 그리했다"면서 "외교관례상 북쪽과 한 약속을 지킬 수밖에 없었다"고 해명했다. 한마디로 말해 당시의 접촉은 정상회담의 탐색전이었다고 그는 둘러댔다.

싱가포르 비밀협상은 정몽헌 현대 회장이 다리를 놓은 것이었다. 박지원 문광부 장관과 송호경 북한 아태평화위 부위원장이 처음으로 만날 때 정몽헌 회장과 이익치 현대증권 회장이 자리를 함께 해 양쪽을 소개했다. 여기서 빼놓을 수 없는 사람이 있으니, 남북 비밀협상 성사의 결정적 기여자라는 평을 듣는 그는 조총련계 재일동포 2세로 북한과 무역중개업을 하는 요시다 다케시 신일본산업 사장이었다.

김대중 대통령이 대국민 담화를 발표하기 하루 전인 2월 13일자 「한국일보」는 요시다 사장과의 인터뷰 기사를 통해 당시 상황을 상세히 전했다.

요시다 사장은 인터뷰에서 "2000년 3월 8일부터 10일 사이에 남북 정상회담 예비협상을 시작할 때 그 사전 세팅(준비)을 내가 했다"고 털어놓았다. 자신이 남북 정상회담 아이디어를 북한에 제안했고, 박 장관과 송 부위원장이 만나도록 하는 세팅도 했다는 것이다. 그는 "정몽헌 당시 현대그룹 회장과 이익치 현대증권 회장도 그때 싱가포르에 있었으나 협상 현장에 배석하지는 않고 주변에서 대기했다"면서 "여러 호텔을 옮겨가며 협상이 이루어졌는데 정몽헌, 이익치 회장은 협상이 진행되는 동안 나와 함께 커피숍 등에서 교섭이 잘 되기를 바라는 이야기를 나누며 기다렸다"고 말했다.

함경도 출신인 요시다 사장은 일본에 귀화한 그의 선친이 김일성 주석과 절친했던 인연으로 대를 이어 김정일 국방위원장과도 친밀한 관계를 유지했고, 일본에서 대북 채널의 역할을 하고 있었다. 그는 1년 중 절반가량을 평양에서 보내며, 북한 지도부의 신임이 두터운 것으로 알려졌다.

현대가 금강산 관광사업을 추진하는 과정에서도 그는 현대와 북한을 연결해주는 역할을 했다. 그는 정주영 현대 명예회장과 김정일 국방위원장의 면담을 주선했고, 아태평화위 송호경 부위원장과 강종훈

서기장, 황철 실장 등 대남사업을 관장하는 북한의 주요 인사들을 현대 쪽에 소개해준 것으로 알려져 있다. 그는 1995년 가토 고이치 일본 자민당 정조회장이 북한과 쌀 지원에 대한 비밀교섭을 벌일 때 비밀창구로 지목돼 일본 정계를 떠들썩하게 만든 일도 있다.

그렇다면 정부는 왜 그동안 싱가포르 비밀협상 사실을 그렇게 숨겨왔을까?

박지원 청와대 비서실장은 2002년 10월 국회 운영위의 국정감사에서 싱가포르 방문 사실 자체를 부인하다가 야당 의원들이 증거를 들이대며 집요하게 물고 늘어지자 "2000년 3월 8일부터 11일까지 개인적으로 휴가차 방문했다"고 인정하면서도 "그러나 북한 사람은 만난 적이 없다"고 부인했다. 또 "요시다 사장을 2001년 여름 두 차례 만난 적이 있다"고 시인하면서도 북한과의 비밀협상은 끝내 부인했다. 정부는 2001년 2월에 한 외국 언론이 싱가포르 비밀협상과 대북송금 의혹을 보도하자 장문의 반론문을 보내 게재하도록 하기도 했다.

그만큼 싱가포르 비밀협상은 김대중 정부 햇볕정책의 아킬레스건이었다. 이 협상은 남북관계 개선의 출발점이었다. 그러나 밀실거래였다. 그 실체가 드러나면 앞서 거론했던 김대중 대통령의 베를린 선언에 대한 정당성 논란이 일 것이고, 결국 남북 정상회담이 정상적인 방법으로 이뤄지지 않았다는 논란에 휘말릴 가능성이 컸다. 여기에 현대 그룹이 협상에 직간접적으로 개입한 사실까지 보태지면 정경유착이라는 비난은 물론이고, 정상회담을 포함한 햇볕정책의 성과물을 뒷거래로 샀다는 의심을 받을 수 있었다. 퍼주기 논란도 더 커졌을 것이다. 그렇기 때문에 박지원 실장은 베를린 선언 이후 상하이와 베이징에서 특사접촉이 진행됐다는 사실은 인정하면서도, 그 이전에 있었던 싱가포르 비밀협상은 끝내 부인했다.

싱가포르 비밀협상은 시기상으로 볼 때 김대중 대통령의 베를린 선언과 직접 연결돼 있었다. 유럽 순방에 나선 김 대통령이 프랑스를 거쳐 베를린으로 향하는 시각에 박지원 장관은 송호경 부위원장과 싱가포르에서 담판을 벌이고 있었다.

정황으로 볼 때 싱가포르 협상의 내용은 시시각각 김대중 대통령한테 전달됐을 것이고, 이를 바탕으로 정부 차원에서 대북 지원을 확약하는 베를린 선언이 발표됐다는 분석이 설득력이 있다. 이는 김 대통령이 주도적으로 북한을 돕겠다는 베를린 선언을 발표하자 북쪽이 이에 호응해 왔고 이것이 남북 정상회담으로 이어졌다는 그간의 공식 설명과는 크게 차이가 난다. 앞뒤 순서가 바뀐 것이다. 아무런 사전접촉도 없었는데 북한이 베를린 선언을 보고 남쪽에 접촉을 제의했다는 것은 그동안의 남북관계 진행 상황을 볼 때 아무래도 설득력이 떨어지는 옹색한 설명이었다.

베를린 선언과 특사접촉의 상관관계

김대중 대통령의 베를린 선언은 남북 정상회담의 출발점이었다는 공식적 평가를 그동안 받아왔다. 김대중 대통령은 3월 9일 독일 베를린 자유대학에서 '독일 통일의 교훈과 한반도 문제'라는 주제의 연설을 통해 "지구상에 마지막으로 남아 있는 한반도의 냉전구조를 해체하고 항구적인 평화와 남북간 화해와 협력을 이루고자 다음과 같이 선언하고자 한다"면서 4개항의 베를린 선언을 발표했다. 그 내용은 첫째 남북경협을 통한 북한 경제회복 지원, 둘째 한반도 냉전 종식과 남북간 평화 정착, 셋째 이산가족 문제의 해결, 넷째 남북 당국간 대화 추진이었다.

김 대통령은 첫째 과제와 관련해 대한민국 정부는 북한이 경제적 어려움을 극복할 수 있도록 도와줄 준비가 돼있다고 밝혔다. 김 대통령은 지금까지 남북 사이에 정경분리 원칙에 의한 민간경협이 이루어졌으나, 본격적인 경제협력 실현을 위해서는 도로, 항만, 철도, 전력, 통신 등 사회간접자본이 우선 확충돼야 한다고 강조했다. 또 정부 당국 사이에 투자보장협정과 이중과세방지협정 등이 체결돼야 민간기업이 안심하고 투자할 수 있는 환경이 조성된다고 밝혔다. 북한이 겪고 있는 식량난은 단순한 식량 지원만으로는 해결될 수 없으며 비료, 농기구 개량, 관개시설 개선 등 근본적인 농업구조 개혁이 필요하다고 강조했다. 이와 같은 사회간접자본 확충과 안정된 투자환경 조성, 그리고 농업구조 개혁은 민간경협 방식만으로는 한계가 있으므로 이제는 정부 당국간 협력이 필요하며, 우리 정부는 북한 당국의 요청이 있을 때는 이런 협력을 적극적으로 검토할 준비가 돼있다고 역설했다.

김 대통령은 "현 단계에서 우리의 당면 목표는 통일보다는 냉전 종식과 평화 정착"이라며 "우리 정부는 진정한 화해와 협력의 정신으로 힘닿는 대로 북한을 도와주려고 한다. 북한은 우리의 참뜻을 조금도 의심하지 말고 우리의 화해와 협력 제안에 적극 호응하기를 바란다"고 말했다.

김 대통령은 연설 후 참석자들과 가진 질의응답에서 "베를린 자유대학에서 '북한을 해칠 생각이 없다'고 공개 연설한 것은 북한을 안심시키기 위한 노력"이라고 배경을 설명했다.

김 대통령이 이처럼 과감한 대북 지원을 약속하는 베를린 선언을 하게 된 데는 앞에서 설명했듯이, 싱가포르에서 남북 정상회담을 위한 비밀협상이 이뤄지고 있던 상황이 배경이 됐다. 싱가포르의 남북접촉을 대통령이 직접 보증하고 박지원 특사에게 힘을 실어주기 위해 적극적인 지원 방침을 천명한 것으로 볼 수 있다. 실제 베를린 자유대학 연설 내용은 미리 준비된 것이 아니고 부랴부랴 만들어진 것이었다는 얘기도 나오고 있다.

당시 북한은 정상회담 개최를 포함한 전면적인 남북관계 개선에 나서는 대가로 현대의 대북사업에 대한 남한 정부의 보증, 막대한 규모의 사회간접자본 지원 등을 믿을 수 있는 방법으로 약속할 것을 요구했던 것으로 알려졌다. 이에 남쪽은 도로, 항만, 철도, 전력, 통신 등 사회간접자본 확충, 식량과 비료 지원, 투자환경 조성 등을 베를린 선언문에서 명시함으로써 북한의 요구를 수용한 셈이었고, 그 과정에서 남쪽의 적극적 의사가 북쪽에 전달된 것으로 보인다.

베를린 선언문은 김 대통령이 현지에서 발표하기 전인 3월 9일 오후 2시 판문점을 통해 김용순 노동당 대남 담당 비서 등 북한 고위층에 전달됐다.

북한은 김 대통령이 베를린 선언을 발표한 지 엿새 뒤인 2000년 3월 15일 「로동신문」 논평을 통해 첫 반응을 보였다. 「로동신문」은 "말보다 실천이 중요하다"는 제목의 논평을 통해 "남조선 당국이 반민족적이며 반통일적인 낡은 대결정책에서 벗어나 실제 행동으로 긍정적인 변화를 보인다면"이라는 전제를 달고 "이러한 원칙적 입장에 부합된다면 아무 때나 북남 당국 사이에 대화와 접촉은 이뤄질 수 있을 것"이라고 밝혔다.

논평은 "북남 사이의 대화와 협상을 통하여 통일문제를 평화적으로 해결하려는 것은 우리의 일관한 입장", "남측이 긍정적 변화를 보일 경우 "민족의 운명 문제를 놓고 허심탄회하게 협상할 것", "통일을 위해 함께 노력할 것"이라고 강조하는 등 대화 자체를 부정하지는 않는다는 태도를 보였다. 논평은 그러나 "백 마디 말보다 한 번의 실천이 중요하다"면서 남측이 남북 화해와 협력을 바란다면 "실천 행동으로 그 의지를 보여주어야 할 것"이라고 밝혔다.

이런 흐름과 관련해 흥미로운 점은 김대중 대통령이 난데없이 김정일 북한 국방위원장을 긍정적으로 평가하는 발언을 했다는 것이다. 김 대통령은 2000년 2월 9일 일본 도쿄방송(TBS-TV)과의 회견에서 김정일 국방위원장에 대해 "지도자로서 판단력과 식견을 갖췄다"고 높이 평가하며 띄워주는 말을 해 많은 국민들을 의아하게 만들었다. 김 대통령이 김 위원장에 대해 뜬금없이 이처럼 공개적으로 높이 평가하는 발언을 한 것은 뭔가 그럴만한 필요성이 있었기 때문이 아니었을까 추측된다. 그때 이미 남북 사이에 정상회담 얘기가 오가고 있었고, 북쪽 창구에서 현대를 통해 '김 대통령이 김 위원장에 대해 좋은 말을 해주는 것이 회담 성사의 분위기 조성에 도움이 될 것'이란 사인을 보내오지 않았을까 싶다.

실제 현대가 북쪽으로부터 남북 정상회담이 가능하다는 통보를 받은 것은 2000년 1월 하순께였던 것으로 알려졌다. 현대는 자신이 먼저 터를 잡아놓은 대북사업을 정상적으로 벌여나가기 위해서는 남북관계가 획기적으로 진전돼야 하고, 이를 앞당기는 것이 바로 정상회담이라고 보고 요시다 사장을 통해 북쪽의 의향을 타진했다. 북쪽에서 긍정적 반응이 오자 정몽헌 회장은 박지원 문광부 장관을 통해 북쪽의 뜻을 정부에 알렸다. 정 회장이 박지원 장관을 통한 것은 평소 그와 안면이 있기도 했거니와 그가 김대중 대통령에게 직접 보고할 수 있는 실세라고 보았기 때문일 것이다.

김 대통령은 2월 초 임동원 국정원장에게 북한이 남북 정상회담을 제안해 왔는데, 이 제의의 신빙성과 가능성 등을 분석 평가해 보고하라고 지시했다. 이에 임 원장은 박지원 장관으로부터 상세한 이야기를 듣고, 김보현 대북전략국장 등과 함께 북쪽 제안의 신빙성을 다각도로 검토한 결과 신빙성이 매우 높지만 일단 남북간 특사접촉을 통해 진의를 알아보는 것이 좋겠다고 보고했다고 한다. 이런 경로로 남쪽의 긍정적 의사가 정해지자 다시 현대를 통해 남쪽의 의사가 북쪽에 역으로 전달됐고, 그 결과 싱가포르 특사접촉이 이뤄지게 됐다는 것이다.

박지원 장관이 나선 까닭

정상회담 개최를 논의하는 중요한 남과 북의 접촉에 박지원 문화관광부 장관이 대통령 특사로 나서게 된 데는 여러 이유가 복합돼 있다. 하지만 결정적인 것은 박 장관에 대한 김대중 대통령의 각별한 신임이었을 것이다. 당시 그의 직책은 문광부 장관으로 남북문제와는 업무 연관성이 전혀 없었다. 게다가 그는 남북문제 전문가도 아니었다. 하지만 김 대통령의 신임은 이런 모든 한계를 뛰어넘었다. 주무부서인 통일부에 일을 맡기면 언론에서 눈치 채 보안 유지가 어려울 수 있다는 점도 고려됐을 것이다. 정몽헌 회장이 남북 정상회담을 하자는 북쪽의 제안을 김 대통령에게 전하는 창구로 박 장관을 선택했다는 점도 한 요인이 됐을 것이다. 정 회장으로선 그가 금강산 관광사업의 주무 장관이며 금강산 카지노 개설 허용 문제 등으로 사업상 얽힌 일이 많았다. 게다가 박 장관은 김대중 대통령의 측근 실세이니 그와 직거래를 하는 게 이모저모로 득이 된다고 판단했던 것이다.

　박지원 장관은 김 대통령이 야당 총재였던 시절부터 대변인으로 성실하게 보좌해 왔으며, 특히 김 대통령이 직접 손을 대기 껄끄러운 온갖 궂은일을 도맡아 처리하는 충성심을 발휘해왔다. 그는 김 대통령의 최측근으로 꼽혔고, 김 대통령이 집권한 뒤에는 청와대 대변인 겸 공보수석으로 국정홍보를 요리했다. 또 문광부 장관 때도 언론 쪽을 챙겼고, 나중에는 김대중 대통령의 비서실장을 지내는 등 김 대통령 주변을 잠시도 떠나지 않았다.

　그에게 남다른 충성심이 없었다면, 이런 신임을 받아 남북 정상회담 비밀협상이라는 엄청난 일을 해내기도 힘들었을 터이다. 사업을 오래 한 탓에 협상력도 뛰어난 것으로 평가됐을 것이다. 주위의 시선 따위는 전혀 아랑곳하지 않고 앞만 보고 달려가는 그의 이런 성격과 더불어 자신이 행사하는 엄청난 권력을 내놓고 과시하는 스타일 때문에 그는 주위에 유난히 적도 많았고 권력을 독점하고 농단한다는 욕도 많이 먹었다. 그가 김대중 대통령에게 우호적이지 않아서 누구도 나서기를 꺼리는 언론을 적극적으로 상대하면서 썼다는 'cash & whisky' 전략은 그의 성격의 단면을 잘 드러내고 있다.

김 대통령으로서는 비밀을 철저히 유지해야 할 필요성과 고도의 정치적 판단과 협상력을 요구하는 특사의 성격상 박지원 장관이 가장 적임자라고 판단했음 직하다. 김 대통령이 대북협상 특사로 최측근인 박지원 장관을 쓴 것은 나중에 대북송금 의혹이 터져 나왔을 때 의혹을 더 크게 부풀게 하고 파문을 크게 하는 부작용도 빚었다. 박 장관 개인의 투명치 않은 이미지와 직접적으로 연결돼 뭔가 떳떳하지 못한 비밀스런 의혹이 있지 않았을까 하는 의심을 더 사게 한 것이다.

박지원 특사의 북쪽 접촉에는 임동원 국정원장의 추천으로 국정원에서 대북관계 실무를 도맡아온 김보현 국장이 나서서 치밀하게 뒷받침했다. 김보현 국장은 김대중 정부 초기 시절, 중국 베이징에서 남북차관급회담을 할 때 이에 관여했고, 비료 지원 등을 통해 대북 통로를 뚫고 이를 잘 활용했다. 그는 임동원씨가 국정원장으로 재임할 때 그의 전략기획 능력과 판단 능력을 높이 사 중용한 것으로 알려져 있다.

북쪽에서는 송호경 아태위 부위원장과 함께 황철 실장, 권민 참사가 참가했다. 이들 역시 김대중 정부 내내 남쪽과 크고 작은 접촉이 있을 때마다 뒤에서 중요한 일을 결정한 김정일-김용순 라인의 실세들이다. 송호경 부위원장은 외무성과 당 국제부를 오가며 외교통일 문제를 다뤄온 전문가다. 성격이 조용하고 치밀하며 아이디어가 풍부하고 문장력도 뛰어난 것으로 알려졌다. 이들 북쪽 협상대표들의 명단은 박 장관이 스스로 밝힌 것이 아니다. 박 장관은 정상회담 접촉 내용을 설명하는 기자회견을 할 때 수첩을 꺼내 들고 거기에 적힌 메모를 들여다 보면서 설명했는데, 그 과정에서 우연히 텔레비전 카메라에 수첩이 클로즈업돼 잡힘으로써 북쪽 협상대표들의 명단이 공개된 것이다.

박지원 장관과 송호경 부위원장은 싱가포르 접촉 일주일 뒤인 3월 17일 중국 상하이에서 다시 만나 협상을 계속했다. 이어 3월 22일 베이징에서 또 다시 만나 회담을 계속했으며, 이 때도 정몽헌 회장과 이익치 회장이 자리를 함께 했다.

협상 과정에서 남북 정상회담을 하자는 데는 쉽게 의견이 모아졌으나, 북한 쪽 초청의 주체를 누구로 할 것인지와 2차 남북 정상회담을 언제 개최할 것인지 등 핵심 쟁점들에 대해서는 논란이 이어졌다. 결국 합의서에 반영됐듯이 초청 주체 문제는 김정일 국방위원장이 초청하는 것으로 낙착됐고, 2차 정상회담 개최 문제는 명시되지 않았다.

양쪽이 정상회담 개최에 최종적으로 합의하고 합의서에 서명한 것은 4월 8일 베이징 회담 때였고, 이때도 정몽헌 회장이 참석했다. 현대가 이처럼 협상 때마다 늘 자리를 함께 했다는 것은, 단순히 회담 초기에 다리를 놓아주는 것 이상의 중요한 역할을 했음을 뜻한다. 남북 정상회담과 현대의 대북사업이 패키지로 추진됐을 가능성이 높다.

그 구체적인 내용은 나중에 특검수사 과정에서 부분적으로 밝혀졌다. 특검은 몇 차례의 남북 비밀협상 과정에서 현대그룹이 북한으로부터 포괄적 경제협력사업권을 획득하는 대가로 4억 달러(현금 3억 5000만 달러, 평양 체육관 건립 등 현물 지원 5000만 달러)를 정상회담 전까지 지급하기로 약속했고, 이와 별도로 정부는 북한에 1억 달러의 현금 지원을 하기로 약속한 것으로 드러났다고 밝혔다. 특검은 이

돈의 성격에 대해 현대그룹이 지급한 4억 달러는 대북 경제협력사업의 선투자금 성격을 갖고 있고, 정부가 부담하기로 한 1억 달러는 정책적 차원의 대북 지원금 성격이라고 규정하면서, 정상회담과의 연관성을 부인할 수 없다고 판단한다고 발표했다.

총선 앞둔 발표로 '정치적 이용' 구설수 자초

박지원 특사가 북쪽과 남북 정상회담 개최에 합의했다고 발표한 날은 4.13 총선을 사흘 앞둔 4월 10일이었다. 두 달 뒤인 6월에 하기로 합의한 남북 정상회담을 총선을 불과 사흘 앞두고 미리 발표하는 이유가 무엇이냐는 질문에 박 장관은 남북이 신경전을 벌이다가 북쪽이 최종 답변을 준 것이 4월 8일이기에 그대로 발표하게 됐다고 주장했다. 이런 변명 아닌 변명이 얼마나 옹색하고 설득력을 발휘하지 못했는지는 두말할 나위가 없다.

박 특사와 송호경 북쪽 특사가 합의한 문안을 자세히 들여다보면 문법에도 맞지 않는 매우 어색한 문구가 하나 나온다. 합의서 마지막 문장 중 "쌍방은 가까운 4월 중에 절차문제 협의를 위한 준비접촉을 갖기로 하였다"는 구절이 바로 그것이다. 4월 10일에 발표하면서 "가까운 4월 중에"라는 이상한 문구가 들어간 것은 양쪽이 이미 3월에 대강의 합의에 도달했고 합의문안까지 만들었는데, 무슨 사연이 있어 최종 합의가 늦어졌거나 북쪽이 무슨 꿍꿍이속을 가지고 시간을 끌다가 4월 10일에 급히 합의문이 발표되는 과정에서 미처 손보지 못한 문구가 그대로 발표됐다는 추정이 가능하다. 또 총선을 겨냥해 그 전에 합의 사항을 발표하고 싶어 안달을 하는 남쪽의 속내를 알아차린 북한이 조금이라도 더 얻어내기 위해 시간을 끌며 잔뜩 뜸을 들이고 애를 태우다가 4월 8일에야 합의를 해줬다는 추정도 가능하다.

그러나 아무리 바쁘게 일을 처리하더라도 민감한 남북 사이의 합의문안에서 이런 어처구니없는 실수를 했다는 것은 좀체 이해하기 힘들다. 통상 남북 사이에서 합의문안을 작성할 때는 문구 하나하나, 단어 하나하나에 온 신경을 집중하기 때문이다. 이미 합의는 다된 상태였고, "전에 합의했던 그대로 가자"는 전갈이 옴에 따라 부랴부랴 문안을 발표하는 과정에서 빚어진 촌극이었다는 추론도 가능하다. 4월 총선에 유리하게 작용하도록 하는 데만 온통 신경을 집중하다보니 프로급들일지라도 이런 어처구니없는 실수를 저지른 게 아닐까. 그러나 이런 실수는 남북의 정상이 만난다는 뉴스가 워낙 컸던 터라 크게 부각되지 않은 채 그대로 묻혀 지나갔다.

역사적인 남북 정상회담 개최를 국내 정치에 이용하기 위해 총선 직전에 발표한 것은 김대중 대통령이 정말로 잘못 판단한 것이었다. 남북 정상회담을 이렇게 정치적으로 활용했던 점은 결국, 김대중 정부의 햇볕정책이 남북관계의 진전에서 커다란 성과를 거두고도 나중에 특검수사의 대상으로 전락하는 데 한 배경이 됐다.

김대중 정부가 남북 정상회담을 국회의원 선거에 정치적으로 이용하기 위해 머리를 썼음에도, 정상회담 개최 소식이 총선에 유리하게 작용하지는 않았다. 오히려 남북문제를 정략적으로 이용한다는 반감을 사 득표에서 역풍을 맞았다.

뒤늦게 안 미국의 분노와 의심

　남북 정상회담 개최 여부는 합의 사실이 전격 발표되기 전까지는 몇몇 핵심 인사들을 빼고는 아무도 감을 잡지 못했다. 김대중 정부에서 이처럼 보안이 철저하게 지켜진 사례도 드물다. 주무부서인 통일부도 철저히 소외됐을 정도였다. 박지원 장관이 기자회견을 할 때 박재규 통일부 장관이 옆에 앉아 있기는 했으나 이는 단지 모양새를 갖추기 위한 그림에 불과했다. 기자회견에서 모든 설명과 답변을 독점하고 화려한 스포트라이트를 받은 사람은 박지원 장관이었다. 박재규 통일부 장관은 발표 전날에야 겨우 정확한 내용을 통보 받았을 뿐이었다. 그나마 그가 정상회담 개최 소식을 외국 사절들에게 알리고, 기자회견을 준비하는 과정에서 실무적인 일을 뒷받침해야 했기 때문이다.

　정상회담 추진 사실은 국내에서만 철저히 보안에 붙여진 게 아니었다. 미국을 비롯한 외국 정보기관도 철저히 물을 먹었다. 남북이 정상회담을 하기로 합의한 사실을 주한 외교사절들에게 알린 때는 기자회견을 통해 공표하기 하루 전날이었던 것으로 알려졌다. 당시 주한 미국대사인 스티븐 보스워스는 마침 국내에 없었다. 대신 크리스텐슨 부대사가 8일 이정빈 외무부 장관으로부터 남북 정상회담 개최라는 깜짝 놀랄 소식을 통보받고 본국에 급전을 보냈다. 특사접촉이 상하이와 베이징에서 이뤄졌지만 중국 정부도 까맣게 모르고 있었다.

　미국으로서는 사전에 전혀 귀띔도 없었던 것이 몹시 서운했을 것이다. 그러나 정부로서는 북한과 한 약속 때문에 비밀협상 과정을 철저히 비밀에 붙일 수밖에 없었다. 설사 북한과의 약속이 아니더라도 이처럼 중요한 일을 사전에 귀띔할 수는 없었을 것이다. 자칫하면 남북 정상회담 성사를 탐탁하지 않게 여기는 세력이 무슨 방해공작을 할지 모르는 일이었다.

미국은 한국 정부가 한반도 문제에서 미국의 영향권 밖으로 나가려는 데 대해 제동을 걸곤 했다. 노태우 정부 때 남북이 고위급회담을 열어 남북 기본합의서를 발표하고 한반도 비핵화 선언을 하는 등 남북관계를 크게 진전시킨 것도 미국의 견제심리를 발동시켰다. 그 결과 미국의 문제제기로 북한 핵 문제가 터져 결국 1994년 핵 위기 사태가 빚어지면서 한반도가 크게 경색됐던 것도 같은 맥락이다. 클린턴 정부도 남북이 미국의 통제에서 벗어나 정상회담을 합의하는 등 서로 접근하는 데 대해 경계심과 의구심을 늦추지 않았다. 정상회담 개최를 합의한 사실이 발표된 직후 워싱턴의 기류는 대체로 냉랭했다. 남북 정상회담 직전 웬디 셔먼 국무부 자문관이 정상회담과 관련된 워싱턴의 주문사항을 전달하기 위해 서울에 온 것도 그런 맥락으로 이해됐다. 셔먼 자문관은 북한의 대량살상 무기에 대해 경고해 줄 것을 주문하는 내용의 메시지를 갖고 왔던 것으로 알려졌다.

김대중 대통령은 이런 불편한 기류를 감안해 미국이 필요 이상의 경계심을 갖지 않도록 하기 위해 정상회담을 끝내고 미국에 특별히 설명을 하는 등 공을 들이고 배려를 아끼지 않았다. 이런 노력이 쌓여 정상회담 뒤에 북한의 조명록 차수와 미국의 올브라이트 국무장관이 잇따라 워싱턴과 평양을 서로 방문해 관계정상화 협상을 하기에 이르렀고, 그 결과 북미관계가 일정하게 진전됐다. 북미관계 진전과 남북관계 진전이 수레의 양 바퀴가 되어, 한반도 냉전구조를 해체하고 평화를 정착시키는 방향으로 굴러간 것이다.

판문점에서의 정상회담 준비접촉

남북 정상회담 개최가 합의됨에 따라 범정부 차원에서 남북 정상회담을 차질 없이 준비하고 성공적으로 개최하기 위해 4월 15일 '남북 정상회담 추진위원회'와 '남북 정상회담 준비기획단'이 각기 발족됐다.

남북 정상회담 추진위원회는 통일부 장관을 위원장으로 하고 외교통상부 장관, 국가정보원장, 국무조정실장, 청와대 경제수석비서관, 외교안보수석비서관 등 6명으로 구성되어 정상회담 관련 사항을 총괄하고 지휘 감독하는 역할을 수행했다. 또한 각계 인사들로 구성된 자문단은 국민의 여론과 의견을 수렴했다.

남북 정상회담 준비기획단은 통일부 차관을 단장으로 하고 통일부 통일정책실장, 외교통상부 차관보, 국방부 정책보좌관, 청와대 통일비서관 등 15명으로 구성돼 정상회담 준비에 관한 제반사항을 실무적으로 기획하고 조정하면서 북한과의 준비접촉 과정을 뒷받침했다.

4.8 남북 합의서에 따라 남북 정상회담 개최에 따른 절차 문제 등을 협의한 준비접촉은 4월 22일부터 5월 18일까지 다섯 차례에 걸쳐 판문점에서 열렸다. 이 접촉에는 남쪽에서 수석대표인 양영식 통일부 차관을 비롯해 손인교 통일부 국장, 서영교 국정원 단장이 나섰다. 북쪽에서는 단장인 김령성 최고인민회의 상임위원회 참사를 포함해 최성익 조평통 서기국 부장, 권민 아태평화위 참사가 대표로 나왔다. 서영

교 단장과 권민 참사는 싱가포르 — 상하이 — 베이징으로 이어진 특사 접촉과의 연계성을 감안해 참석했던 것이다. 남북 당국간 대화가 판문점에서 열린 것은 1994년 이후 6년 만의 일이었다.

남북은 5월 18일 열린 5차 준비접촉에서 남북 정상회담 개최에 따른 주요 실무절차 문제를 타결하고 '남북합의서 이행을 위한 실무절차 합의서'에 서명했다. 가장 큰 쟁점이었던 정상회담의 의제는 민족의 화해와 단합, 교류와 협력, 평화와 통일을 실현하는 문제로 타결됐다.

준비접촉에서는 김대중 대통령과 김정일 국방위원장 사이의 상봉과 정상회담을 최소한 2~3회 실시하기로 합의됐다. 또한 분단 이후 최초로 정상회담 중계방송을 위해 남북간 위성통신망을 구성해 운영하기로 했다. 남쪽 인원과 장비로 촬영하고 제작한 정상회담 실황방송이 북쪽의 협조를 얻어 위성으로 중계됨으로써, 7000만 겨레뿐 아니라 전 세계인이 텔레비전으로 생생한 역사의 현장을 볼 수 있었다. 그밖에 수행원은 130명으로 하고, 취재기자는 50명으로 제한했다. 선발대는 방문 12일 전에 30명을 파견하기로 했다.

준비접촉과 병행된 의전·경호 실무자 접촉에서는 근접경호, 숙소 경호의 방식, 행사장에 대한 사전점검, 휴대품 탐지기 등 경호장비의 반입, 24시간 의료진 확보를 비롯한 비상 구급대책 등이 합의됐다.

통신, 보도, 의전, 경호의 실무와 관련된 보다 세부적인 사항들은 남쪽 선발대가 북한에 들어가 협의해 확정했다. 손인교 남북회담 사무국장이 단장을 맡고 30명으로 구성된 정상회담 선발대는 5월 31일 판문점을 거쳐 평양에 도착했다. 선발대는 현지의 행사장을 점검해 가면서 정상회담 행사와 관련된 구체적인 사항들을 북쪽과 협의했다.

다섯 차례 열린 준비접촉에서 가장 민감하게 떠오른 문제는 '정상회담을 북쪽의 누구와 하느냐'는 것이었다. 4.8 합의서의 세 번째 문단은 "평양 방문에서는 김대중 대통령과 김정일 국방위원장 사이에 역사적인 상봉이 있게 되며 남북 정상회담이 개최된다"고 돼 있었다. 이를 놓고 일각에서는 김대중 대통령이 방북하면 김정일 국방위원장과는 상봉만 하게하고, 핵심인 남북 정상회담은 북한의 명목상 국가원수인 김영남 최고인민회의 상임위원장과 하게 하려는 것이 북쪽의 의도가 아니냐는 의혹을 제기했다.

정상회담 성사에 대해 부정적이거나 소극적으로 보는 일부 북한 전문가들과 야당이 특히 이런 의문을 끈질기게 제기했다. 만일 그런 일이 벌어진다면 큰일이었다. 김 대통령은 정치적으로 엄청난 타격을 받을 것이 틀림없었다. 정부는 4.8 합의서의 문구는 북한식 어법에 따른 표현일 뿐이며 정상회담은 당연히 김정일 국방위원장과 하는 것이라고 강조했으나, 이를 분명히 확인할 길은 없었다. 야당의 의문제기도 수그러들지 않았다.

이에 따라 정부는 준비접촉 과정에서 상봉뿐 아니라 정상회담도 김정일 국방위원장과 한다는 점을 보다 구체적으로 명문화하려고 노력했다. 그러나 북쪽 대표는 속 시원히 명확한 답을 주지 않았다. 김령성 북쪽 단장은 남쪽의 거듭된 요구에 대해 "그건 4.8 합의서에 다 나와 있다"는 답변으로만 일관해 애를 태우게 했다. 사실 상봉과 정상회담을 구분해 표기하는 것은 북한의 관례였다. 후에 장쩌민 중국 국가주석이 평양을 방문하는 것을 합의서 형태로 발표할 때도 북한은 상봉과 정상회담을 확실하게 구분해 표현했다. 이처럼 표현 하나하나가 문제가 되는 것은 남북 정상회담이 그만큼 예민한 사안이기 때문이었다.

정부는 초청자가 김정일 위원장이기 때문에 당연히 그가 남북 정상회담에도 나설 것으로 보았다. 그러나 누구도 확신할 수 없었다. 만일의 경우 김 대통령이 평양을 방문한 상황에서 북한이 약속을 깨고 명목상 국가대표인 김영남 상임위원장을 정상회담에 내세울 경우에는 회담을 거부하고 그대로 다시 돌아온다는 쪽으로 내부 입장을 정리했던 것으로 알려졌다.

정상회담 합의문을 보면 남쪽에서 발표한 것과 북쪽에서 발표한 것이 조금 다르다. 김대중 대통령이 김정일 국방위원장의 초청으로 평양을 방문한다는 구절은 서울에서 발표한 합의서에만 그렇게 표현하기로 상호 양해가 됐다. 북쪽 발표문에는 김대중 대통령의 요청에 따라 평양을 방문하는 것으로 돼 있다.

구체적인 의제를 정하느냐는 문제도 미묘한 쟁점이었다. 남쪽은 서방 국가들 사이에서 이뤄진 대부분의 정상회담 때 그러했듯이 사전의 실무진 접촉에서 의제를 거의 합의한 뒤에 두 정상이 만나도록 하는 방안을 선호했다. 그러나 북쪽은 전혀 달랐다. 정상이 논의할 내용을 밑에서 미리 정한다는 것은 말이 안 된다는 태도였다. 결국 북쪽 주장을 수용할 수밖에 없었고, 정상회담 성공 여부에 대한 예측은 그만큼 더 어려워졌다.

정상회담을 앞두고 임동원 국정원장이 5월 말과 6월 초 두 차례에 걸쳐 평양을 방문해 사전조율에 임한 것도 이런 문제들과 관련이 있다. 임동원 원장은 김용순 아태평화위 위원장을 만나 의제 등을 조율하는 한편 남북 정상회담에 대한 보다 확실한 답변을 얻으려 했으나 북한은 끝내 명확한 답변을 주지 않았다. 그런 가운데서도 임 원장은 김정일 국방위원장을 면담해 대강의 그림을 그릴 수 있었으며, 6.15 공동선언에 담길 내용들을 구상할 수 있었던 것으로 알려졌다. 그러나 확실한 것은 아무 것도 없었다.

기자단 규모를 50명으로 줄이는 문제로도 진통을 겪었다. 다른 사항들은 6년 전 북한 김일성 주석의 갑작스런 사망으로 무산된 1994년 남북 정상회담을 앞두고 양쪽 실무진 사이에 합의했던 내용들이 거의 그대로 준용됐다. 그러나 취재기자단의 규모에 대해서는 팽팽한 신경전이 되풀이됐다. 남쪽은 1994년 당시 양쪽이 취재단 규모를 80명으로 하기로 합의했었기 때문에 이번에도 그에 준하는 선에서 쉽게 타결될 것으로 예상했다.

그러나 취재단 숫자를 30~40명으로 줄여야 한다는 북쪽 요구는 의외로 완강했고, 타협점은 좀체 찾아지지 않았다. 우리 쪽은 TV 생중계에 따르는 기술요원들을 빼면 80명 규모도 충분하지 않다는 입장이었으나, 북쪽이 태도를 굽히지 않아 결국 50명으로 간신히 절충됐다.

북한의 이런 폐쇄적 태도의 이면에는 남쪽 언론에 대한 극도의 기피증과 불신이 자리 잡고 있는 것으로 분석됐다. 취재진 숫자를 제한함으로써 물리적으로 정상회담 이외의 다른 취재활동을 할 여지를 원천봉쇄한다는 의도도 깔려있었을 것이다. 하지만 더욱 근원적으로는 남쪽의 언론들이 북한을 의도적으로 폄하해왔다는 북쪽의 피해의식이 크게 작용했던 것 같다. 북한은 10년 전 남북 총리급회담이 평양에서 개최될 때 방북한 남쪽 기자들이 북한 사회에 대해 악선전을 늘어놓았다고 두고두고 분개하곤 했다.

 세계를 놀라게 한 정상회담

방북 첫째 날 – 예상 밖 공항영접

남북의 정상이 55년간 닫혀있던 마음의 문을 열고 두 손을 맞잡았다. 2000년 6월 13일 오전 10시 38분, 평양 순안공항에서였다.

평양의 하늘은 맑았다. 김대중 대통령이 탑승한 전용기가 활주로에 내려앉았다. '대한민국'이 선명하게 새겨진 대통령 전용기는 10시 29분에 멈췄다. 뒷문을 통해 수행원들이 먼저 내렸고, 그 사이 북쪽 관계자들이 승객용 트랩을 전용기 앞문에 연결했다.

그 순간, 순안공항이 갑자기 수많은 환영인파의 환호성으로 뒤덮였다. 김정일 국방위원장이 나타난 것이다. 김 국방위원장은 평소 즐겨 입는 간편한 점퍼 차림이었고, 굽이 높은 구두에 옅은 색깔의 색안경을 쓰고 있었다. 그는 당당한 걸음으로 비행기 트랩 앞에 다다랐다. 김영남 최고인민회의 상임위원장 등 북한 권력의 핵심 인물들이 그 뒤를 따랐다.

10시 37분 김대중 대통령이 부인 이희호 여사와 함께 대통령 전용기 트랩 위로 모습을 드러냈다. 김 대통령은 고개를 들어 멀리 북녘 땅 산하를 둘러봤다. 그리고 몇 초 후 트랩 아래서 기다리는 김정일 국방위원장을 바라봤다. 김 위원장은 환영의 박수를 보내고 있었다. 김 대통령도 트랩에 선 채 박수를 쳐서 화답했다.

김 대통령은 천천히 트랩을 내려왔다. 그 뒤로 이희호 여사가 트랩 난간을 잡고 한발 한발 조심스럽게 내려왔다. 10시 38분 김 대통령은 드디어 평양 땅을 밟았다. 김 대통령이 10여 걸음을 내디뎌 김 위원장에게 다가가자 김 위원장도 서너 걸음 앞으로 나섰다. 두 사람은 뜨겁고 감격적인 모습으로 두 손을 맞잡았다. "반갑습니다." "만나고 싶었습니다." 두 사람은 첫 대화를 이렇게 나누었다.

텔레비전 중계를 통해 이 장면을 지켜본 사람들은 모두 감격스러워했다. 서울역 대합실에서도 직장 사무실에서도, 사람들이 모여 있는 곳에선 저절로 감탄의 소리가 흘러 나왔다. 이렇게 만날 수 있는 것을, 반세기가 넘도록 그토록 멀리하며 살아왔던가 하는 탄성이 들리는 듯했다.

두 정상이 만나는 감격적인 장면을 담은 사진은 이튿날 한국의 신문들은 물론 전 세계 유수한 신문들의 1면을 장식했다.

파격적인 승용차 동승

두 정상은 이어 나란히 의장대를 사열했다. 휘어진 칼을 빼어든 북쪽 위병대장은 두 정상에게 우렁찬 목소리로 사열 보고를 했다. "김대중 대통령을 마중하기 위해 나왔습니다."

　김 위원장은 도열해 있는 노동당 간부 10여 명을 김 대통령에게 소개했다. 헌법상 국가수반인 김영남 최고인민회의 상임위원장, 조명록 국방위원회 제1부위원장 겸 인민군 총정치국장, 홍성남 내각 총리, 김국태(간부 담당) 김용순(대남 담당) 노동당 비서와 최태복 최고인민회의 의장 등이 눈에 띄었다. 강석주 외무성 제1부상, 송호경 조선아시아태평양평화위원회 부위원장, 안병수 조평통 서기국장 등 낯익은 얼굴도 있었다.

　두 명의 북한 소녀가 김 대통령과 이희호 여사에게 꽃다발을 건넸고, 대통령 부부는 소녀들을 가볍게 껴안고 입을 맞추었다.

　김 대통령과 김 위원장은 2분 정도 의장대의 분열을 지켜보며 오른손을 흔들어 답례했다. 1000명쯤 되는 환영인파가 10분가량 "만세"를 부르며 꽃술을 흔들자 두 정상의 만남은 절정으로 달아올랐다.

　10시 49분께 두 정상은 대기 중인 의전용 검은색 링컨 콘티넨털 승용차 앞에 도착했다. 승용차에 다가간 김 위원장은 승용차 뒷자리 오른쪽 상석을 김 대통령에게 권했다. 그리고 자신은 왼쪽 문으로 올랐다. 두 정상이 탄 승용차는 평양 시내로 향했다. 무장한 북쪽 경호원 4명이 뛰어가며 승용차를 경호했다.

　김 대통령과 김 위원장이 동승한 자동차 행렬은 공항을 떠나 평양 시내 중심지로 들어섰다. 김 대통령은 평양시 입구의 서성구역 버드나무거리 연못동에 이르자 차에서 내려 길가에 도열한 평양 주민들에게 손을 흔들어 인사했다. 김 대통령은 북쪽 학생들한테서 꽃다발을 받을 뒤 환영 나온 평양 주민들과 악수를 나누기도 했다. 거리에는 60만 명에 이르는 평양 주민들이 나와 꽃술을 흔들며 "만세"를 외쳤다. 모두 181명에 이르는 수행원들은 세 군데로 분산됐다. 김 대통령과 공식 수행원, 청와대 팀은 백화원 영빈관으로, 민간인으로 구성된 특별수행원 24명은 주암산 초대소로, 기자단 50명은 고려호텔로 향했다.

김정일 위원장의 공항영접은 세계를 놀라게 한 파격이었다. 김 위원장은 누구도 예상치 못했던 공항영접을 통해 기습적으로, 그리고 화려하게 국제무대에 등장했다. 남쪽의 국민들은 물론 세계인들은 이런 파격적인 영접에 충격을 감추지 못했다.

서방세계에서는 국가원수가 직접 출영하는 일이 없고 보통 외무장관이 나선다. 북한의 관례에 비춰보더라도 공항영접은 매우 이례적인 것이었다. 최고 통치자가 공항영접에 나서기는 1992년 4월 김일성 주석이 양상쿤 당시 중국 국가주석을 영접한 이래 처음이다. 최상의 의전으로 접대한 것이다.

김 대통령이 김 위원장과 함께 북한 인민군 육해공군 의장대의 사열뿐 아니라 분열을 받은 대목도 의미가 깊다. 한 의전 전문가는 "보통 국가원수 방문 때 의장대 사열은 하지만 분열까지 하는 것은 드물다"며 "남쪽을 실체로 인정한다는 의미가 있다"고 해석했다.

김 국방위원장이 김 대통령과 한 차에 타고 백화원 영빈관으로 향한 것도 매우 이례적인 것이었다. 두 정상이 둘만의 깊은 대화를 나눌 수 있는 기회이기도 했다. 일부 호사가들은 이를 두고 미국의 도청을 피하기 위해 일부러 동승한 것 아니냐는 의구심을 나타내기도 했다.

그러나 생전 처음 만난 두 사람이 차 안에서 특별히 의미 있는 깊은 얘기를 나누었으리라고 생각하기는 어렵다. 김 대통령 역시 거리의 모습을 바라보고 환영 나온 인파에 손을 흔드느라고 다른 얘기를 나눌 틈도 없었다며, 이런 억측을 부인했다. 처음 만나 긴장도 되고 앞으로 일이 어떻게 진행될지 모르는 상황에서 무슨 비밀 얘기를 나눌 경황이 있었겠느냐는 것이다.

김대중 대통령은 김정일 국방위원장이 공항에 영접 나올 줄 정말로 전혀 몰랐을까. 공식적인 답변은 "몰랐다"이다. 떠나기 전에 모든 가능성을 놓고 대비했기 때문에 혹시 김 위원장이 공항에 나올지도 모른다는 생각을 했고 이를 확인하려 했지만, 북쪽이 명확한 답변을 해주지 않아 확신할 수 없었다고 한다. 무엇하나 명확하게 결정된 것이 없는 불확실한 상황에서 방북했다는 설명이다.

순안공항에 도착해 발표할 도착성명도 그래서 매우 공을 들여 준비했다는 것이다. 김 대통령은 전 세계인이 텔레비전 생중계로 보고 들을 도착성명을 통해 자신의 철학과 방북의 의미를 전달하고 싶어 했다. 김정일 국방위원장이 공항영접을 나올 것이냐 여부는 도착성명의 문안에도 영향을 주는 사안이었다. 그러나 북쪽은 이에 대해 명확한 답을 주지 않았다. 답을 주지 않는 것은 김정일 위원장이 직접 나온다는 뜻이 아닐까 추측하기도 했으나, 이는 어디까지나 추측일 뿐이었다.

실제로 임동원 국정원장이 사전 의제조율 등을 위해 5월과 6월 두 차례나 비밀리에 방북해 이런저런 일들을 꼼꼼히 챙겼지만 공항영접에 관해서는 전혀 언질을 주지 않았다고 한다. 그러나 확실히는 몰랐다 해도 어렴풋이 짐작한 흔적은 있다. 특히 방북일자가 예정보다 하루 늦춰지자 혹시 공항영접 준비 때문이 아닌가 싶어 몇 차례 확인했으나, 북쪽에서는 끝내 명확한 답을 주지 않았다고 한다. 이런 설명에서 정부가 공항영접의 가능성을 염두에 두고 있었음을 짐작할 수 있다.

하지만 정부가 설사 공항영접 계획을 알고 있었다 하더라도, 이런 초특급 비밀을 발설할 수는 없었을 것이다. 미리 발설하는 것은 북쪽에서 그토록 안전에 신경을 쓰는 김정일 국방위원장의 동선을 온 세상에 광고하는 것과 마찬가지이니 경호상의 문제가 클 수도 있었다. 더구나 감격적인 장면을 예고해서 두 정상의 역사적인 만남이 발휘할 극적 효과의 김을 뺄 이유도 없었을 것이다. 북쪽 입장으로선 그동안 서방세계에 철저히 장막에 가려져 있던 김정일 위원장이 국제사회에 정식으로 데뷔하는 자리였기에 더 극적으로 만들고 싶었을 수도 있다. 후에 나온 얘기지만, 북한 권력층 내부에서는 김 위원장의 공항영접에 대해 극심한 반대가 있었다고 한다.

북한은 라디오와 텔레비전 방송을 통해 김대중 대통령 일행의 방북 사실을 대대적으로 보도했다. 라디오 방송인 평양방송과 조선중앙방송은 13일 오후 5시 정규방송 시간에 김 대통령 일행의 평양 도착 사실을 처음으로 내보냈다. 이어 오후 7시에는 조선중앙텔레비전이 정규방송을 중단하고 김 대통령이 도착하는 장면과 평양시민들이 거리에서 환호하는 장면 등을 23분 동안 특별방송으로 상세히 보도했다. 북한 방송들은 "위대한 영도자 김정일 동지가 김대중 대통령을 비행장에서 따뜻이 영접했다"며 "오늘 평양 비행장과 수도의 거리들은 뜨거운 환영 분위기에 휩싸였다"고 보도했다. 방송들은 "이번 상봉과 회담은 민족 주체적 노력으로 통일성업을 이룩해 나갈 겨레의 확고한 의지를 과시하는 중대한 사변"이라고 그 의미를 평가했다.

「뉴욕타임스」를 비롯한 전 세계 언론들도 남북의 정상이 만나는 장면을 크게 보도했다. 보도의 초점은 남과 북의 주민들이 감격하는 모습과, 한반도의 분단 현실에 맞춰졌다. 외국 언론들은 아직 냉전의 틀에서 벗어나지 못한 마지막 분단국가인 한반도의 현실과 남북 정상의 만남을 대비해가며 대대적으로 보도했다.

낯선, 너무도 낯선 김 위원장의 이미지

두 정상이 탄 승용차는 오전 11시 45분에 김 대통령의 숙소인 백화원 영빈관에 도착했다. 김 대통령이 차에서 내려 현관에 다가가자 미리 대기하고 있던 북한 여성들이 꽃다발을 전달했다. 김 대통령과 이희호 여사가 "감사합니다"라고 인사했고, 김 위원장은 옆에서 미소를 지으며 박수를 쳤다.

두 정상은 기념촬영을 위해 접견실 벽에 걸린, 파도가 세차게 치는 대형 자수 그림 앞에서 포즈를 취했다. 김 위원장은 이희호 여사에게 함께 사진을 찍자고 권한 뒤 김 대통령 부부와 다시 촬영을 했다. 그리고 큰 목소리로 "장관들도 같이 합시다"라고 제의해 기념사진을 함께 찍었다.

김대중 대통령과 김정일 위원장은 텔레비전이 남북에 생중계되는 가운데 영빈관에서 27분가량 환담을 나눴다. 텔레비전을 통해 김정일 국방위원장의 생생한 목소리가 처음으로 남쪽에 방송됐다. 이제껏 베일에 싸여 있던 김정일 위원장의 진면목이 처음 알려지는 순간이었다. 그는 크고 걸걸한 목소리로 화제를 계속 바꿔가며 대화를 이끌어가는 등 거침없는 성격을 그대로 드러냈다. 다음은 두 정상이 나눈 대화록을 그대로 옮긴 것이다.

김 위원장 (김용순 아태평화위원장을 향해) 용순 비서, 김 대통령과 자동차를 같이 타고 오느라 수행한 장관들과 인사를 못 나눴어요. (남쪽 공식 수행원들을 향해) 평양 방문을 환영합니다. 통일부 장관은 텔레비전에서 봐서 잘 압니다. (박지원 문화관광부 장관을 보면서) 정상회담 북남 합의 때 텔레비전으로 많이 봤습니다. (김용순 위원장이 임동원 국정원장에게 공식 수행원 소개를 부탁했고, 임 원장이 장관들을 차례로 소개했다. 그때마다 김 위원장은 "반갑습니다"라고 인사했다.) 날씨가 대단히 좋고 인민들한테는 그저께(11일) 밤에 김 대통령이 오시면 어떤 코스를 거쳐 백화원까지 올지 알려줬습니다. 외신들은 미처 우리가 준비를 못해서 (김 대통령을 하루 동안) 못 오게 했다고 하는데 사실이 아닙니다. 인민들은 대단히 반가워하고 있습니다. 여러분들이 와서 보고 알겠지만 부족한 게 뭐가 있습니까.

김 대통령 이렇게 많은 분들이 환영을 나오다니 정말 놀랍고 감사합니다. 평생 북녘 땅을 밟지 못할 줄 알았는데 환영해줘서 감개무량할 따름입니다. 7000만 민족의 대화를 위해 서울과 평양의 날씨도 화창합니다. 마치 민족적인 경사를 축하하고 성공을 예언하는 것 같습니다. 김정일 위원장에게 진심으로 감사드립니다. 또 마중 나온 시민들에도 감사드립니다.

김 위원장 오늘 아침 비행장에 나가기 전에 텔레비전을 봤습니다. 공항을 떠나시는 것을 보고 비행장으로 갔습니다. (김 대통령이) 아침 기자회견에서 계란 반숙을 절반만 드시고 떠나셨다고 하셨는데, 구경 오시는데 아침 식사를 왜 적게 드셨어요?

김 대통령 평양에 오면 식사를 잘 할 줄 알고 그랬습니다.(웃음)

김 위원장 섭섭지 않게 해드리겠습니다. (우리는) 동방예의지국이라는 도덕관을 갖고 있습니다. 외국 수반도 환영하는데 김 대통령의 방북 길을 환영 안 할 아무 이유가 없습니다. 예를 지켜 모시겠습니다. 지금 동방예의지국임을 자랑하고파서 인민들이 많이 나왔습니다. 김 대통령의 용감한 방북에 감동한 인민들이 그들 자신도 용감하게 뛰쳐나왔습니다. 신문과 라디오에는 경호 때문에 선전하지 못했습니다. 남쪽에서는 광고를 하면 잘 되는지 모르지만 우리는 실리만 추구하면 됩니다. 왜 이북에서는 텔레비전과 방송에 방북 관련 소식이 많이 안 나오고 잠잠하냐고 말들 하는데 천만의 말씀입니다. 와서 보면 알게 됩니다. 우리가 어떤 마음으로 방북을 지지하고 환영하는지 똑똑히 보여드리겠습니다. 장관들도 김 대통령과 동참해 힘든, 두려운, 무서운 길을 오셨습니다. 하지만 공산주의자도 도덕이 있고, 무엇보다 우리는 같은 조선민족입니다. (김용순 위원장을 향해) 오늘 (연도에) 얼마나 나왔나?

김용순 위원장 60만 명가량인 것 같습니다.

김 위원장 나는 40만 명 정도 되는 것 같던데.

김 대통령 나는 처음부터 겁이 없었습니다. (웃음) 김 위원장이 공항까지 나온 것에 대해 다시 한번 감사드립니다. 성심을 갖고 있음을 느꼈습니다. 거리에 그렇게 많은 인파가 나올 줄 몰랐습니다.

김 위원장 그저께 생방송을 통해 연못동에서 영빈관까지 (김 대통령의) 행로를 알려주니까 여자들이 명절 때처럼 고운 옷들을 입고 나왔습니다. 6월 13일은 역사에 당당히 기록될 날입니다.

김 대통령 이제 그런 역사를 만들어 갑시다.

김 위원장   오후부터는 공식 합의된 일정이 진행됩니다. 이 백화원 영빈관은 주석님께서 생전에 이름을 지어준 것인데 백가지 꽃이 피는 장소라는 뜻입니다. 한번씩 산보 삼아 둘러보십시오. 주석님께서 생존했다면 (백화원 영빈관까지 오는 승용차 좌석에) 주석님이 앉아 대통령을 영접했을 것입니다. 서거 전까지 그게 소원이셨습니다. (1994년에) 김영삼 대통령과 회담을 한다고 했을 때 많이 요구를 했다고 합니다. 유엔에까지 자료를 부탁해 가져왔는데, 그때 김영삼 대통령과 다정다심한 게 있었다면 직통전화 한 통화면 자료를 다 줬을 텐데. 이번에는 좋은 전례를 남겼습니다. 이에 따라 모든 관계를 해결할 것으로 확신합니다.

김 대통령   동감입니다. 앞으로는 직접 연락해야죠.

김 위원장   지금 세계가 주목하고 있습니다. 김 대통령이 왜 방북했는지, 김 위원장은 왜 승낙했는지 의문들이 대단합니다. 2박 3일 동안 대답해줘야 합니다. 대답을 주는 사업에 김 대통령뿐 아니라 장관들도 기여해 주시기를 부탁합니다.

환담을 마친 김 위원장은 김 대통령 일행과 일일이 악수를 나누고 영빈관을 떠났다. 특히 안주섭 경호실장과 악수를 하면서 "(김 대통령의 신변안전 문제를) 걱정하지 마십시오"라고 말해 주변에서 큰 웃음이 터졌다.

김정일 국방위원장은 이제껏 알려졌던 것과 달리 말을 많이 했으며, 종횡무진 화제를 독점하는 등 거침이 없고 당당했다 그의 이런 모습은 김대중 대통령을 초청한 주인이라는 여유 때문이기도 했지만, 내부적으로 권력을 확고하게 장악하고 있다는 자신감에서 우러나온 것으로 비쳤다.

군 수뇌부를 비롯한 측근들을 대하는 자신만만한 태도에서 그가 북의 권력을 확실히 장악하고 있음을 직감할 수 있었다. 실제 김 위원장은 1974년 노동당 중앙위에서 김일성 주석의 유일한 후계자로 지명된 이후 실질적인 권력을 행사해 왔다.

김 위원장의 이런 활달한 태도는 그동안 남쪽을 비롯한 서방세계가 그에 대해 갖고 있던 정보가 얼마나 잘못된 것인지를 그대로 확인시켜 줬다. 서방세계의 정보기관과 언론들은 이제까지 그가 언어장애가 있어 말을 제대로 못하고, 성격이 음울하고 괴팍하며 충동적이어서 언제 어디로 튈지 모른다는 이미지를 전달해 왔다.

또 고집이 세고 공격적이며 잔인한 인물로만 그려 왔다. 인민들의 고통에는 아랑곳없이 기쁨조에 둘러싸여 밤마다 연회를 즐기며 방탕한 생활을 하는 인물로 알려져 온 것이다. 김 위원장의 이런 이미지는 냉전시대 정보기관들이 귀순자들의 입을 빌려 만들어낸 이른바 공작의 결과물이었다.

대북전략 차원에서 상대방 지도자를 언제 무슨 일을 저지를지 모르는 아주 위험한 인물로 만들어 놓고 경계심을 갖게 하려는 이유에서였다. 이를 통해 자신의 비민주적 권력을 정당화하려 한 역대 군사정부의 냉전적 행태도 원인이었다.

김 위원장은 이날 김대중 대통령 일행을 격의 없이 친숙하게, 그리고 자연스럽게 대했다. 이날 보인 그의 언행이나 목소리 등으로 판단할 때 김 위원장은 지극히 정상적인 지도자였다. 그의 목소리는 다소 괄괄하면서도 거침이 없었다.

화제를 이리저리 멋대로 이끄는 등 주위를 전혀 의식하지 않는 독단적인 모습도 보였다. 그러다 보니 때때로 무례하다고 느낄 수도 있는 말들도 했다. "섭섭하지 않게 해드리겠습니다" "부족한 것이 뭐가 있습니까" 하는 말들이 그 예다. 김 위원장은 만날 때마다 대화의 80퍼센트 이상을 독점했고, 김 대통령은 유난히도 말을 아꼈다. 두 정상이 아주 대조적인 모습이었다.

비교적 건강한 모습의 김 위원장은 남쪽 수행원들이 접근해도 전혀 꺼리는 기색이 없었다. 주위의 시선이나 반응에 개의치 않고 통 크게 행동하는 모습을 보였다. 특히 연상의 김 대통령에게 깍듯이 대하는 모습은 인상적이었다.

텔레비전을 통해 김정일 위원장의 모습을 처음으로 대한 남쪽 국민들은 "듣던 것과 너무 다르다"며 크게 놀라워했다. 많은 사람들이 "전에 알콜 중독자니 간질병 환자니 하는 말들이 많았는데, 직접 보니 카리스마 있고 똑똑한 것 같다는 느낌이 들었다"고 놀라움을 표시했다. 인터넷에도 김 위원장을 실제로 보고 놀란 심정을 표현한 글이나, 그에 대해 바뀐 인상을 평한 글들이 줄을 이었다.

우호적 만찬

김정일 위원장과 헤어진 김 대통령은 이희호 여사와 단둘이 점심식사를 했다. 메뉴는 평양 온반, 쏘가리 튀김, 옥돌 불고기, 깨즙을 친 닭고기, 청포 종합랭채, 풋배추 김치, 설기떡, 인삼차 등이었다.

김 대통령은 오찬을 마친 뒤 오후 3시 공식 수행원들과 함께 만수대의사당으로 가, 명목상 북한 대표인 김영남 최고인민회의 상임위원장을 예방했다. 이 자리에는 지리산 빨치산 대장이었던 이현상의 딸 이상진씨가 김 대통령 내외의 안내를 맡아 눈길을 끌었다.

이어 김 대통령 일행은 만수대예술극장에서 민속무용 조곡 '평양성 사람들'을 관람했다. 1997년에 창작된 이 작품은 외적의 침략에 대항한 평양성 주민들의 투쟁을 그린 것으로, 걸작으로 꼽힌다. 공연이 끝난 뒤 김 대통령은 출연진이 도열한 무대에 올라가 '대한민국 대통령 김대중 내외'라고 적힌 대형 꽃바구니를 전달하고 이들과 함께 기념사진을 찍었다.

김대중 대통령 부부는 이날 오후 7시 10분 인민문화궁전에서 열린 만찬에 참석해 남북화해를 축원했다. 남쪽 수행단, 취재단 전원과 북쪽의 주요 인사 300여 명이 참석한 가운데 열린 만찬은 2시간 30분 동안 우호적인 분위기에서 진행됐다.

북쪽 참석자 중에는 려원구 조국통일민주전선 서기국장(몽양 여운형 선생의 차녀)과 남쪽에도 잘 알려진 여자 마라톤 선수 정성옥씨, 영화 〈임격정〉의 주인공 최창수씨 등 인민배우, 북송된 리인모 노인의 딸 리현옥씨 등이 참석해 눈길을 끌었다.

김영남 위원장은 만찬사에서 "이 자리는 동포애의 정이 오가는, 우리들 자신의 자주적 선택과 애국의 결단으로 마련된 뜻 깊은 상봉의 자리"라면서 "분열은 언제 끝나겠는지, 또 통일은 언제 이루어지겠는지 하는 7000만 동포의 절박한 물음에 이제는 북과 남의 책임 있는 정치인들이 대답을 줘야 할 때가 됐다"며 건배를 제의했다.

김 대통령은 답사에서 "이번 방문으로 7000만 민족이 전쟁의 공포에서 해방되고, 반세기 동안의 불신과 대결의 관계가 화해와 협력의 관계로 바뀌기를 기대한다"면서 "치열한 국제경쟁에서 살아남으려면 남북이 하나 되어 힘을 합쳐야 한다"고 화답했다.

이에 앞서 김 대통령은 평양 도착성명을 공표했다. 이 도착성명은 공항에서 환영행사가 있을 경우 발표하려고 준비했던 것이지만, 김정일 위원장이 뜻밖에 공항영접을 나오는 바람에 따로 발표할 기회가 주어지지 않자 기록용으로 공개한 것이었다. 김 대통령은 도착성명에서 "저는 대한민국의 대통령으로서, 남녘 동포의 뜻에 따라 민족의 평화와 협력과 통일에 앞장서고자 평양에 왔다"면서 "반세기 동안 쌓인 한을 한꺼번에 풀 수는 없을 것이나, 시작이 반이고, 이번 저의 평양 방문으로 온 겨레가 화해와 협력, 그리고 평화통일의 희망을 갖게 되길 진심으로 바라마지 않는다"고 밝혔다.

한편 김대중 대통령과 김정일 위원장의 1차 만남과 환담이 끝나자 임동원 국정원장과 북한 김용순 위원장 사이에 막후협상이 열렸다. 김 대통령은 정상회담 시간을 충분히 갖기 위해 가급적 다음날 오후에 회담을 열자고 제안했다. 북쪽은 13일 저녁에 다음날 일정을 통보해 왔다. 북쪽이 보내온 일정표에는 오전 일정이 빽빽이 적혀 있었으나 오후 일정은 공란으로 비어 있었다. 오후 일정이 비어 있는 것은 그때 정상회담을 하자는 의미로 볼 수 있었으나, 구체적인 시간과 장소가 명기되지 않아 불안감은 완전히 가시지 않았다.

김 대통령 부부는 만찬을 마치고 백화원 영빈관으로 돌아와 밤 11시 게 잠자리에 들었다. 평양에서의 첫날은 그렇게 정신없이 지나갔다.

방북 둘째 날 – 남북 정상회담

평양 방문 이틀째인 6월 14일은 김대중 대통령에게 가장 긴장된 하루였다. 김 대통령은 오전에 김영남 최고인민회의 상임위원장을 다시 만났고, 오후에 김정일 국방위원장과 무려 3시간 50분 동안 마라톤 정상회담을 했다. 정상회담은 방북의 성과를 가르는 분수령이기도 했고 남북관계의 미래를 점치게 하는 중요한 회담이기도 했다. 두 정상은 온 힘을 쏟아가며 회담에 임했고, 그 결과 '6.15 남북 공동선언' 합의를 이끌어냈다.

김 대통령 일행은 오전 9시 30분부터 만수대의사당에서 북쪽 김영남 최고인민회의 상임위원장과 공식 면담을 가졌다. 김 대통령은 정상회담 준비접촉 북쪽 단장이었던 김령성 최고인민회의 상임위 참사의 안내를 받았다. 김 대통령은 만수대의사당 방명록에 "우리는 한민족 한핏줄 운명공동체입니다. 평화, 교류, 협력, 그리고 민족의 통일을 향해 착실하게 전진해 나갑시다. 2000년 6월 14일 대한민국 대통령 김대중"이라고 썼다. 김 대통령은 다소 흥분한 탓인지 날짜를 쓰면서 1999년이라고 썼다가 줄을 그어 지우고 2000년으로 고쳐 쓰는 작은 실수를 했다.

김영남 상임위원장은 한미일 공조체제, 국가보안법, 외세의 문제를 거론했고, 김 대통령은 예상했던 질문인지라 거침없이 답변했다. 사실 이날의 만남은 오후에 열릴 김정일 국방위원장과의 단독 정상회담을 앞둔 의례적인 만남으로 일종의 탐색전이라고 볼 수 있었다.

김 대통령 일행은 11시 35분경 만경대 학생소년궁전에 도착해 어린이 공연을 관람하고 오후 1시 15분 냉면으로 이름난 옥류관에 도착했다. 점심 메뉴는 유명한 옥류관 냉면이었으나 정상회담을 앞둔 긴장감으로 그 맛을 느낄 겨를이 없었다.

북쪽에서 정상회담의 시간과 장소를 통보해온 것은 김 대통령과 수행원들이 옥류관에서 점심식사를 하던 오후 1시 50분께였다. 회담 장소는 애초 김 위원장의 집무실로 예상됐으나 백화원 영빈관으로 바뀌었다. 북쪽에서 "우리 민족은 동방예의지국이니 젊은 김 위원장이 가는 것이 좋겠다"고 해 갑자기 변경된 것이었다.

오후 3시, 마침내 김대중 대통령과 김정일 국방위원장의 단독 정상회담이 열렸다. 회담 시간이 가까워진 2시 45분께부터 양쪽 경호팀이 바쁘게 움직였다. 북쪽은 회담을 취재하러 온 기자들을 상대로 철저한 몸 검색을 했다.

김 대통령은 56분께 남쪽 공식 수행원들의 안내를 받으며 현관 앞 중앙에 들어섰다. 곧 이어 닫혀 있던 현관문이 열리며 김 위원장이 먼저 들어섰고, 김용순 비서 등이 뒤를 따랐다. 김 위원장은 전날 점퍼 차림이던 것과 달리 이날은 회색 인민복 차림이었고, 안경도 색깔이 없는 것을 끼고 나왔다. 김 위원장은 "편히 주무셨습니까?"라고 큰 목소리로 인사를 했고, 김 대통령은 낮은 목소리로 "잘 잤습니다"라고 대답했다. 이날도 김 위원장의 행동이나 표정에는 전혀 거침이 없었다.

회담장에 들어선 두 사람은 마주보고 앉았다. 양쪽 옆에 배석자들이 자리를 잡았다. 두 정상이 본격적인 회담을 시작하기 전 나눈 대화도 텔레비전을 통해 그대로 생중계 됐다. 남쪽에서 큰 화제를 불러일으키며 많은 사람들의 입에 오르내렸던 김 위원장의 '은둔자 발언'을 비롯해 남쪽 텔레비전을 시청한다는 내용 등이 여과 없이 방영됐다.

김 위원장 오늘 일정이 아침부터 긴장되게 했습니다.

김 대통령 여기저기 많이 다녔습니다.

김 위원장 잠자리는 편하셨습니까?

김 대통령 잘 자고, 평양에서 꼭 가봤으면 했던 옥류관에 가서 냉면도 먹고 왔습니다.

김 위원장 아침 회담이 너무 늦게 끝나니까…. 급하게 자시면 국수가 맛이 없습니다. 앞으로 시간여유 많이 가지시고 천천히 잘 많이 드시기 바랍니다. 평양 시민들 지금 대단히 흥분상태에 있습니다. 김 대통령께서 직접 방문해 주셨는데, 용단을 내리셔서 오신 것에 대해 온 인민이 뜨겁게 마중하고 했는데, 그래도 인사치레가 제대로 됐는지 걱정하고 있습니다.

김 대통령 위원장께서 직접 공항에 나오시고 수십만 시민이 나오고 그래서 저도 아주 감사하기 짝이 없습니다. 남쪽에서도 보고 다들 놀라고 있습니다.

김 위원장 어젯밤에 늦게까지 저도 MBC를 비롯해 남쪽 텔레비전을 오랫동안 봤습니다만, 남쪽 인민들도 다 환영하는 분위기이고, 특히 실향민이라든가 탈북자라든가 많이 소개해주면서 다들 잘 (고향에) 갈 수 있지 않겠는가, 그 길이 빨리빨리 오지 않겠는가 하십디다. (옆에 앉은 김용순 비서에게) 실제 우는 장면이 나왔어요.

김 대통령 외국 기자들도 수백 명이 모이고, 기자들 1000여 명이 기립박수를 치고 그럽디다. 위원장이 공항 나와 악수할 때….

김 위원장   (웃음) 제가 무슨 큰 존재라도 됩니까. 인사로 한 것뿐인데. 저 구라파 사람들은 나보고 뭐라 하냐면 왜 은둔생활을 하느냐, 은둔생활을 하는 사람이 처음 나타났다 그럽디다. 중국에도 갔댔고 인도네시아에도 갔댔고 비공개로도 많이 다녔드랬는데, 나보고 은둔생활을 한다고. 김 대통령이 오셔서 제가 은둔에서 해방됐다고 ….

김 대통령   (웃음)

김 위원장   그런 말 들어도 좋아요. 비공개로 갔다 왔으니까. 식반찬은 불편한 것이 없었습니까?

김 대통령   음식이 참 좋습니다.

김 위원장   지난번에 중국 갔더니 김치가 나오는데 한국식 김치가 나와서 남쪽 사람들 큰일 냈다고 생각했습니다. 남쪽 사람들이 김치를 (세계에) 소문나게 하고, 다시 일본에서 '기무치'라고 하는데, 북조선 김치가 없어요. 남조선 김치는 좀 짜고 북조선 김치는 물이 많이 들어가는 차이가 있어요.

6분가량 환담을 마친 두 정상은 남쪽에서 임동원 국정원장, 황원탁 청와대 외교안보수석, 이기호 경제수석 등 3명, 북쪽에서는 김용순 아태평화위원장이 배석한 가운데 비공개로 정상회담에 들어갔다.

단독 정상회담에서 두 사람은 서로에게 하고자 했던 이야기를 빠짐없이 다 한 것으로 알려졌다. 중간에 잠시 쉬는 시간을 빼고도 3시간 50분을 이야기했으니 나올 만한 이야기는 모두 나왔다고 봐야 할 것이다. 두 정상이 나눈 이야기와 합의를 이룬 핵심은 역사적인 남북 공동선언에 응축돼 있다.

김 대통령은 이미 오래 전부터 이 회담에 꼼꼼히 대비해 왔다. 심지어 김정일 위원장이 어떻게 나올 것인지를 예측하기 위해 김 위원장을 전문적으로 연구해온 사람을 대역으로 앉혀놓고 실제 상황과 똑같이 리허설을 하기까지 했다. 그러나 막상 실제로 부닥쳐보니 그리 만만치 않았다.

김 대통령이 정상회담 일주일 전 서울에서 가진 정상회담 리허설에는 김정일 위원장의 생각을 깊이 연구해온 남북회담 사무국의 김달술 자문위원이 대역을 맡아 실연을 했다. 통일문제는 물론 주한미군 문제, 국가보안법 문제 등 김정일 위원장이 제기할 만한 내용들을 미리 실습한 것이다. 김달술 자문위원은 원래 김일성 주석의 사고방식이나 행동을 마치 자신이 김 주석인 것처럼 체득하고 그대로 말하거나 행동하는 역할을 했다. 그의 언행을 통해 북한 지도부가 어떻게 나올 것인지를 예측하고, 그에 대응해 우리의 대북정책을 수립하는 방식이었다. 6년 전인 1994년 7월 김일성 주석이 사망한 뒤에는 김정일 국방위원장으로 그의 연구대상이 바뀌었다. 서울 리허설에서는 정상회담에 배석할 것이 확실시되던 김용순 대남 담당 비서의 대역도 등장했다. 그때 김용순 역을 맡은 사람은 후에 통일부 장관이 된 정세현씨다. 김 대통령 옆에는 임동원 국정원장이 앉았다.

두 정상의 흥미로운 설전

정상회담에서 김정일 위원장과 마주한 김 대통령은 자신이 평소 하고자 했던 이야기를 차분하게 풀어나갔다. 김 대통령은 남북이 처해 있는 현실을 소상히 설명하면서 화해협력의 필요성을 강조했다.

김 위원장도 준비를 많이 한 듯 모든 현황을 꿰고 있었다. 김 대통령이 마치 대학교수가 강의를 하듯이 차분히 논리적으로 설명하는 타입이라면, 김 위원장은 그때그때 판단해서 결정하는 타입이었고 상대방이 무슨 말을 하는지 핵심을 재빨리 알아들었다. 그리고 그 말이 합리적이라고 판단하면 그 자리에서 바로 수용하는 태도를 보였다. 김정일 위원장의 이런 면모는 회담을 성공으로 이끄는 데 크게 기여했다고 김대중 대통령이 훗날 회상했다.

두 정상은 남북간 당면 현안을 주로 얘기했지만, 나중에 분위기가 다소 풀리자 평소 섭섭하게 생각했던 이야기까지도 사이사이에 끼워 넣어가며 진지하게 이야기를 나누었다고 한다.

본격적인 회담에 들어가자마자 김정일 위원장은 난데없이 남쪽 대학가의 인공기 게양에 관한 논란을 문제 삼고 나왔다. 상대방이 미처 예기치 않았던 문제를 들고 나와 공세를 취하면서 기선을 제압하고 상대를 당황하게 만들어 협상을 유리하게 이끌어가려는 북한의 전통적인 협상 수법이었다.

김정일 위원장은 대뜸 김 대통령에게 "섭섭한 말씀을 먼저 드려야겠습니다"하며 서울 대학가의 인공기 게양 사건을 끄집어냈다고 한다. 김 위원장은 "오늘 아침 남조선 텔레비전을 보니 학생들이 대학 교내에 인공기를 걸었다고 검사들이 관련자를 색출해 엄벌하겠다고 하는데, 지금 여기서 정상회담이 열리고 있는데 그럴 수 있습니까?"라고 항의했다. 남북 정상회담 개최를 기념해 서울대, 고려대, 한양대, 건국대 등 전국 10여 개 대학에 태극기와 인공기 그리고 한반도 지도를 그려 넣은 한반도기가 나란히 걸렸는데, 이에 대해 서울지검 공안부가

"주동자들을 색출해 엄벌하겠다"고 밝힌 것으로 보도됐다.

김 위원장은 "대한민국 대통령이 여기에 와서 나와 정상회담을 하겠다는 것은 서로 믿고 존중하겠다는 것이 아닙니까. 지금 남측 수행원 모두가 태극기를 달고 있으나 북측에서는 시비를 걸지 않고 있습니다"라고 말했다. 김 대통령은 고개를 돌려 배석자들에게 김정일 위원장이 지금 따지는 것이 무슨 내용인지에 대해 물어봤으나, 모두들 텔레비전을 보지 못해 무슨 일인지 알지 못하는 상황이라고 대답했다. 김 대통령은 김 위원장에게 인공기 문제와 관련된 남한 내 상황을 보고받지 못했다고 말했다. 이에 김 위원장은 "적어도 정상회담 기간에 발생한 문제에 대해서는 학생들을 처벌하지 말아주십시오"라고 부탁하고 김 대통령이 "알아보겠습니다"라고 대답해 간신히 첫 번째 험한 분위기를 넘겼다.

회담에서 맨 먼저 논의된 것은 한반도 정세를 둘러싼 사안들이었다. 민족의 공멸을 가져올 전쟁을 다시는 해서는 안 된다는 말과, 주한미군 문제에 대한 이야기가 이때 나왔다. 특히 한반도 전쟁 방지에 대해 많은 논의가 있었다고 한다. 김 대통령은 남쪽은 흡수통일을 시도할 뜻이 없음을 밝히면서, 북쪽에서도 적화통일을 할 생각을 버려야 한다고 강조했다. 김 대통령은 우리 두 사람이 잘못하면 한민족은 공멸할 수밖에 없으므로 민족이 다 함께 화해와 협력을 이루어야 한다고 역설했다. 전쟁을 해선 안 된다는 얘기를 하던 도중에 김 위원장은 일년 전에 벌어진 서해교전은 위에서 시킨 일이 아니었다는 말로 에둘러 사과의 뜻을 표했다.

주한미군 문제가 나오자 김 대통령은 현실적으로 북한이 나가라고 해서 미국이 나가겠느냐며 동북아 안정을 위해서도 주한미군이 필요하다는 평소의 지론을 역설했다. 김 위원장도 이에 동의를 표시했다. 김 위원장은 그러나 주한미군의 성격이 바뀌어야 한다고 지적했다. 그는 지금처럼 자신들에게 적대적인 성격의 주한미군은 인정할 수 없으며, 주한미군은 평화유지군과 같은 성격을 지녀야 한다는 뜻을 밝혔다. 주한미군 문제는 미국 정부가 특히 관심을 보인 민감한 부분이었다.

김 대통령은 김 위원장에게 북한이 살 길은 안보와 경제회생인데 그것을 해줄 나라는 미국밖에 없으니 아무리 아니꼽더라도 미국과 관계 개선을 해야 한다고 진지하게 충고했다. 김 대통령은 특히 북핵 문제에 대해, 북한이 핵을 한두 개 가져봤자 미국의 군사력에 비하면 어린애 장난감에 지나지 않는다는 표현까지 써가며 비핵화의 중요성을 강조했다.

회담에서 가장 시간을 오래 끌며 열띤 토론을 한 사안은 통일방안에 대한 것이었다. 김대중 대통령은 북한의 고려연방제 통일방안은 외교권과 군사권을 중앙정부가 갖도록 하고 있는데, 남북이 대치하고 있는 현실에서 중앙정부가 외교권과 군사권을 갖는다는 것은 현실적인 주장이 아니라고 지적하고 자신의 지론인 3단계 통일방안에 대해 상세히 설명했다.

그런데 놀라운 일이 벌어졌다. 김정일 위원장이 "사실 고려연방제는 냉전시대의 산물"이라는 말을 한 것이다. 그는 일찍이 김일성 주석이 느슨한 연방제를 제안한 일이 있음을 상기시키면서 낮은 단계의 연방제 이야기를 꺼냈다. 얘기를 들어보니 김 대통령이 설명한 남북연합과 거의 비슷한 내용이었다. 김 위원장은 김 대통령에게 통일이 되려면 얼마나 걸리겠는가고 물었고, 김 대통령은 20~30년쯤 걸리지 않겠느냐고 대답했다. 그러자 김 위원장은 자신의 생각으로는 40~50년쯤 걸릴 것 같다고 말하고, 그때까지 양쪽이 전쟁을 하지 않고 잘 지내야 한다며 낮은 단계의 연방제가 필요한 이유를 강조했다. 김 위원장은 양쪽 통일방안이 거의 같으니 그렇게 합의를 하되, 다만 이름은 '낮은 단계의 연방제'로 하자고 제안했다. '연방'이라는 말에 집착한 것이었다.

그러나 이를 받아들일 경우, 김 대통령은 국내에서 반대파들에게 정치적으로 몰릴 것이 뻔했다. 김 대통령은 연방과 연합은 정치학적으로도 다른 개념이라고 설명했다. 배석했던 임동원 국정원장이 연방제는 페더레이션(Federation)으로 미국이나 독일처럼 같은 체제, 다시 말해 똑같은 자본주의 체제 사이에서나 가능한 것이고, 연합제는 컨페더레이션(Confederation)으로 독립한 국가들끼리의 연합이라고 보충설명을 했다. 결국 양쪽 통일방안에 공통점이 있음을 인정하고 계속 연구하는 것으로 낙착됐다. 이 논의의 결과는 공동성명 제2항에 표현돼 있다. 굳이 따지자면 남쪽의 주장이 더 많이 받아들여진 것으로 봐야 할 것이다.

이어 북한이 금과옥조처럼 받들어온 자주통일 문제에 대해 김정일 위원장이 얘기를 꺼냈다. 그러자 김 대통령이 우리 문제를 우리가 자주적으로 해결하는 것은 당연한 일 아니냐고 북쪽 주장을 선선히 수용하면서 큰 논란을 벌이지 않았다. 김 대통령은 다만 주변 국가들이 반대하지 않아야 자주적 통일이 효력을 발휘하지 않겠느냐는 점을 덧붙여 설명하면서 넘어갔다. 지구촌이 맞물려 돌아가는 세계화한 상황에서 자주적으로 가되 주변의 지지를 받는 열린 자주를 해야 한다고 언급한 것이다. 공동성명 제1항에 규정된 내용이 그것이다.

한반도 정세 문제, 통일문제에 이어 교류협력 문제가 논의됐다. 김 대통령은 이산가족들의 아픔을 진지하게 설명하면서 이 문제만큼은 두 지도자가 반드시 진전을 시켜야 한다고 강조했다. 김 위원장이 특별히 관심을 기울인 비전향 장기수 송환 문제는 이산가족 문제의 전향적 해결을 이끌어내기 위해 김 대통령이 인도적 차원에서 수용했다. 경제협력을 확대하고 문화, 체육 등에서 협력과 교류를 활성화하는 문제에 대해서도 큰 무리 없이 대화가 이어졌다. 그밖에 대화 중간 중간에 국가보안법 문제와 북한 형법 문제 등도 나와, 서로 섭섭했던 점들을 이야기했다.

마지막에 김정일 위원장의 서울 답방 문제가 나왔는데, 김 위원장은 한사코 약속을 하지 않으려 했다. 김 위원장은 확답을 피했고, 김 대통령은 기어이 약속을 받아내야만 하는 처지였다. 이 문제로 한 시간이 넘도록 설왕설래하다가 김 대통령이 김 위원장의 약점을 파고들었다. 동방예의지국이고 노인을 공경한다고 하면서 나이 많은 사람이 왔는데 당신이 오지 않으면 되겠느냐고 몰아붙여 결국은 답방 약속을 받아냈다.

마지막 관문은 공동선언의 서명 주체를 누구로 하느냐는 문제였다. 김 대통령은 당연히 자신과 김정일 국방위원장이 서명해야 한다고 말했다. 그러나 김 위원장은 북쪽 체제는 김영남 최고인민회의 상임위원장이 국가수반으로 돼 있으므로 김영남 상임위원장과 김 대통령이 서명하는 게 좋겠다고 말했다. 김 대통령은 북한의 실질적 지도자인 김정일 위원장이 서명하는 것이 옳다고 강력히 주장했다. 김정일 위원장은 어떻게 하든 자신이 직접 서명하지 않으려 했다. 그는 대안으로 7.4 남북 공동성명처럼 '상부의 명을 받들어'란 형식을 빌어 김용순 아태평화위원장과 임동원 국정원장이 하는 것이 어떻겠느냐'고 주장하기도 했다. 그러나 "두 분이 직접 만나 합의했는데 다른 사람에게 서명하라고 하면 되겠느냐"는 배석자의 지적에 결국 자신이 서명하겠다고 물러선 것으로 알려졌다. 그는 직책을 빼고 이름만 쓰면 어떻겠느냐는 안을 내기도 했으나, 끝내 '대한민국 대통령 김대중' '조선민주주의인민공화국 국방위원장 김정일'로 직책과 이름을 명기하기로 합의했다.

합의서를 '성명'으로 표현할 것이냐 '선언'으로 표현할 것이냐를 놓고도 실무진 사이에 신경전이 펼쳐졌다. 남쪽은 정상회담 발표문에 일반적으로 쓰이는 성명이란 용어가 무난하다고 생각했는데 북쪽은 선언이란 표현을 선호했다. 남쪽에서는 과거 7.4 남북 공동성명의 예를 들면서 성명 쪽을 주장했다. 그러나 북쪽은 그 때는 최고지도자가 아닌 이후락과 김영주 사이에 서명된 것이기에 성명이었고, 최고지도자가 서명하는 것은 그보다 격이 높은 선언이어야 한다고 고집했다. 이 문제는 남쪽이 북쪽의 주장을 받아들여 선언으로 표현하는 것으로 귀결됐다. 선언이란 표현은 김정일 위원장이 특히 좋아하는 용어라고 한다. 러시아를 방문했을 때 블라디미르 푸틴 러시아 대통령과 정상회담을 한 뒤 발표한 합의서도 모스크바 의정서가 아니라 모스크바 선언으로 하도록 했다는 일화가 이를 뒷받침한다.

오후 3시에 시작한 정상회담에서 계속 이야기가 이어지자 두 정상은 5시 20분쯤 휴식시간을 가졌다. 휴식시간에 마침 서울에서 외교행랑 편으로 온 신문들을 본 두 정상은 감격을 감추지 못했다. 신문마다 1면에 두 사람이 공항에서 처음 만나는 감동적인 장면이 크게 실려 있었다. 김대통령은 신문철을 김 위원장에게 기념으로 선물했다.

김대중 대통령과 김정일 위원장의 정상회담이 이처럼 잘 풀린 것은 두 정상이 열린 자세로 진지하게 토론에 임한 결과였지만, 그 전에 치밀하게 준비한 노력도 큰 역할을 했다. 결정적인 것이 임동원 국정원장이 방북해 김정일 위원장과 사전면담을 통해 분위기 조성을 했던 점이다.

김대중 대통령은 정상회담에 앞서 회담의 상대인 김정일 위원장의 진면목을 알고 싶어 했다. 과연 대화가 가능한 상대인지, 어떻게 회담을 이끌어가야 생산적인 결실을 맺을 수 있는지 등을 놓고 초조한 마음을 감추지 못했다. 상대는 김대중 대통령에 대해 샅샅이 알고 있을 텐데 이쪽에서는 상대를 모르고 가면 아무래도 불리한 대좌가 될 것이었다. 그래서 우선 김정일 위원장에 대해 나와 있는 모든 자료와 정보들을 취합했으나 단편적인 모습만 있어 부족하기 짝이 없었다. 대부분 김정일에 대해 부정적인 측면들만 부각시켜 놓은 것들이었다.

임동원 국정원장의 비밀 방북은 그런 이유에서 추진됐다. 의제를 조율하고 일정을 논의하는 것도 필요했지만, 가장 중점이 두어진 첫째 목표는 김정일이 어떤 사람인지 정확히 파악하는 것이었다. 임 국정원장이 1차 방북한 날짜는 5월 27일이었고, 이날 그는 판문점을 통해 평양으로 갔다. 국정원 대북전략국장인 김보현 국장이 수행했다. 대화의 상대는 김용순 아태평화위원장이었다. 의제를 놓고 조율하려 했으나 북한 체제상 밑에서 핵심적인 결정을 내려놓고 최고지도자는 사인만 하는 형식은 전혀 통할 수 없었다. 임 국정원장은 이때 김정일 위원장이 공항에 마중을 나올 것인지를 확인하려고 했으나 북쪽은 끝내 언질을 주지 않았다. 정상회담 일정과 관련해 경호상의 문제 때문에 회담 날짜를 하루 당기거나 늦춰야 한다는 북쪽의 제안도 이때 전달됐다. 그러나 임 국정원장은 이미 온 세상에 공표한 정상회담의 날짜를 바꾸는 것은 있을 수 없다는, 원칙적인 반대의 뜻을 밝혔다고 한다. 특히 날짜를 앞당기는 것은 언론보도 문제 등과 관련해 부작용이 커서 수용할 수 없음을 밝혔다고 한다.

첫 번째 방북에서 김정일 위원장을 만나지 못한 임 국정원장은 6월 3일 두 번째 방북 길에 올랐다. 임 원장은 이때 김용순 비서의 안내로 지방에 현지시찰 가있는 김정일을 만나러 비행기를 타고 현지로 내려갔다. 김정일 위원장과의 첫 만남은 긴장과 놀라움의 연속이었다. 초대소에서 김정일과 저녁을 함께 하며 이어진 대화는 무려 5시간이나 계속됐다. 술까지 곁들이면서 문자 그대로 자유토론을 벌였다.

김정일 위원장은 무슨 말인지 이해가 잘 안되면 즉석에서 무슨 뜻인지를 묻고 그에 대한 자신의 생각을 얘기하곤 했다. 임 국정원장은 김 위원장의 생각에 대해 다시 자신의 의견을 얘기했다. 이런 식으로 주고받다 보니 다섯 시간이 순식간에 흘러갔다. 이때도 연방제와 연합제 얘기가 나와 한참을 설명했다고 한다. 임 국정원장은 연방제를 해서 중앙정부가 무리하게 군사권과 외교권을 갖게 되면 예멘의 경우에서 보듯이 결국 내전이 일어나 통일이 무력투쟁으로 이어진다는 점을 강조하고, 이는 남북의 현실에서 맞지 않는다고 역설했다. 김대중 대통령의 지론인 3단계 통일방안과 남북연합에 대해서도 사전에 충분히 설명했다. 김정일 위원장은 이해의 속도가 매우 빨라 상대방이 말하는 핵심을 잘 파악하는 편이었다고 한다.

임 국정원장의 김정일 파악 결과에 대해 김대중 대통령은 대단히 흡족해 했다. 비로소 상대방을 종합적으로 판단할 수 있게 된 것이었다. 김정일 위원장의 속마음, 말하는 스타일, 대화를 이끌어가는 방법 등 모든 것이 충분히 검토됐고, 이를 통해 협상 대비에도 만전을 기할 수 있게 됐다.

임동원 국정원장의 비밀 방북은 김 대통령을 비롯해 몇 사람만 알고 있었다. 미국에도 사전과 사후에 통보했지만, 그쪽 역시 몇 사람만 방북 사실을 알고 입을 다물었다. 클린턴 대통령과 외교안보 보좌관, CIA 국장, 국방부 장관, 국무부 장관 정도만 알고 있었다. 미군이 지키는 판문점을 통해 오고갔기 때문에 미국이 모를 수가 없었다. 평양을 다녀오면 보스워스 주한 미국대사를 통해 주요한 내용을 미국에 통보했다.

클린턴 대통령은 이런 배려에 매우 만족해 했으며 남북 정상회담이 잘 진행되기를 희망했다. 페리 보고서를 통해 미국의 정책이 대북 포용 쪽으로 가닥이 잡혀있었기 때문이었다. 페리 대북정책조정관을 설득하기 위해 김대중 대통령이 페리를 여러 차례 만나는 공을 들였고, 임동원 외교안보수석이 협상 파트너가 돼 8차례나 페리를 만나 집중 설득한 것이 효과를 거둔 것이었다.

화기애애한 만찬장

회담이 예상보다 길어지면서, 오후 7시로 예정됐던 김 대통령 주최 만찬도 8시로 늦춰졌다. 7시 15분에 마라톤 정상회담이 끝나자 양쪽은 모두 만족감을 표시했다. 만찬시간에 늦기는 했지만, 아예 공동선언의 초안을 매듭짓고 가기로 했다.

임동원 국정원장이 남쪽에서 미리 준비해 두었던 초안에 실제 논의됐던 내용들을 추가해 김용순 비서에게 넘겨주었다. 김용순 비서와 림동옥 통일전선부 부부장이 내용을 검토하고, 옆방에 있던 김정일 위원장에게 보고했다. 만찬장으로 가기 위해 방을 나서던 김정일 위원장은 마침 임 국정원장을 복도에서 만나자 만족스러운 듯 "잘 됐습니다. 동의합니다"라고 큰 목소리로 말했다.

백화원 영빈관을 나온 두 정상은 8시께 만찬장인 목란관으로 향했다. 김 대통령과 김 국방위원장이 입장하자, 미리 자리에 앉아 있던 양쪽 참석자들은 기립박수로 환영했다. 먼저 주최측인 김 대통령이 만찬사를 낭독했다.

김 대통령은 약간 흥분된 어조로 "김 위원장과 정상회담을 성공적으로 마쳤음을 보고한다"며 "우리 민족의 아주 밝은 미래를 봤다"고 말했다. 또 "성의와 인내를 가지고 꾸준히 노력한다면 안 되는 일이 없다"며 "우리는 머지않아 통일의 목적지까지 도달할 수 있을 것"이라고 기대감을 표시했다. 그는 "앞으로 남북간의 협력을 구체적으로 진행하기 위해서는 우리 두 사람과 책임 있는 당국자간의 지속적인 대화가 이뤄져야 하며, 이를 통해 서로 이해를 넓히고 믿음을 쌓아 가면 협력 또한 확대될 것"이라며 "서울에서 만납시다"라는 말로 연설을 끝맺었다.

만찬사를 끝내고 김 대통령이 자리에 앉자 김정일 위원장은 김 대통령 왼쪽에 자리 잡은 김영남 상임위원장에게 "대신 가서 하시죠"라고 권했고, 이에 따라 김영남 상임위원장이 김정일 국방위원장의 만찬답사를 대독했다.

김 상임위원장은 "이번 상봉과 회담을 통해 북과 남은 서로 갈라질 수 없는 한 혈육이며 그 어느 이웃에도 비길 수 없는 동족임을 거듭 확인했다"며 "우리 정치인들은 통일을 미래형으로 볼 것이 아니라 현재형으로 만들기 위해 모든 지혜를 모아야 한다"고 강조했다.

만찬사와 답사가 끝난 뒤 헤드 테이블에 앉은 김 대통령과 김 국방위원장은 차려진 음식 등을 주제로 환담을 나눴다. 김 위원장은 이희호 여사가 헤드 테이블이 아닌 앞쪽 일반 참석자 테이블에 앉아 있는 모습을 보고 "여기 와서 이산가족이 되면 안 된다"고 말했고, 참석자들은 폭소를 터뜨렸다. 그는 자신과 김 대통령 사이에 자리를 하나 더 마련하도록 해 이희호 여사가 거기 앉도록 배려했다. 의전상 김 위원장이 부인을 동반하지 않았기 때문에 이희호 여사 자리도 헤드 테이블에 배치하지 않았던 것이다.

남쪽이 주최한 이날 만찬에는 궁중요리 전문가 한복려씨가 지휘하는 남쪽 궁중요리팀 10명이 북쪽 요리사들과 함께 준비한 한국 전통 궁중요리가 나왔다.

목란관에서 만찬이 진행되는 시간에 백화원 영빈관에 남은 김용순 비서는 공동선언문을 타이핑해서 새로 깨끗이 작성했다. 이렇게 초안이 잡힌 공동선언문 최종안은 만찬장으로 옮겨졌고, 김정일 위원장에게 먼저 보고됐다. 김 위원장은 최종안을 검토한 뒤 "됐다"며 남쪽 임동원 국정원장에게 보여주도록 지시했다. 임 국정원장이 보고서를 보니 자신이 넘겨준 초안과 두 가지 다른 점이 눈에 띄었다.

하나는, 첫째 항에서 자주적 통일 방향을 밝히면서 북한이 좋아하는 표현인 "우리 민족끼리 서로 힘을 합쳐"란 구절이 들어간 것이다. 또 하나는 두 정상이 합의는 했지만 남쪽이 공동선언에 포함시키지 않았던 비전향 장기수 송환 문제가 제3항에 명시된 것이다. 임 국정원장은 우리 쪽 초안에서 두 가지가 바뀌었음을 김 대통령에게 보고하고, 대체로 잘 된 것 같다는 의견을 말했다. 김 대통령도 만족한 모습을 보였다. 김 대통령의 최종 승인을 얻은 후 임 국정원장이 김용순 비서에게 초안을 건넸고, 이어 김정일 위원장에게 보고됐다. 마침내 선언문이 최종 합의된 것이다.

김정일 위원장이 와인 잔을 들고 김 대통령에게 건배를 제의했다. 김 대통령은 김 위원장과 함께 연단으로 나가 "우리 두 사람이 공동선언에 완전히 합의했습니다. 모두 축하해 주십시오"라며 김 국방위원장의 팔을 잡고 번쩍 들었다. 만찬장은 박수로 뒤덮었다. 이때 시각이 밤 9시 49분이었다.

그 뒤 정상회담의 성공을 축하하는 건배가 오가는 등 만찬장은 화기애애한 분위기가 계속 이어졌다. 김 위원장은 임동원 국정원장을 불러 귓속말로 뭔가 얘기를 주고받더니 가득 채운 와인 잔을 단숨에 비웠다. 김 위원장은 바로 옆자리에 앉은 박재규 통일부 장관에게 먼저 건배를 제의하는 등 헤드 테이블에 앉은 전원에게 건배를 제의했고, 이에 모두 기립해 각자 와인을 한번에 들이켰다.

헤드 테이블의 분위기가 고조되자 주변 좌석에서도 잇따라 기립 건배가 줄을 이었고, "위하여"라는 소리가 곳곳에서 터져 나오는 등 순식간에 분위기가 고조됐다.

잠시 후에는 박재규 통일부 장관이 연단으로 나가 "김정일 국방위원장의 위임을 받아 여러분 앞에 있는 술을 전부 마음껏 드실 것을 제의합니다"라고 말해, 참석자 전원이 박수와 함께 일어나 "위하여"를 외치며 건배했다.

이때 매우 파격적인 일이 벌어졌다. 김정일 위원장이 갑자기 1번 테이블에 앉아 있던 인민군 장성들에게 손짓을 하며 큰 소리로 김 대통령에게 술잔을 올리라고 지시한 것이다. 그러자 박재경 인민군 총정치국 부국장, 현철해 대장 등 인민군 최고위 장성 6명이 나와 김 대통령 앞에 도열했다. 먼저 박재경 대장이 김 대통령에게 술을 따랐다. 이어 김 대통령도 군 장성들에게 일일이 술을 따라주고 함께 술을 드는 장면을 연출했다.

북한 군부의 최고 실력자인 조명록 국방위원회 제1부위원장도 김 대통령에게 다가와 술을 가득 채우고 건배를 제의했다. 그러자 김정일 위원장은 테이블 오른쪽에 앉아 있던 한광옥 청와대 비서실장을 불러 건배를 했고 이어서 박재규, 박지원 장관 등과 잇따라 건배를 했다.

역사적 선언문에 서명하다

두 정상은 서명식장인 백화원 영빈관으로 자리를 옮겨 역사적인 남북 공동선언문에 서명했다. 선언문 서명은 이날 밤 11시 20분 백화원 영빈관에서 이뤄졌으며, 남쪽에는 15일 0시 3분부터 텔레비전 방송을 통해 녹화 중계됐다.

두 정상은 테이블에 마주앉아 서명했다. 김 대통령 옆에는 임동원 국정원장이 앉았고, 김 위원장 옆에는 김용순 비서가 자리 잡았다.

김 대통령은 선언문에 '대한민국 대통령 김대중'이라고 서명했다.

김 국방위원장은 '조선민주주의인민공화국 국방위원장 김정일'이라고 적었다. 서명이 끝나자 두 정상은 밝게 웃으며 손을 맞잡았고, 서로 상대방의 손을 번쩍 치켜들고 합의를 축하했다.

두 사람은 이어 화해와 공존의 시대를 기념하는 건배를 했다. 김 국방위원장은 샴페인을 단숨에 들이켰다. 김 대통령도 잔을 놓지 않은 채 네 번에 걸쳐 모두 마셨다. 양쪽 수행원 모두 두 정상의 노고에 감격의 박수를 보냈다. 서명식에는 남쪽에서 임동원 국정원장을 비롯한 공식 수행원들이, 북쪽에서는 김용순 노동당 비서와 림동옥 통일전선부 제1부부장이 배석했다.

림동옥 부부장은 남쪽에 널리 알려지지 않았으나 정상회담에서 김용순 비서와 함께 줄곧 배석해, 대남 문제를 다루는 실세임이 드러났다. 그는 림춘길이란 가명으로 남쪽을 방문한 적도 있었는데, 당시 서열은 낮았으나 실질적 일을 총괄해 눈길을 끌었다. 그는 문장력이 뛰어나 중요한 문안 작성에 관여하는 것으로 알려졌다. 남북 공동선언문도 그가 나서서 검토했다.

두 정상이 선언서에 서명한 것은 정확히 2000년 6월 14일 밤 11시 30분이었다. 그러나 선언서에는 6월 15일 서명한 것으로 돼 있다. 밤이 늦어 두 정상이 15일에 서명할 것으로 생각한 문안 작성자들이 서명 일을 15일로 기록해 두었기 때문이다. 공동선언문에 "13일부터 15일까지 평양에서 역사적인 상봉을 하였으며 정상회담을 가졌다"고 과거형으로 표기된 것도 그 때문이었다. 그런데 14일 밤 두 정상은 15일 해도 되는 선언문 서명을 바로 해버리기로 의견을 모았다. 기쁜 소식을 한시라도 빨리 알리고 싶은 마음에서였을 것이다. 특히 다음날 아침 남쪽에서 배달될 신문들에 정상회담에서 합의를 이룬 내용이 보도되길 원했던 김대중 대통령이 내친 김에 서명해 발표하자고 촉구했다. 이에 김 위원장이 선심을 쓰듯 응했던 것이다. 덕분에 국내 신문들은 15일 아침 배달되는 판의 1면 머리기사를 한밤중에 완전히 바꾸는 즐거운 작업을 해야 했다. 신문 내용뿐 아니라 한반도의 역사도 바뀌는 순간이었다.

박준영 청와대 공보수석은 텔레비전으로 생중계되는 가운데 15일 0시 20분 평양 고려호텔의 프레스센터에서 6.15 남북 공동선언문 전문을 발표했다. 박 수석은 "방금 전에 서명한 남북 공동선언을 발표하겠습니다"라고 말한 뒤 또박또박 선언 내용을 읽어 내려갔다. 회담 결과를 초조하게 기다리던 서울과 평양의 보도진은 일제히 환호성을 질렀다.

남북 공동선언의 내용은 다음과 같다.

남북 공동선언

조국의 평화적 통일을 염원하는 온 겨레의 숭고한 뜻에 따라 대한민국 김대중 대통령과 조선민주주의인민공화국 김정일 국방위원장은 2000년 6월 13일부터 6월 15일까지 평양에서 역사적인 상봉을 하였으며 정상회담을 가졌다.

남북 정상들은 분단 역사상 처음으로 열린 이번 상봉과 회담이 서로 이해를 증진시키고 남북관계를 발전시키며 평화통일을 실현하는 데 중대한 의의를 가진다고 평가하고 다음과 같이 선언한다.

1. 남과 북은 나라의 통일문제를 그 주인인 우리 민족끼리 서로 힘을 합쳐 자주적으로 해결해 나가기로 하였다.
2. 남과 북은 나라의 통일을 위한 남측의 연합제 안과 북측의 낮은 단계의 연방제 안이 서로 공통성이 있다고 인정하고 앞으로 이 방향에서 통일을 지향시켜 나가기로 하였다.
3. 남과 북은 올해 8.15에 즈음하여 흩어진 가족, 친척 방문단을 교환하며, 비전향장기수 문제를 해결하는 등 인도적 문제를 조속히 풀어 나가기로 하였다.
4. 남과 북은 경제협력을 통하여 민족경제를 균형적으로 발전시키고,

사회, 문화, 체육, 보건, 환경 등 제반 분야의 협력과 교류를 활성화하여 서로의 신뢰를 다져 나가기로 하였다.

5. 남과 북은 이상과 같은 합의사항을 조속히 실천에 옮기기 위하여 빠른 시일 안에 당국 사이의 대화를 개최하기로 하였다.

김대중 대통령은 김정일 국방위원장이 서울을 방문하도록 정중히 초청하였으며, 김정일 국방위원장은 앞으로 적절한 시기에 서울을 방문하기로 하였다.

2000년 6월 15일

대 한 민 국　　　　　　조선민주주의인민공화국
대 통 령 김 대 중　　　국 방 위 원 장 김 정 일

평양 방문 셋째 날 - 오찬과 귀환

김대중 대통령은 15일 평소보다 훨씬 늦게 일어났다. 평소에는 새벽 6시 이전에 일어났으나, 그 날은 8시가 다 되도록 잠자리에서 일어나지 못했다. 감격으로 잠을 쉬 이루지 못했고 피로도 겹쳤기 때문이다. 게다가 전날 김정일 국방위원장과의 마라톤 정상회담에 혼신의 힘을 쏟아 부었고 그 결과까지 만족스러워 긴장이 풀린 탓도 있었다. 김 대통령은 간단히 아침식사를 하고 잠시 정원을 산책하다 다시 잠자리에 들어 오찬 예정시각 30분 전에야 잠에서 깼다. 깊은 잠 속에서도 이런저런 상념이 오갔을 것이다.

조마조마한 마음으로 평양 방문 길에 올랐던 김 대통령으로선 기대 이상의 성과를 올렸다. 서울을 출발할 때 다 잘될 것이라고 스스로 마음을 달랬지만, 확실하게 결정된 것은 하나도 없는 상태에서 비행기에 올랐다. 특히 두 가지가 끝까지 그의 마음을 졸이게 했다.

그 중 하나는 김정일 국방위원장과 직접 마주앉아 정상회담을 하게 될지가 확실하지 않다는 점이었다. 비록 북쪽으로부터 언질을 받긴 했지만, 그와는 상봉만 하고 정상회담은 북한의 명목상 국가수반인 김영남 최고인민회의 상임위원장과 하도록 요구받지는 않을까 하는 의구심을 완전히 떨치지 못했다. 두 번째로 김대중 대통령을 불안하게 한 것은 김정일 위원장이 약속에 따라 정상회담에는 응하면서도 마지못해 그러는 듯 시간만 때우고는 별다른 합의도 없이 그대로 자신을 남쪽에 되돌려 보내는 것은 아닌가 하는 의구심이었다. 그리되면 남북정상회담의 의미는 반감될 것이 뻔했다. 남북의 정상이 반세기 만에 만나는 것만으로도 민족사에 큰 진전이겠지만, 한반도의 냉전 해체와 평화 정착을 위해서는 뭔가 알맹이 있는 합의가 이뤄져야 했다. 그런데 다행히 기대했던 것 이상의 큰 성과를 거둔 것이었다.

평양에 올 때까지 완전히 해결되지 않았던 김일성 주석 묘역 참배 문제도 원만히 풀렸다. 김 대통령 일행이 평양에 도착한 날, 북쪽은 김정일 국방위원장과 정상회담을 하기 위해서는 김 대통령이 김일성 주석의 묘역인 금수산 기념 궁전을 반드시 참배해야 한다고 요구했다. 그러나 남쪽은 국민정서상 그것은 불가능하다고 거부했다. 김 대통령으로서는 도저히 받아들일 수 없는 요구였다. 절충안으로 각료급이 대신 참배하는 방안도 한때 거론됐으나, 김정일 위원장이 김 대통령이 직접 참배하지 않으면 의미가 없다고 해 잘 풀렸다.

이날 오전 수행원들은 김정일 위원장의 특별초청으로 닭 공장을 방문했다. 김 대통령은 오전 중에 별다른 일정이 없어 아침식사 후 다시 잠자리에 들어 푹 쉬고 송별오찬에 참석했다. 백화원 영빈관에서 열린 송별오찬은 원래 일정에 없었으나, 전날 김 위원장이 갑자기 제의해 이뤄진 것이었다.

북쪽의 오찬사는 김 위원장의 위임을 받아 조명록 국방위원회 제1부위원장이 낭독했다. 조 부위원장은 "북남 선언을 성의 있게, 신의 있게 실천하자"고 강조했다. 답사는 임동원 국정원장이 했다. 임 원장은 "다시는 이 땅에서 민족끼리 싸우는 일이 있어서는 안 된다"며 남북관계를 힘차게 열어가자고 역설했다. 북쪽 군부의 대표와 남쪽 정보기관의 대표가 6.15 공동선언의 실천을 다짐하는 오찬사를 한 것은 매우 상징적인 형식이었다. 이는 임동원 국정원장의 아이디어였다. 오찬장은 잔치 분위기였다.

이날 오찬장에서도 김정일 위원장은 자신의 생각을 거침없이 쏟아냈다. 그는 깊이 숙고해볼 만한 의미 있는 말들을 많이 했다.

"남쪽에서 비료를 주셔서 고맙습니다. 만약에 곡식이 클 때 비료를 안 줬다면 우리 인민들이 올해 또…. 김영삼 정부 시절 같았으면 지원 요청을 하지 않았을 겁니다. 김대중 대통령 정부이기 때문에 급할 때 꿔 쓰고 갚으면 되니까 도와달라고 이야기해 보라고 내가 지시했습니다. 정말 요긴하게 잘 썼습니다."

에너지 부족 문제를 솔직히 털어놓으면서 전력 지원 요청을 한 대목도 주목할 만하다.

"전기도 부족합니다. 지방, 특히 황해도 농촌은 전력사정이 매우 안 좋습니다. 불이 깜빡깜빡하고…. 시급히 해결해야 합니다. 남쪽에서 남는 전기가 있으면 주십시오. 없으면 할 수 없고요."

"금강산에는 좋은 물이 있습니다. 갖다 쓰십시오. 군대를 바싹 동원하면 당장 남쪽에 많은 물을 보낼 수 있습니다. 군대는 그냥 놀게 해서는 안 됩니다. 가만히 놔두면 적이 누군지 찾습니다. 군대는 그저 쉬지 않고 일을 하게 해야 합니다."

의미심장하게 받아들일 대목이 한두 가지가 아니었다.

김 위원장은 송별오찬에서 "고민이 하나 있다"고 운을 뗀 뒤 "오늘 아침 군사위원회 일꾼들한테 '당장 10일 앞으로 다가온 6.25 문제를 어떻게 할 것인가? 우리 쪽에서 6.25에 대해 종전처럼 하지 말라'고 지시했다"고 말했다. 그는 "(군사위원회 일꾼들이) 남쪽에서 안 그러는데 우리만 그럴 수 있느냐고 나오더라"며 "50년 동안의 적대관계에 신물이 날 텐데도 군인들은 항상 상대방을 적으로 생각하니, 이 사람들에게 적대감을 갖지 않게 하는 것이 중요하다"고 강조했다.

그는 이어 남쪽 수행원들을 향해 "임동원 특보, 박재규 장관, 박지원 장관. 그것을 잘 조절하시오. 그거 잘 안 되면 어제의 공동선언이 또 휴지조각이 됩니다. 조절 잘못하면 내가 남쪽 가서 장관 하갔어"라고 말해 폭소가 터져 나왔다. 김대중 대통령은 "그렇게 안 돼야죠. 너무 염려 마십시오"라고 화답했다.

이날도 고스란히 드러났지만, 사흘 동안 김정일 위원장은 농담을 잘 던져 주위의 웃음을 이끌어냈다. 정치적 순발력도 매우 뛰어났다. 만찬 때 이희호 여사가 김 대통령과 다른 테이블에 앉아 있는 것을 보고 "이산가족 만들면 안 된다"고 말해 폭소를 자아낸 뒤 한 테이블에 합석하도록 조처한 것이 대표적 예다. 또 박권상 KBS 사장을 보고 "내가 사실은 KBS를 제일 많이 본다. 아무래도 관변체질 같다"고 말해 한바탕 웃음을 끌어낸 에피소드도 놀라운 사례다. 그런데 이 말은 그냥 나온 것이 아니었다. 그는 자신이 전날 남쪽 텔레비전을 본 얘기를 하면서 "MBC(문화방송)를 보았다"고 말했던 점을 의식해, 방송 대표로 방북한 박권상 사장이 서운해 할까봐 일부러 KBS 얘기를 꺼낸 것이다.

그가 중국에 갔을 때 남쪽 김치를 맛본 얘기를 하면서 일부러 '남조선'이 아니라 '한국'이라는 말을 한 것, 일본이 은단을 만들어 세계에 널리 펼친 얘기를 하면서 '대한민국'이란 말을 슬쩍 집어넣은 것 등도 치밀하게 계산된 말로 보였다.

김정일 위원장의 대화 스타일은 말을 툭툭 던지는 식이다. 갑자기 엉뚱한 얘기를 꺼내는가 싶었는데 나중에 보면 다 뜻이 있어서 하는 말이었다는 게 곁에서 지켜본 참석자들의 분석이다. 또 말투가 거의 반말이어서 김용순 비서 등 북쪽 인사들에게는 물론, 김 대통령을 제외한 남쪽 인사들에게도 때로 스스럼없이 반쯤 반말로 얘기했다고 한다. 다만 북쪽 인사라도 원로들은 예우하는 편이라고 한다.

김 위원장은 권력을 확고히 장악한 듯했다. 김 위원장 앞에서는 누구라도 쩔쩔매며 함부로 말을 하지 못하는 것이 매우 인상적이었다. 심지어 권력의 2인자로 알려진 조명록 국방위원회 부위원장도 갑자기 오찬사를 대신하라는 지명을 받고는 너무 당황해 원고를 읽다가 떨어뜨리는 실수를 하는 등 쩔쩔매는 모습을 보였다. 조명록 차수를 비롯해 북한 군부 인사들로 하여금 김대중 대통령에게 술을 따르도록 지시한 것도 권력을 확실히 장악하고 있지 못하다면 하기 어려운 일이다. 군대 간부들이 있는 자리에서 "군인들은 놀게 하면 적을 찾으려 하니 일을 시켜야 한다"고 말하는 등 계속되는 그의 거침없는 태도에 남쪽 인사들이 오히려 놀랄 정도였다. 그는 "내가 새총으로 빨간 신호등을 깨면서 간다"고 말해 일부 보수적인 측근들의 반대를 무릅쓰고 변화를 주도하고 있음을 내비치기도 했다.

김정일 위원장이 북한의 권력을 실질적으로 장악한 지는 30년이나 됐다. 그는 1974년에 이미 김일성 주석의 후계자로 지명됐다. 그때부터 그는 최고지도자 과정을 착실히 밟아왔다. 김 위원장은 사상, 기술, 문화 등 3대 혁명 소조운동을 벌여 곳곳에 자기 사람을 심어놓는 등, 1980년 10월 노동당 제6차 대회에서 공식적으로 후계자로 발표될 때까지 자신의 기반을 확고히 다져왔다. 이어 1990년대에는 김일성 주석으로부터 군권도 넘겨받기 시작했다. 그는 1990년 5월 국방위원회 제1

부위원장에 추대됐고, 1991년 12월 인민군 최고사령관에 추대됐다. 또 1992년 4월에 원수 칭호를 받았으며 1993년 4월 국방위원장에 취임함으로써 모든 권력을 승계했다. 그 후 그는 김일성 주석이 사망하기 전에도 북한을 실질적으로 이끌었다.

김 위원장은 1994년 7월 김 주석이 사망하자 유훈통치를 펴다가 1997년 10월 노동당 총비서에 취임했고 1998년 9월 국방위원장에 재추대됐다. 이때 북한은 헌법을 바꿔 국방위원회의 지위를 조선민주주의인민공화국 국가 주권의 최고 군사지도기관으로 격상시켜 실질적 최고지도자로서 김 위원장의 자리를 더욱 굳혔다. 국방위원장과 인민군 최고사령관, 노동당 총비서직을 겸함으로써 확고한 1인 지배체제를 굳힌 것이다.

그는 업무를 완전히 파악하고 있는 듯 사소한 수치까지도 모두 외고 있어 남쪽 인사들을 놀라게 했다. 닭 공장을 방문했을 때 들은 수치들과, 김 위원장이 먼저 말한 수치들이 일치했던 것이다. 그는 밤에 일하는 습관을 고치지 못해, 정상회담을 하기 전날도 새벽 3시까지 남쪽 텔레비전을 봤고, 아침에 각료들을 비상 소집해 업무를 보고 나서 오후에 정상회담을 했다고 한다. 그에게 모든 권력이 집중돼 있고 수직적으로 보고하고 지시받는 형태라, 그를 거치지 않으면 중요한 일이 하나도 결정되지 않는다는 남쪽의 분석과 일치했다.

김 위원장에 대한 경호는 철저했다. 그의 움직임은 완전히 비밀에 붙여져, 다음날 일정조차도 우리 쪽에 전혀 전달되지 않았다. 그가 나타나는 자리에서는 북한 쪽에서 남쪽 기자들에 대해 구두까지 벗겨 검색할 정도로 경호가 엄격했다.

정상회담 때 김정일 국방위원장이 보여준 성격은 그의 전 동거녀이자 장남 김정남의 생모 성혜림씨의 언니로 김정일 저택에서 십여 년을 살다 서방으로 망명한 성혜랑씨가 평한 바와 일치했다. 성씨는 김 위원장에 대해 "아주 붙임성이 있으며, 자신이 원하면 사람들을 아주 편안하게 만드는 능력을 갖고 있다"며 "그러나 사나운 성격도 자주 보여 위협을 느끼기도 했다"고 말했다.

김정일 위원장은 김대중 대통령을 만나보고 상당히 호감을 가졌던 것 같다. 김 위원장이 2001년 7월 열차를 타고 모스크바를 방문할 때 24일간 한 열차에 타고 김 위원장과 동행했던 콘스탄틴 폴리코프스키 러시아 극동지구 대통령 전권대리인(부총리 급)이 쓴 책 『동방특급열차』에는 다음과 같은 김 위원장의 말이 실려 있다.

> 나는 김대중 대통령에게, 한 편의 감동적인 영화 시나리오와 같은 그의 인생역정에 감명을 받았다고 솔직히 말했습니다. 김 대통령은 감옥에 갇힌 죄수에서부터 일국의 대통령에 이르기까지 그저 꿈속에서나 가능한 일을 일궈냈습니다. 그는 수감 중에 몇 번이나 생을 마감하려 했다고 합니다. 그는 자기 자신뿐 아니라 주위 사람들을 생각해야 한다는 일념이 매번 자살을 극복할 수 있는 힘이 됐다고 말했습니다.
>
> …
>
> 나는 김대중 대통령이 평양에 왔을 때 김치를 세계화시킨 것은 남조선 인민들의 큰 업적이라고 말했습니다. 김 대통령은 이 말에 매우 흡족해 했습니다. 남조선은 출판 분야에서도 큰 성과를 이루어냈습니다. 특히 독자적인 제지 생산이 불가능함에도 불구하고 오로지 수입 원료

> 만을 기반으로 그와 같은 성과를 이룩했다는 것은 존경할 만합니다.
> …
> 북조선과 남조선은 말이 상당히 다르다는 점을 알아야 합니다. 김대중 대통령과 대화를 하면서 나는 그의 말 중 80퍼센트밖에 알아듣지 못했습니다. 남한 사람들은 영어 차용어를 많이 사용합니다.

15일 오후 김대중 대통령 일행은 평양 도착 때와 마찬가지로 순안공항까지 직접 배웅 나온 김정일 국방위원장의 환송을 받으며 귀로에 올랐다. 애초 김 대통령은 서울로 돌아올 때는 육로로 판문점을 통해 귀환하기를 희망했다. 그러나 북쪽은 경호상의 문제를 들어 완강히 반대했다. 육로로 귀환하려면 수많은 다리와 터널을 지나야 하는데, 그들로서는 김 대통령의 안전 문제가 걱정됐을 것이다. 사실 남북 정상이 처음으로 만나는 것이었기에 경호 문제가 가장 큰 일이었다. 만일에 조금이라도 불상사가 생긴다면 남북관계는 곧바로 파국으로 돌입할 것이 뻔했다. 남쪽에 보수 냉전세력이 있듯이 북쪽에도 남쪽과의 화해에 반대하는 세력이 분명 있을 것이었다.

남북이 경호에 관한 협상을 할 때도 사연이 많았다. 북쪽은 자신들이 모든 경호를 책임질 테니 남쪽 경호원들은 총기를 휴대하지 말라고 요구했다. 그러나 적지에 뛰어든 격인 남쪽 경호팀이 이런 요구를 받아들일 수는 없었다. 결국 두 정상이 만나는 자리에 양쪽 경호원들이 모두 무기를 휴대하고 수행하는, 진땀나는 상황이 연출됐다. 당시로서는 아슬아슬한 순간의 연속이었다.

순안공항에서 김 대통령과 김 위원장은 의장대를 사열했고, 의장대 옆에 도열해 있던 시민 환송객들은 만세를 외치며 꽃술을 흔들었다.

김 대통령과 김 위원장은 세 차례 깊은 포옹을 하며 작별 인사를 했다. 방북 첫날 처음 만났을 때 두 사람이 굳이 포옹을 피하고 두 손을 맞잡는 모습을 보인 것에 그쳤던 데 비하면, 그 사이에 그만큼 거리가 가까워진 것이다. 김 대통령 부부가 트랩을 올라가 전용기 입구에 서자 김정일 위원장은 트랩 밑에서 위를 쳐다보며 거수경례하듯 손을 올렸고, 김 대통령 부부는 손을 흔들어 답례했다.

김 대통령은 순안공항을 출발한 지 1시간 5분여 만인 오후 5시 24분께 성남 서울공항에 안착했다. 김 대통령은 환영객들과 일일이 악수를 한 뒤 20여 분간 귀국보고를 했다. 6.15 공동선언의 각 항목을 조목조목 들어가며 구체적으로 그 의미와 내용을 설명했다. 그리고 한반도에 더 이상 전쟁은 없다고 선언했다.

 # 6.15 공동선언의 역사적 의미

통일문제의 자주적 해결 다짐

2000년 6월 남북의 정상이 만나고 6.15 남북 공동선언을 발표한 것은 민족사에 커다란 획을 그은 역사적 사건으로 기록될 것이다. 분단의 극복 등 민족의 문제를 외국의 간섭에서 벗어나 주체적인 힘으로 풀어보려는 출발점으로 볼 수 있다. 남북의 정상이 분단 55년 만에 처음으로 만났다는 사실 그 자체만 해도 역사적인 사건이다. 더욱이 두 정상이 2박 3일 동안 여러 차례 만나 서로의 입장을 격의 없이 내놓고 토론하면서 공감대를 넓혔다는 점은 의미가 깊다. 이 과정에서 두 사람은 이해심과 신뢰감을 갖게 됐고, 이를 바탕으로 5개항의 합의사항을 도출해 6.15 공동선언을 발표했다. 두 정상이 진지한 논의 끝에 도출해낸 5개항의 공동선언은 대결과 반목으로 얼룩진 민족사를 청산하고 화해와 협력의 새 시대를 열자는 약속이기도 했다. 특히 남북의 최고당국자가 직접 서명했다는 데 큰 의미가 있다.

6.15 공동선언 가운데서도 가장 획기적인 것은 남북이 통일원칙에 합의하고 통일방안에 대해 접점을 찾았다는 점이다. 남북은 공동선언 제1항에서 "남과 북은 나라의 통일문제를 그 주인인 우리 민족끼리 서로 힘을 합쳐 자주적으로 해결해 나가기로 하였다"고 자주통일 원칙을 천명했다.

큰 틀에서 볼 때 민족의 통일문제를 외세에 의존하지 않고 남북이 자주적으로 해결하자는 것은 지극히 당연한 일이다. 외세에 의해 분단된 남북이 한반도 문제에 영향을 끼치는 주변 강대국들의 부당한 간섭이나 개입을 배제하고 자주적으로 통일을 이뤄간다는 것은 민족의 자존심을 살리는 것이며, 궁극적으로 민족이익의 실현 가능성을 극대화하는 바람직한 것이다.

자주통일 원칙은 남북 사이의 첫 합의문건인 1972년의 7.4 남북 공동성명이나 1991년의 남북 기본합의서에도 명시됐던 것이다. 또한 정부의 공식 통일방안인 민족공동체 통일방안에도 평화, 민주와 함께 자주가 으뜸가는 통일원칙으로 명시돼 있다.

그러나 한반도에서 남북이 화해하고 교류협력 하는 데 불안감을 느끼는 냉전세력들은 자주적 통일원칙에 시비를 걸고 있다. 자주통일 원칙을 받아들이는 것은 북한이 주장해온 외세배격 주장을 받아들이는 것이며, 이는 곧 주한미군 철수를 요구해온 북한의 주장을 수용하는 것이라고 몰아붙였다. 이러한 맥락에서 이들은 남북 정상회담의 의미를 극구 깎아 내렸다.

북한이 자주통일 원칙을 금과옥조로 강조해온 것은 맞다. 그러나 북한이 강조한다고 해서 우리가 배척할 것은 아니다. 남북이 합의한 역사적 문서인 7.4 공동성명이나 남북 기본합의서에서 남북이 함께 동의했던 것이다.

반대파들의 공격에 대해 김대중 대통령은 자주통일 원칙은 남북문제를 당사자들이 주도적으로 해결해 나가자는 의미라고 설명했다. 그는 "과거에는 자주가 외세를 배격하는 것으로 돼 있는데, 그렇게 좁게 볼 것이 아니라, 주변국과 잘 지내며 우리 문제를 남북이 자주적으로 해결해 나가는 것이라고 김정일 위원장에게 강조했고 김 위원장도 동의했다"고 말했다. 자주를 북한이 주장하듯 외세배격이란 좁은 의미로 해석할 것이 아니라 주변국들과 협조하면서 남북이 힘을 합쳐 자주적으로 해결해 나간다는 의미의 열린 자주로 해석한 것이다. 김대중 대통령은 한반도 문제가 민족문제이면서 동시에 국제적 성격을 띤다는 이중성을 감안해 우리 자신의 노력과 함께 국제사회의 지지와 협력을 확보하는 것이 중요하다는 점을 강조했고, 이에 대해 김 위원장과 공감대를 형성했다는 것이다.

김 대통령은 또한 자주통일 원칙이 북한의 주한미군 철수 주장을 받아들이는 것이라는 비판에 대해서도 김정일 국방위원장이 주한미군 주둔에 동의했다고 반론을 폈다. 김 대통령은 "나는 김정일 위원장에게 '설사 통일이 되더라도 미군이 한반도에 있어야 한반도에서 세력의 진공상태가 안 생기고 동북아 강대국들이 서로 다투지 못하게 된다'고 말했더니 김 위원장도 전적으로 동의했다"고 말했다.

주한미군 문제에 대한 북한의 태도는 그 뒤 더 분명히 드러났다. 김정일 국방위원장의 특사 자격으로 2000년 10월 미국 워싱턴을 방문한 조명록 국방위원회 제1부위원장 겸 총정치국장은 매들린 올브라이트 미국 국무장관과 회담한 뒤 발표한 북미 공동 코뮈니케에서 주한미군 철수 문제를 전혀 거론하지 않았다. 물론 북한이 주한미군 철수 문제를 언급하지 않은 것은 지금과 같은 적대적 성격의 주한미군 주둔을 양해한 것으로 해석할 수는 없다. 주한미군의 지위와 성격을 변경한 상태의 비적대적인 주한미군의 주둔을 양해했다고 봐야 할 것이다.

이런 상황을 종합하면 6.15 선언의 자주통일 원칙 표명이 외세배격을 의미하며 북한의 미군철수 주장을 일방적으로 수용한 것이라는 냉전세력들의 주장은 비판을 위한 비판이란 지적을 면하기 어렵다. 실제 6.15 공동선언을 꼼꼼히 들여다보면 '외세배격'이란 용어의 직접적 사용을 회피한 측면이 있다. 1972년 7.4 남북공동성명 제1항을 보면 "통일은 외세에 의존하거나 외세의 간섭을 받지 않고 자주적으로 해결하여야 한다"고 외세배격을 명시적으로 강조했었다. 이에 비하면 6.15 공동선언은 "우리 민족끼리 힘을 합쳐 자주적으로 해결"한다고 해 오히려 외세를 직접적으로 언급하지 않았다.

통일방안의 공통점 인정

남북은 6.15 공동선언 제2항에서 "남과 북은 나라의 통일을 위한 남측의 연합제 안과 북측의 낮은 단계의 연방제 안이 서로 공통성이 있다는 점을 인정하고 앞으로 이 방향에서 통일을 지향시켜 나가기로 하였다"고 밝혔다.

통일방안의 공통점을 인정했다는 것은 남북이 흡수통일이나 적화통일을 포기하고 평화적 통일, 합의에 의한 통일을 추진하기로 합의했음을 뜻한다. 남북이 서로 자신의 통일방안을 내세우며 상대방에게 강요하는 것이 아니라, 최종 통일방안은 차차 논의하더라도 통일방안에 공통점이 있다고 인정하면서 큰 틀에서 한 방향으로 나가자고 합의한 것이다.

양립하기 어려운 양쪽 통일방안의 상이점을 놓고 불필요한 논쟁을 벌이기보다 긍정적 방향에서 접점을 찾은 것은 의미가 매우 크다. 남과 북은 겉으로 여러 통일방안을 내세웠지만 내심으로 남쪽은 흡수통일, 북쪽은 적화통일을 염두에 두어온 것이 사실이었다.

북쪽이 주창한 낮은 단계의 연방제 안이란 용어는 6.15 공동선언에서 처음으로 나온 개념이다. 김대중 대통령은 통일방안과 관련해 김정일 국방위원장과 얘기하던 도중 뜻하지 않게 논의가 진전돼 접점을 찾을 수 있었다면서, 연합제 안은 노태우 대통령 당시 남북연합이라고 말한 것과 똑같으며 낮은 단계의 연방제 안은 현 체제를 그대로 유지하는 것을 의미한다고 강조했다.

김 대통령은 서울에 돌아온 이튿날 연 국무회의에서 통일방안 합의 과정에 대해 소상히 설명했다.

"김정일 국방위원장은 처음에 연방제 안을 주장했다. 이에 대해 나는 연방제는 군사권과 외교권을 중앙정부가 갖고 내정은 지방정부가 갖는 것인데, 현실적으로 남북관계에서는 이것이 불가능하다고 설명했다. 내가 오랫동안 구상해 온 세 가지 통일방안에 대해 설명했다. 1단계 남북연합, 2단계 연방, 3단계가 통일인데, 1단계는 현재대로 가자는 것이다. 그러면서 남북 양쪽에서 정부 대표가 나와 대표회의와 각료회의를 하고 의제를 만장일치로 합의하자는 것이다. 미국식 연방제처럼 군사권과 외교권은 중앙정부가 갖고 내정은 지방정부가 갖는 것이다. 그래서 잘되면 우리의 원대로 단일 통일국가로 가자는 것이다. 김정일 국방위원장이 김용순 비서와 한참 얘기한 끝에 낮은 단계의 연방제 얘기가 나왔다. 그것은 내용적으로 연합제와 같다. 그래서 접점이 나오기 시작했다. 학자들도 이것을 토대로 연구하기로 합의했다. 이것이 이번 합의 중에서 가장 역사적이고, 분단 55년의 과제인 통일방안에 의견을 맞춘 의미 있는 합의다."

남쪽에서 낮은 단계의 연방제 안에 대한 논란이 일고 있을 때도 줄곧 침묵을 지키던 북한은 정상회담이 있은 지 석 달여가 지난 10월 6일 이에 대한 공식 입장을 밝혔다. 그들은 낮은 단계의 연방제는 정치, 군사, 외교권 등 현존하는 남북 정부의 기능과 권한을 그대로 두고 그 위에 민족통일기구를 내오는 방안이라고 말했다. 안경호 조평통 서기국장은 "우리의 낮은 단계의 연방제 안은 하나의 민족, 하나의 국가, 두 개의 제도, 두 개의 정부라는 원칙에 기초하되, 북과 남에 존재하는 두 개의 정부가 정치, 군사, 외교권 등 현재의 기능과 권한을 그대로 갖고, 그 위에 민족통일기구를 내오는 방법으로 북남관계를 민족공동의 이익에 맞게 통일적으로 조정해 나가는 것"이라고 설명했다. 그는 또 낮은 단계의 연방제 안은 김일성 주석이 이미 1991년 신년사에서 제시한 방안이라고 공식 확인했다.

6.15 공동선언에 명시된 남측의 연합제 안은 김대중 대통령의 지론인 3단계 통일방안의 제1단계인 동시에, 노태우 정부와 김영삼 정부의

통일방안인 '한민족공동체 통일방안'과 '민족공동체 통일방안'의 제1단계와 제2단계에 위치한 남북연합을 지칭하는 것으로 해석된다.

김영삼 정부 이래 김대중 정부를 거쳐 현 노무현 정부에 이르기까지 정부의 공식 통일방안으로 돼 있는 민족공동체 통일방안의 남북연합은 남북간의 교류와 협력이 더욱 활발해지고 제도화되는 단계를 뜻한다. 정치적 통일을 위한 예비단계로서 남북이 공동으로 구성하는 기구에서 정치적 통일, 즉 국가통일을 위한 여러 방법을 논의하게 된다. 기본적으로 남북 정상회의와 남북 각료회의를 상설화해 남북간 이질적인 요소들을 제거해 나가는 한편, 남북의 의회 대표가 모여 통일헌법안 등 통일을 위한 법 절차를 마련하도록 하고 있다.

남북의 설명에 따른다면, 북측의 낮은 단계의 연방제 안과 남측의 연합제 안이 엄밀히 말해 같은 것은 아니지만 상당 부분 공통점이 있음을 알 수 있다. 낮은 단계의 연방제는 남과 북에 존재하는 두 개 정부가 정치, 군사, 외교권 등 현재의 기능과 권한을 그대로 갖는다는 점에서 남측의 연합제 안과 사실상 유사하다.

차이점이라면, 북쪽의 낮은 단계의 연방제 안이 남과 북 두 개의 정부 위에 민족통일기구를 만들어 남북관계를 민족공동의 이익에 맞게 통일적으로 조정해 나가자는 것임에 비해, 남쪽 연합제 안의 남북연합 단계에서는 상위 개념인 민족통일기구를 따로 두지 않는다는 점이다. 그러나 낮은 단계의 연방제 안에서 말하는 민족통일기구란 군사권, 외교권이 없는 상징적이고 형식적 기구가 되는 셈이어서 사실상 그리 큰 차이는 없다.

북한이 낮은 단계의 연방제 안을 제기한 것은 남과 북에 체제가 다른 두 개의 정부가 있음을 인정하고 남북간 공존에 무게를 두려는 데서 비롯됐다는 것이 전문가들의 지적이다. 즉 이제까지 주장해 왔던 연방제란 용어를 포기할 수 없어 낮은 단계의 연방제란 용어를 사용하기는 했지만, 실질적 내용은 남쪽의 연합제 안과 크게 다르지는 않다는 것이다.

남북 정상이 어떤 경위로 통일원칙과 통일방안에 합의하고 이를 공동선언 제1항과 2항에 포함시켰는지는 시각에 따라 분석이 다소 다를 수 있다. 제1항은 북쪽 주장이, 제2항은 남쪽 주장이 상대적으로 더 많이 반영된 것으로 볼 수 있다. 그러나 중요한 것은 그 내용이고 거기에 담긴 뜻이다. 그 내용이 수용할 만한 것이냐 아니냐와 그 방향이 민족화해와 남북통일을 지향하고 있느냐 아니냐가 논란의 핵심이 되어야 한다.

남쪽의 연합제 안과 북쪽의 낮은 단계의 연방제 안 사이에 공통점이 있음을 인정하고, 그 방향으로 통일을 지향하기로 했다는 것은 분명 통일의 대장정 과정에서 커다란 발걸음을 내디딘 것이다. 좀더 적극적 의미로는 한반도의 평화적 관리, 남북 평화공존의 틀을 넘어서 통일의 길을 향해 나아간다는 뜻이 담겨 있다고 볼 수 있다. 민족적 입장에서 반기면 반길 일이지 결코 비난의 대상이 될 일은 아닐 것이다.

그러나 냉전세력들은 이러한 점을 애써 무시하고 사실조차 왜곡하면서 북한의 전략에 말려들었다느니 북한의 노선을 수용한 것이라느니 국가의 정체성이 흔들린다느니 하며 국민 여론을 호도하려고 안간힘을 썼다. 현실적으로 북한이 적화통일을 꿈도 꿀 수 없는 상황에서 북쪽의 숨은 의도에 대해 끊임없이 우려를 제기하는 것은 대북 경계심을 자극함으로써 남북화해를 방해하려는 의도가 숨겨져 있다는 비판을 면할 수 없다.

인도적 문제 해결

남북은 6.15 공동선언 제3항에서 "남과 북은 올해 8.15에 즈음하여 흩어진 가족, 친척 방문단을 교환하며 비전향 장기수 문제를 해결하는 등 인도적 문제를 조속히 풀어나가기로 하였다"고 밝혔다. 남북 정상회담에서 김대중 대통령은 이산가족 문제의 시급성을 이야기하고 그 구체적인 해결방안을 제시하면서 김정일 국방위원장의 호응을 촉구했다. 김 대통령은 이산가족의 생사 및 주소 확인, 면회소 설치, 자유의사에 의한 재결합을 차근차근 추진하되, 우선 8.15를 기해 방문단을 교환할 것을 제의했다.

이에 대해 김정일 국방위원장도 공감하면서 이산가족 방문단 교환과 함께 비전향 장기수의 송환을 요구했다. 김 대통령은 넓은 의미에서 이산가족 문제를 해결한다는 차원에서, 또 이산가족 문제의 해결을 촉진하기 위해 김 위원장이 각별한 관심을 갖고 강조한 비전향 장기수 송환 요구를 수용했다.

그 후 이산가족 상봉은 꾸준히 지속돼, 대표적인 민족 교류협력사업으로 자리 잡았다. 그러나 지금처럼 일부 제한된 가족들만 상봉하는 것으로는 크게 부족하다. 더구나 이산가족 1세대가 점점 더 나이를 먹어가면서 세상을 뜰 시기가 시시각각 다가옴에 따라, 이들이 한을 품은 채 세상을 뜨지 않도록 해야 할 의무가 생겼다. 이산가족 면회소 설치를 서두르고, 가족들의 생사를 확인하고 서신을 교환할 수 있게 할 제도적 방안을 마련해야 한다.

남북은 공동선언 제4항에서 "남과 북은 경제협력을 통하여 민족경제를 균형적으로 발전시키고 사회, 문화, 체육, 보건, 환경 등 제반 분야의 협력과 교류를 활성화하여 서로의 신뢰를 다져나가기로 하였다"고 밝혔다. 남북간 교류와 협력은 상호 신뢰와 민족적 동질성을 회복하게 하며 남북관계를 실질적으로 진전시키는 견인차다.

특히 남북경협은 서로에게 이익이 됨은 물론 민족의 복리를 도모한다는 점에서 의미가 크다. 남북경협은 남쪽의 자본과 기술을 북쪽의 노동력과 결합시켜 상호 호혜적인 경제이익을 창출함으로써 민족경제의 균형적인 발전을 꾀할 수 있게 한다. 남북경협이 활성화하면 우리 기업들은 국제경쟁력을 갖게 돼, 남과 북 모두가 이익을 볼 수 있다. 또한 남쪽이 북쪽에 대해 철도, 도로, 항만, 통신, 전력 등 사회간접자본 분야에서 경제협력을 강화해 나갈 경우 남한 내부에 머물렀던 우리의 경제 규모는 한반도 전체 차원의 경제권역으로 확대된다.

정상회담 이후 남북은 경의선 및 동해선 철도와 도로를 연결하기로 합의한 데 이어, 2003년 6월에는 실제로 경의선과 동해선 철도 연결식을 가졌다. 이에 앞서 비무장지대의 지뢰를 제거하는 역사적 작업이 진행됐다. 남북 사이에는 이밖에도 임진강 수해방지사업과 개성공단 건설 등 여러 가지 경제협력 방안이 논의되거나 추진되고 있다.

남북이 사회, 문화, 체육, 보건, 환경 등 제반 분야에서 협력과 교류를 활성화하면 서로 간에 이해와 신뢰를 증진시키게 되고, 이는 곧 남북 사이의 군사적 긴장을 완화하고 민족 동질성을 회복하는 계기가 된다는 점에서 그 의의가 크다.

남북은 예술단 교환 및 예술행사 공동 개최, 체육인 교환 및 공동 체육행사 개최, 언론인 방북, 관광단 방북 등 다각도로 교류협력을 확대하고 있다. 특히 2000년 시드니 올림픽 때 남북이 공동으로 입장하고, 2002년 부산 아시아경기대회에는 북한이 선수들은 물론 미녀 응원단까지 보냄으로써 민족의 단합과 저력이 국제사회에 과시된 것은 의미가 매우 크다.

남북은 공동선언 제5항에서 "남과 북은 이상과 같은 합의사항을 조속히 실천에 옮기기 위하여 빠른 시일 안에 당국 사이의 대화를 개최하기로 하였다"고 밝혔다. 또 공동선언 말미에 "김대중 대통령은 김정일 국방위원장이 서울을 방문하도록 정중히 초청하였으며, 김정일 국방위원장은 앞으로 적절한 시기에 서울을 방문하기로 하였다"고 합의했다.

남북 정상이 아무리 좋은 선언이나 합의를 하여도 구체적으로 실천되지 않는다면 의미가 없다. 지난날 남북 사이에 약속했던 7.4 공동성명이나 남북 기본합의서가 휴지가 된 것이 이를 잘 말해준다.

이에 남과 북은 양 정상이 합의한 내용을 조속히 실천에 옮기기 위해 빠른 시일 안에 당국 사이의 대화를 개최하기로 합의했고, 그 결과로 정상회담 이후 한 달 만에 1차 남북 장관급회담을 서울서 개최했다. 또 장관급회담에서 이룬 합의를 바탕으로 남북 국방장관회담과 군사실무접촉, 남북 적십자회담, 남북경협 실무접촉 등을 열어 남북간 협력사업들의 구체적인 이행방안을 협의했다.

김정일 위원장의 서울 방문은 남북관계를 획기적으로 진전시킬 수 있다는 점에서 큰 기대를 모았으나, 김대중 대통령이 퇴임할 때까지 결국 실현되지 못했다. 김정일 위원장이 약속대로 서울을 방문해 2차 남북 정상회담을 열었더라면 남북간 합의에 대해 우리 겨레는 물론 국제사회도 더욱 깊은 신뢰를 갖고 남북관계도 한 단계 더 발전하는 계기가 됐을 것이었는데, 매우 아쉬운 일이다. 특히 북핵 문제로 한반도 정세가 지극히 어려운 처지에 빠진 최근 상황에서는, 김정일 위원장의 답방이 빨리 이뤄졌더라면 이런 어려움도 피할 수 있지 않았을까 하는 아쉬운 생각이 더 든다.

남쪽에서 대북송금 의혹이 제기되고, 특검수사 결과 혐의의 상당 부분이 사실로 드러나면서 남북 정상회담과 6.15 공동선언에 대한 평가가 상당히 퇴색된 게 사실이다. 남북 정상이 합의했던 사항들이 일부 실천됐지만, 일부 지켜지지 않은 점도 있어 비판의 대상이 되고 있기도 하다. 그러나 남북의 정상이 분단 이후 반세기 만에 처음으로 만나 민족의 앞날을 논의하고, 민족화해에 바탕을 두고 통일의 방향과 방안을 합의한 내용을 공동선언에 담아 발표한 사실의 역사적 의의는 결코 퇴색되어서는 안 된다.

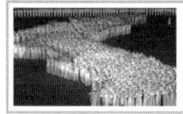 남북 정상회담, 그 후

봇물 터진 남북 교류와 협력

역사적인 남북 정상회담 이후 남북관계와 국제관계에서 괄목할 만한 변화와 진전이 일어났다. 너무나 많은 일들이 한꺼번에 진행돼 남쪽 사회와 북쪽 사회 스스로도 크게 놀랄 정도였다. 휴전선 철책에서 서로에 대한 비방방송이 사라지는 등 남북 정상이 합의한 내용들이 착착 실행됐다. 남북간에 각종 회담이 줄을 이었고, 이산가족들이 감격적으로 상봉하는가 하면 교류협력사업도 활발히 전개됐다.

가장 먼저 꼽을 수 있는 것은 남북 당국간 회담의 정례화와 다양화다. 남북 공동선언에서 합의한 사항을 조속히 실천에 옮기기 위해 빠른 시일 안에 당국 사이에 대화를 갖기로 합의한 대로 2000년 7월 첫 남북 장관급회담이 열렸다. 남북 장관급회담은 그 후 정례화되어 정치, 군사, 경제, 인도 등 남북관계 전반을 이끌어갈 중심회담으로서 역할을 수행했다.

1차 남북 장관급회담은 정상회담 후 한 달 반 만인 7월 29일부터 31일까지 서울 신라호텔에서 열렸다. 남쪽에서는 박재규 통일부 장관이 수석대표를 맡고 엄낙용 재정경제부 차관, 김순규 문화관광부 차관, 김종환 국방부 정책보좌관, 서영교 국정원 단장이 나섰다. 북쪽도 격을 맞춰 전금진(전금철) 내각 참사를 단장으로 하고 김영신 문화성 부상, 유영선 교육성 국장, 최성익 조평통 서기국 부장, 량태현 내각사무국 과장 등이 대표로 나섰다. 회담은 첫날 신임장 교환과 대표단 소개에 이어 쌍방 기조발언 및 토의의 순서로 진행됐고, 이는 이후 각종 회담 진행의 기준이 됐다.

남북은 회담을 마치고 공동 보도문을 통해 합의사항을 발표했다. 앞으로 장관급회담을 남북 공동선언의 정신에 부합되게 운영하고, 8.15를 기해 판문점의 남북 연락사무소 업무를 재개하기로 했다. 아울러 8.15를 즈음해 남과 북, 해외에서 각기 지역별로 남북 공동선언을 지지하고 실천하기 위해 전 민족적 결의를 모으는 행사를 개최하기로 했다. 경의선 철도 연결 문제를 협의한다는 합의도 있었다.

2차 남북 장관급회담은 1차 회담이 끝난 지 꼭 한 달 뒤인 8월 29일부터 9월 2일까지 평양에서 열렸다. 회담 대표들은 개각으로 새로 부임한 이정재 재경부 차관이 참가한 것 외에는 1차 때와 같았다. 2차 회담에서 특기할 것은 남북이 긴장완화와 평화보장을 위해 노력하며 조속한 시일 내에 군사당국자회담을 개최하는 문제를 협의하기로 한 점이다. 남쪽 수석대표인 박재규 통일부 장관이 밤새 기차를 타고 달려가, 지방에 머물고 있던 김정일 위원장을 만나 이뤄낸 결실이었다. 아울러 한라산 관광단과 백두산 관광단을 교환하기로 하고, 남북경협 확대를 위해 투자보장협정, 이중과세방지협정 등 제도적 장치를 마련하기 위한 실무접촉을 가지며, 임진강 수해방지사업을 공동으로 추진한다는 내용도 합의사항에 포함됐다.

그로부터 한 달 뒤인 9월말에 제주도에서 3차 장관급회담이 열렸다. 이 회담에서 남북은 경협 확대를 위한 제반 문제를 협의하고 관련 사업을 추진하기 위해 남북경제협력추진위원회를 설치하기로 하는 등 6개항에 합의했고, 공동 보도문으로 그 내용을 발표했다. 4차 장관급회담은 12월 중순에 평양에서 열려, 태권도 시범단의 교환방문에 합의하는 등 8개항의 공동 보도문을 발표했다. 4차 회담에서 북쪽은 남쪽이 『2000 국방백서』에서 북한을 주적으로 표현한 데 대해 비난하면서 전력 지원에 대한 보장을 요구해 실질토의가 지연되기도 했다. 이처럼 약간의 우여곡절이 있었으나 2000년에만 네 차례의 장관급회담이 열리고 많은 합의사항이 발표된 것은 남북관계가 크게 진전되고 있음을 상징적으로 보여준 것이었다.

남북은 장관급회담을 통해 남북간 현안을 협의하고 해결하는 것은 물론, 국방장관회담과 남북경제협력추진위원회를 출범시켜 당국간 대화의 틀을 구축했으며 남북 연락사무소의 임무도 재개시켰다.

남북 국방장관회담은 비록 한 차례 열린 뒤 후속회담이 열리지 못했으나, 군사적 신뢰 구축과 긴장완화 문제 등을 협의함으로써 안보와 화해와 협력을 병행 추진하는 계기를 마련했다. 이어 남북은 경의선과 동해선 철도 및 도로의 연결과 관련된 군사 분야의 협조사항을 군사실무회담을 통해 협의했다.

남북경협 실무접촉이 열려 투자보장, 이중과세 방지, 청산결제, 상사분쟁 해결절차 등 4개 합의서가 타결됐고, 식량차관 제공합의서도 체결됐다. 남북 적십자회담도 열려 이산가족 문제 등 인도적 문제를 해결해 나갔다. 남북은 적십자회담에서 이산가족 방문단을 교환하고 시범적으로 이산가족의 생사와 주소를 확인하며 서신교환을 실시한다는 데 합의했다.

임동원·김용순 두 대리인의 밀착 협상

김정일 북한 국방위원장의 대리인 격인 김용순 노동당 대남담당 비서는 2000년 9월 특사 자격으로 남쪽을 방문해 현안 문제들에 대해 협의했다. 이는 6.15 공동선언에 대한 김 위원장의 실천의지를 보여준 것이었다. 김용순 특사 일행은 김정일 위원장이 약속한 대로 추석을 맞아 칠보산에서 채취한 송이버섯을 전달한다는 명분으로 남쪽을 방문했으나, 실제로는 김 위원장의 뜻을 전달하고 깊이 있는 협상을 하기 위한 것이었다. 남쪽 상대역은 임동원 국정원장이었다. 두 사람은 추석연휴 기간에 제주도, 포항, 경주 등지를 돌며 2박 3일간 남북 정상회담의 후속조처에 관해 순회 마라톤협상을 벌였다. 임동원 국정원장과 김용순 대남담당 비서는 이 만남에서 남북 정상회담 이후의 남북관계 진전과 북미관계 등에 관해 폭넓은 대화와 조율을 했던 것으로 알려졌다. 김용순 특사는 청와대에서 김대중 대통령을 예방한 뒤 북쪽으로 돌아갔다.

임동원 국정원장과 김용순 비서는 남북문제에 관한 한 각각 김대중 대통령과 김정일 국방위원장을 실질적으로 대리할 수 있는 사람들이다. 두 사람은 남북 정상회담이라는 역사적인 사건을 뒤에서 만들어냈다. 정상회담을 앞두고 임동원 국정원장이 비밀리에 두 차례 방북했을 때도 북쪽 파트너는 김용순 비서였다. 이들은 정상회담 때 김 대통령과 김 위원장 곁에 각각 앉아서 조언을 했다. 두 사람은 김 대통령과 김 위원장의 통치철학과 속내를 누구보다 잘 아는 핵심 중의 핵심이다.

임동원 국정원장은 '햇볕정책의 전도사'란 별명으로 불렸다. 그를 빼고 햇볕정책을 이야기할 수 없다. 김대중 정권 5년 동안 그는 청와대 외교안보 수석으로, 국정원장으로, 통일부 장관으로 일했다. 또 국회의 해임 건의안 통과로 통일부 장관에서 물러난 뒤에는 청와대 통일외교안보 특보로 한시도 대통령 곁을 떠나지 않고 보좌했다. 그가 가는 곳마다 힘이 실리면서 무게중심이 그리로 옮겨갔다.

김 대통령이 그를 신임하고 큰일을 맡긴 것은 그가 통일, 외교, 안보 세 분야를 두루 섭렵한 전문가로 식견이 뛰어나며, 신중하고 합리적일 뿐 아니라 치밀한 성격을 갖고 있어 믿을 만하기 때문이었다. 게다가 그는 정치적 야심이 없어 더욱 신뢰를 받았다.

그의 경력은 특이하고도 화려하다. 육사 출신으로 군사전략 연구 파트에서 일했기에 안보 관련 전문지식이 풍부하고, 전역 후에는 나이지리아 대사와 호주 대사를 거친 다음 외교안보연구원장까지 지내면서 국제적 안목도 갖췄다. 그가 북방정책을 펴던 노태우 정권 때 통일부 차관으로 발탁돼 남북 고위급회담(총리회담)의 대표로 활약한 경험은 남북 정상회담이란 큰일을 막후에서 총 지휘할 바탕이 됐다. 고위급회담 때 그는 남쪽의 비둘기파를 대표해 북쪽과 많은 실무협상을 했으며, 강경파를 대표한 이동복 안기부장(국정원장) 특보와 쌍벽을 이루며 회담을 이끌어 나갔다. 1992년 남북 기본합의서와 한반도 비핵화 선언을 이끌어낸 당사자이기도 하다.

이런 그를 김대중 대통령이 탐낸 것은 당연하다. 야당시절 김 대통령은 임동원을 자기 사람으로 만들기 위해 많은 공을 들였다. 김 대통령은 1992년 대선에 실패하고 한때 정계를 은퇴해 아태평화재단을 만들 때 그를 사무총장으로 점찍고 삼고초려해 모셨다. 고위 관료로서 그가 지닌 전문적 식견도 돋보이지만, 남북문제를 바라보는 기본시각도 김 대통령과 큰 틀에서 일치했다. 김 대통령은 야당 시절 색깔공세를 워낙 많이 받았고 군이 비토세력으로 작용했다는 점에서, 이북 출신인 동시에 군 출신인 임동원은 김 대통령의 약점을 크게 커버해 줄 만한 인물이기도 했다.

김 대통령은 집권 이후 그에게 청와대 외교안보수석 자리를 맡겨 바로 곁에서 자신을 돕도록 했다. 임동원 수석은 그때 나이가 64세로 이미 오래 전에 차관급 자리를 거친 사람이었다. 하지만 그는 차관급인 외교안보수석 자리를 마다하지 않고 흔쾌히 수락했고, 김 대통령은 이를 매우 고마워했다고 한다. 그러나 말만 차관급이지, 임 수석은 통일과 외교안보 문제 등을 다뤄나가는 데 있어 외교안보팀의 실질적인 좌장 구실을 했다. 나이와 경력도 그렇지만 무엇보다 김 대통령의 각별한 신임이 그 밑바탕이 되었다.

임 원장은 국정원장 때 남북 정상회담을 만들어 낸 일등공신이었다. 특사접촉 대표로 박지원 문화관광부 장관이 나서서 정상회담을 성사시켰지만, 그 밑에서 실무적으로 뒷받침한 것은 그가 지휘하던 국정원 내 대북전략국의 김보현 국장 팀이었다. 정상회담 전략을 짜고 실질적인 준비를 하는 데 국정원이 나섰고 그가 지휘탑 구실을 했다. 임 국정원장은 그 뒤 통일부 장관으로 자리를 옮겨 햇볕정책의 전도사 역을 해냈다. 김대중 대통령은 한나라당의 통일부 장관 해임 건의안 제출과 관련해 김종필 자민련 총재와 정치적으로 결별하고 DJP 연대를 깨는 어려움까지 감내하며 그를 보호했다. 이는 남북관계의 악화와 햇볕정책의 훼손을 막기 위한 것이기도 했지만, 동시에 임동원 장관에 대한 김 대통령의 신뢰가 각별했기 때문이란 분석도 나왔다. 그는 통일부 장관에서 물러난 뒤에는 청와대 특보가 되어 통일, 외교, 안보 분야에서 여전히 김 대통령을 보필했다.

임동원 국정원장은 햇볕정책은 꾸준히 지속돼야 한다는 지론을 폈다. 그는 한 연설에서 그동안의 남북관계를 보면 남쪽이 먼저 액션을 취하고 북쪽이 반응해 왔다는 점을 상기시키면서, 북한이 받아들이지 않을 수 없는 방법을 취해야 한다고 주장했다. 화해와 협력을 통해 남한에 대한 북한의 의존도를 높이는 게 가장 좋은 정책이라는 것이다. 그는 대북정책에서 남쪽이 취해야 할 네 가지 중요한 자세가 있다고 강조했다. 첫째는 자신감, 둘째는 인내심, 셋째는 일관성, 넷째는 신축성이라는 것이다.

그는 어떤 경우에도 전쟁과 위기는 피하면서 문제를 해결해야 한다고 주장했다. 그리고 한반도의 주인공은 코리언으로, 이 땅에 사는 남북 7000만 명의 생명을 모두 소중히 여겨야 한다고 강조했다. 그는 "우리의 동의 없는 대북정책은 존재할 수 없다"는 말을 자주 했다. 이

말은 미국을 겨냥한 것으로 받아들여졌다.

임 원장의 이런 자주적인 태도에 대해 미국은 경계심과 의구심을 가져왔다. 클린턴 행정부 때는 그가 페리 대북정책조정관의 파트너 역할을 맡아 미국과 잦은 접촉을 가짐으로써 이런 의구심을 어느 정도 해소할 수 있었다. 그러나 부시 행정부는 그에 대해 상당한 불만을 드러냈다. 햇볕정책에 반대하는 국내외 강경 보수세력들이 그의 전력을 들추며 사상을 의심하는 듯한 반응을 보인 것은 그의 이런 자세와 관련된 것으로 여겨졌다.

남북관계에서 남쪽의 임동원에 해당하는 북쪽 인물은 김용순이다.

김용순 대남담당 비서 겸 아태평화위원장은 국제업무와 대남업무를 도맡아 하면서 김정일 국방위원장의 신임을 받은 것으로 알려져 있다. 남북 정상회담 때 김대중 대통령과 김정일 위원장이 요담하는 가운데 북쪽에서는 유일하게 배석해 조언을 할 정도로 이론에 밝고 당내 입지가 단단하다. 북한 권력 내부에서 군부로 대변되는 강경파에 맞서 개혁개방과 협상의 필요성을 강조하는 온건파의 대표로 알려져 있다.

남북 정상회담을 준비하는 비밀접촉에 나선 조직은 그가 위원장으로 있는 아태평화위원회였다. 김 위원장을 정점으로 특사접촉 대표로 나선 송호경 부위원장, 황철 실장으로 이어지는 라인이 일을 만들어냈다. 현대의 금강산 관광사업에 길을 터준 것도 이 라인이다.

김용순은 1992년 북미 고위급회담의 북쪽 단장으로 뉴욕을 방문해 아놀드 캔터 미 국무부 차관과 회담을 가졌고, 1994년 6월에는 남북 정상회담을 위한 부총리급 판문점 준비접촉 때도 북쪽 단장으로 나와 당시 이홍구 통일부총리와 마주앉기도 했다.

눈물바다가 된 이산가족 상봉

　남북 정상회담 뒤 약속대로 실천된 남북 화해협력 조처들 가운데 가장 돋보인 것은 이산가족 상봉이었다. 8월 15일부터 18일까지 1차 이산가족 방문단이 남과 북에서 각기 100명씩 교환되어 그리운 가족과 친척들을 만났다. 남북 이산가족 방문단 교환은 1985년 고향방문단 및 예술공연단 교환 이후 15년 만에 재개된 것으로, 남북이 이산가족 문제의 근본적 해결을 위해 신뢰를 쌓아 가는 한 단계로서 의미가 깊다.
　서울과 평양에서 동시에 이뤄진 이산가족 상봉은 분단의 모순을 극적으로 드러내면서 한반도를 온통 눈물바다로 몰아넣었다. 살아있는지 죽었는지조차 알 수 없던 피붙이들이 반세기 만에 만난 회한을 어찌 말로 표현할 수 있을 것인가. 얼굴마저 가물가물 알아보지 못하게 변한 가족들 앞에서 아무 말도 못하고 울음부터 터뜨릴 수밖에 없었을 것이다. 이미 돌아가신 부모님 소식을 들으며, 가슴 저린 사연들을 저마다 마음속으로 되짚었다. 이렇게 마음만 트면 만날 수 있는데, 이념과 체제의 벽에 막혀 50년이 넘도록 가슴 아프게 살아야만 했던 세월이 허망했을 것이다.
　정치적 이유로 반세기 동안 생이별을 강요당해야 했던 이산가족들의 상봉은 보는 사람들로 하여금 이념과 체제의 문제를 곱씹게 만들었다. 특히 북쪽 이산가족 대표로 월북자들이 남으로 내려오면서, 그동안 숨죽여 지내왔던 월북자의 남쪽 가족들이 존재를 드러낸 것도 새삼스런 일이었다. 우리 사회에서 이산가족이라 하면 으레 가족을 두고 월남한 실향민들만 있는 것으로 생각했는데, 월북자 문제도 있다는 사실이 새삼 부각된 것이다. 월북자들은 남몰래 그들을 그리워해온 가족들을 제외하고는 남쪽 사회에서 잊혀진 존재들이었다. 그러나 남북이 분단되면서 자신의 신념에 따라 월북했든, 한국전쟁 와중에 의용군으로 끌려간 것이었든, 남쪽에 그리운 가족을 두고 북쪽에서 외롭게 살아온 사람들도 많다는 사실이 드러났다. 결코 남의 일로만 치부할 수 없는 혈육들의 감격적인 만남을 지켜본 국민적인 경험은 분단에 대한 새로운 인식이 형성되기는 계기가 되기도 했다.

이산가족 교차 상봉은 그 뒤에도 여러 차례 이어져 이산가족들의 아픔을 조금이나마 달래는 구실을 했다. 첫 상봉 뒤 3개월이 지난 2000년 11월에 2차 이산가족 상봉 행사가 있었고, 다시 3개월 뒤인 2001년 2월에 역시 서울과 평양에서 3차 이산가족 상봉 행사가 진행됐다. 그때마다 상봉 장면이 텔레비전으로 생중계 됐고, 전국은 눈물바다를 이루었다. 저마다 가슴 절절한 사연에 당사자가 아닌 사람들도 모두 눈물을 흘리지 않을 수 없었다. 그 뒤 남북관계가 어려움을 겪으면서 이산가족 상봉도 그 영향을 받게 됐다. 4차 상봉은 3차 상봉을 한지 1년이나 지난 2002년 4월에야 겨우 금강산에서 열렸다. 그 뒤로 이산가족 상봉은 줄곧 금강산에서 이뤄지고 있다. 상봉 방식도 바뀌어 교차상봉이 아니라 순차적으로 만나는 방식을 도입했다.

그러나 이처럼 한번에 한쪽에서 100명씩만 만난다면, 이산가족들 가운데 나이 많은 사람들 다수가 결국 그리운 가족의 얼굴도 못보고 세상을 뜰 수밖에 없는 형편이다. 사람 수에 구애받지 않고 상시적으로 만날 수 있는 이산가족 면회소의 설치가 하루빨리 이뤄져야 한다는 목소리가 그래서 더 크게 나오고 있다. 이와 함께 생사라도 우선 확인하고 편지를 교환할 수 있도록 인도적 차원의 조처를 서둘러야 하는데, 이런 조처들이 좀처럼 진전되지 않아 안타깝기 그지없다.

비전향 장기수의 송환도 이루어졌다. 남북 정상회담 합의 내용 중 비전향 장기수의 송환 문제는 가장 껄끄러운 문제였다. 남쪽의 보수적인 분위기가 이를 어떻게 받아들일지 몰라, 정부도 매우 부담스러워했다. 특히 남쪽의 냉전수구 세력은 비전향 장기수의 송환을 막고자 했다. 그들은 가치관의 혼란이 우려된다는 등의 이유를 들먹이며 부정적 여론을 전파하는 데 앞장섰다. 뿐만 아니라 비전향 장기수 문제를 납북자 및 국군포로 문제와 직접 연계시키며 비전향 장기수의 송환을 저지하려고 했다. 그러나 비전향 장기수들은 결국 북쪽으로 돌아갔다.

김대중 정부가 어려움을 무릅쓰고 약속대로 비전향 장기수를 송환한 데는, 이들을 붙들고 있어 봐야 국내외적으로 비인도적 행위라는 비판만 받을 뿐 아무런 실익이 없다는 점도 고려됐다. 김대중 정부가 남북 정상 사이의 약속을 성실하게 지켰다는 점에서, 이 조처는 남북 간 신뢰관계를 강화하는 데 크게 기여한 것으로 평가됐다.

남북 교류협력의 획기적 진전

남북은 투자보장, 청산결제 등 경제협력에 관한 4개 합의서를 채택해, 경제적 교류와 협력의 제도적 기반도 구축했다. 이는 이미 진행 중이던 금강산 관광사업뿐 아니라, 임진강 수해방지사업, 개성공단 조성사업 등 대규모 경제협력사업의 추진을 활성화시킬 토대가 됐다. 특히 경의선 철도와 도로 연결사업 추진은 그 의미가 매우 컸다. 이는 민족경제의 동맥을 잇는 민족의 숙원사업이었다. 아울러 남북간 직교역로를 확보함으로써 물류비용 절감 등 많은 경제적 효과를 창출하고, 남북간 경제협력의 물리적 기반을 구축하는 데 기여할 것으로 기대됐다. 철도와 도로 연결은 비무장지대를 평화적으로 이용하는 길을 열고, 한반도가 대륙과 해양을 연결하는 거점으로 부상하는 계기가 될 것이란 꿈을 심어줬다.

사회, 문화 분야에서는 평양 학생소년예술단의 서울 공연, 평양교예단의 서울 공연, 남북교향악단의 서울 합동연주회 등이 개최됐다. 특히 남쪽 언론사 사장단이 방북해 김정일 국방위원장을 면담하고 남북 언론교류에 관한 합의서를 채택한 것은 여러 모로 이례적인 행사였다. 김정일 위원장의 특별 초청으로 신문협회장인 최학래 「한겨레」 사장, 방송협회장인 박권상 한국방송공사 사장을 비롯한 48명의 언론사 사장들이 8월 5일부터 7박 8일 동안 평양을 방문했다. 이렇게 언론사 사장단이 김정일 국방위원장과 담화를 나누고 「로동신문」과 조선중앙텔레비전 등을 방문한 것은 김정일 위원장이 남쪽 언론의 우호적 보도 태도를 기대하고 초청했기에 가능했다. 언론사 사장단의 방북 길에는 박지원 문화관광부 장관이 동행했다. 김정일 위원장은 언론사 사장들과의 면담에서 테러지원국이라는 고깔만 벗겨주면 미국과 당장이라도 수교를 할 것이라는 등 평화에 대한 의지를 밝혀 눈길을 끌었다.

9월에 호주 시드니에서 열린 올림픽에서 남북 선수단이 한반도기를 앞세우고 KOREA라는 이름으로 공동 입장한 것도 남북간 화해협력의 분위기를 고조시켰다. 이는 국제 스포츠 행사에서 남북이 협력한다는 의미를 넘어, 한반도에 넘치는 화해의 분위기를 전 세계에 널리 알렸다는 의미도 있다.

남북 정상회담은 우리 사회 전반에 걸쳐 북한을 새롭게 바라보고 평가하는 계기를 만들었다. 공동선언이 발표된 뒤 남한에서는 북한의 실체를 제대로 보고 평가하자는 분위기와 함께 냉전적인 사고에서 벗어나 같은 민족으로서 협력할 것은 협력하자는 분위기가 꾸준히 확산됐다. 이에 따라 대한적십자사와 민화협 등 국내 비정부단체들을 중심으로 북한지원 열기가 일었다. 여기에는 금강산 관광객의 방북을 비롯해 남북한 사이의 인적 왕래가 급증한 것이 큰 요인으로 작용했던 것으로 분석된다.

북한에 대한 관심이 커진 것도 커다란 변화 중 하나였다. 남북 교류 및 접촉 증대와 함께 그동안 장막에 가려져 있던 북한에 대한 정보가 급격히 늘어나면서 북한 및 통일에 대한 관심과 흥미가 커진 것이다. '반갑습니다' 등 북한 노래가 인기를 끌었고, 북한 전문 음식점이 성황을 이루었다.

남북 정상회담을 통해 세계 언론에 본격 데뷔한 김정일 북한 국방위원장이 기존의 부정적 선입견과는 달리 대화가 가능한 지도자로 비친 것이 남쪽의 변화에도 큰 몫을 했다. 텔레비전에 비친 김정일 위원장의 거침없는 언행과 분위기를 주도하는 모습은 냉전세력들이 퍼뜨린 주색잡기에 빠진 위험한 지도자란 그동안의 이미지와는 너무 달랐다. 김일성 주석의 아들이란 점 때문에 아무 능력도 없는 사람이 정권을 잡아 공포정치를 펴왔다는 그동안의 고정화된 인식과도 다른 모습이었다. 특히 그가 남쪽 텔레비전까지 시청하며 국내외 정세를 소상히 파악하고 있다는 점은 남쪽 국민들에게 충격을 주기에 충분했다. 오랜 기간 각종 언론매체들이 김 위원장을 비정상적인 인물로 묘사해 왔기에 국민들이 받은 충격은 더욱 컸을 것이다.

북쪽의 폐쇄성도 문제지만 이에 못지않게 북쪽에 대한 남쪽의 왜곡도 너무 심했다는 사실이 명명백백하게 드러났다. 그동안 냉전체제 아래서 분단의식에 찌든 나머지 북한 사회에 대한 부정적 인식이 우리도 모르는 사이에 뇌리에 깊숙이 자리 잡았다는 자성의 목소리가 나온 것은 당연했다.

사실 우리가 가장 관심을 가져야 할 부분은 개인 김정일의 성격이나 취향, 생활태도보다는 오히려 지도자로서 김정일이 북한 사회를 어떻게 이끌어나가는가 하는 점이어야 한다. 북한 정권이 구조적으로 안정돼 있는지, 체제 유지에 문제는 없는지, 앞으로 어떤 정책을 펼지 등이 일차적 관심이 되어야 하는데, 그렇지 못했다는 반성도 나왔다. 좋든 싫든 북한 사회를 현실적으로 이끌어가는 것이 김정일 체제라면, 그에 대한 객관적인 평가와 균형 잡힌 이미지 형성은 남북의 화해와 한반도 평화를 위해서도 필요하기 때문이다.

속도조절론의 함정

남북 정상회담 이후 남북 관련 행사들이 봇물처럼 터지면서 우리 사회에는 남북관계 신드롬이 일었다. 이산가족 상봉으로 눈물바다를 이루고 남북 장관급회담이 정례적으로 열리는가 하면 국방장관회담, 경제 실무단 접촉, 적십자회담에 김용순 특사 방한 등 한꺼번에 많은 남북대화들이 쏟아져 우리 사회가 온통 남북관련 행사들로 꽉 찬 듯한 착각을 일으키게 했다.

이런 가운데 우리 사회 일각에서 남북관계 개선의 속도를 늦춰야 한다는 이른바 '속도조절론'이 나왔다. 남북관계가 너무 빨리 진척돼 감당하기 어렵고 국민들에게 혼란을 준다는 것이었다. 마침 경제적 어려움이 닥치면서 대통령은 남북관계에만 집착하지 말고 내치에 더욱 힘써야 한다는 논리가 겹치면서 속도조절론은 점차 힘을 얻어갔다.

북한 쪽도 이런저런 행사로 인해 일손이 달려 부담스러웠는지 호흡조절을 하려는 기색을 보였다. 북한은 남북관계 행사 외에도 조명록 국방위원회 제1부위원장의 방미와 북미관계 개선이라는 큰일을 치르느라 엄청난 준비가 필요했던 것으로 알려졌다. 게다가 매들린 올브라이트 미국 국무장관이 평양을 방문하고, 얘기가 잘되면 클린턴 대통령도 평양을 방문하도록 돼있어 더욱 정신이 없었을 것이다. 차제에 남북관계와 북미관계의 진전을 놓고 저울질해 보려는 북한의 속내도 작용했을 터이다.

그러나 속도조절론에는 커다란 함정이 도사리고 있었다. 특히 남쪽 사회에서 제기된 속도조절론은 자칫 남북관계를 역전시킬 독소를 내포하고 있었다. 이런 주장을 펴는 사람들은 대부분 남북관계 진전을 곱지 않은 시선으로 바라보던 사람들이었다. 과연 남북관계 개선의 속도가 인위적으로 조절해야 할 만큼 빨랐던 것일까. 탈냉전의 지각생인 한반도의 냉전구조를 해체하려면 어느 정도 속도를 내는 게 불가피했다. 노태우 대통령 시절 총리회담(고위급회담)을 정례적으로 열고 남북 기본

합의서를 체결하던 속도가 그대로 유지됐더라면 남북관계는 이미 상당히 진전되고 평화도 꽤 정착됐을 것이다. 그러나 김영삼 대통령 시절이 되자 남북관계가 한참 후퇴했다. 막연히 속도가 빠르다고들 했지만, 그 내용을 들여다보면 전혀 사정이 달랐다. 단지 여러 가지 행사들이 겹쳐서 너무 빠른 것처럼 보였을 뿐이었다. 사안별로 곰곰이 따져보면 오히려 늦어서 문제인 것들이 더 많았다.

우선 이산가족 상봉 문제는 빨리 진행할수록 좋다. 상봉을 자주 하고, 생사확인과 서신교환도 더 빨리 진행되도록 서둘러야 한다. 면회소 설치도 더욱 앞당길 수 있도록 다그쳐야 한다. 군사적 긴장완화와 신뢰 구축 역시 빠를수록 좋다. 상호 신뢰가 쌓여야 전쟁의 위협이 줄어들고, 앞으로 군사비 지출을 줄여 남북이 두루 삶의 질을 높이는 데 눈을 돌릴 수 있을 게 아닌가. 남북의 교류와 협력 역시 빨라서 나쁠 것이 없다. 조급하게 서두르지만 않는다면 경협의 성과는 서로에게 이익이 될 것이다.

그런데도 일각에서 제기한 속도조절론이 먹혀들고, 국민들에게 심리적 위축감을 주었던 까닭은 무엇이었을까. 정상회담 이후 남북 합의가 큰 차질 없이 너무 잘 실천되는 데 따른 심리적 역작용은 아니었을까. 남북대화라고 하면 으레 밀고 당기고 하면서 시간을 끌던 패턴을 보였는데, 대화가 너무 순탄하게 진행되는 익숙지 않은 상황이 전개되자 오히려 겁이 났던 게 아니었을까. 더욱이 속도조절론은 남북 화해 협력 분위기의 확산에 대해 못마땅하게 생각하던 쪽에서 집요하게 제기하고 전파한 논리였다. 이 때문에 속도조절론은 정치적 논리와 결부되면서 더 큰 파괴력을 가졌던 게 아니었을까 생각된다.

뒤에 두고두고 반성할 거리가 됐고 안타까운 일이기도 하지만, 남북관계의 개선은 그것이 가능할 때 앞으로 쑥쑥 나가야 한다는 논리가 옳았다. 남북문제의 속성상 한번 앞으로 나아가 두면 여간해선 뒷걸음질하기가 어렵다. 특히 미국을 비롯해 주변 강대국들이 한반도 문제에 개입해 손을 쓸 명분이나 여력이 없었던 당시에 민족공조 차원에서 한껏 앞으로 나아갔어야 했다는 주장이 지금도 설득력이 있다. 그랬다면 남북대화의 성과를 더욱 확고히 굳힐 수 있었고, 한반도 긴장 고조라는 역사의 후퇴를 불러오지 않았을 것이기 때문이다.

북한 핵 문제로 한반도에 다시 긴장이 고조되고 전운마저 감도는 상황을 맞아, 남북이 서로 뜨겁게 달아올랐을 때 좌고우면하지 말고 멀리 앞으로 나아갔더라면 이런 상황을 미연에 방지할 수도 있지 않았을까 하는 아쉬움이 더 커진다. 남쪽이 국가보안법을 비롯해 남북관계 진전에 걸림돌이 되는 제도적 장애물들을 없애는 방향으로 좀더 과감하게 밀고 나아가지 못한 것은 큰 잘못이었다.

김정일 국방위원장은 답방을 미루다가 결국 약속을 지키지 않아, 신의 없는 사람으로 낙인찍히고 말았다. 그가 답방을 했더라면 남북관계는 획기적인 발전을 했을 것이라고 많은 사람들이 입을 모은다. 김정일 위원장은 자신의 약속과 달리 서울에 오지 않음으로써 남쪽에서 북한에 대해 긍정적 견해를 갖고 도우려는 사람들을 궁지로 몰았다. 이로 인해 김대중 대통령의 햇볕정책 추진도 큰 시련을 겪었다.

물론 김 위원장의 답방이 가능하도록 국내 여건을 만들어내지 못한 남쪽의 잘못도 있다. 전력 지원 등 약속을 지키지 못했다. 국내의 정치적 갈등 때문에 한나라당에서 김정일 위원장의 답방을 반대하는 상황에서 김 위원장이 남쪽으로 오기가 힘들었을 것이다. 또 북미관계가 뒷걸음질한 탓도 있다. 미국 공화당 정부가 들어서면서 답방 여건은 더욱 악화됐다. 그러나 가장 중요한 문제는 무슨 일이 있어도 서울에 온다는 약속을 지키겠다는 김 위원장의 의지가 약했던 것이었다. 그때 그가 답방의 결단을 내리지 못한 것이 한반도 상황을 악화시키는 데 큰몫을 했다는 비판을 피할 수 없다. 중요한 결단을 한 박자씩 늦추곤 하는 북한의 병폐가 답방 문제에서도 나타났던 것이다.

의미 깊은 남북 국방장관회담

남북 정상회담이 열린 지 3개월여가 지난 2000년 9월 25일 제주도에서는 분단 이후 처음으로 1차 남북 국방장관회담이 열렸다. 여러 모로 의미 깊은 자리였다. 남북한의 군 수뇌부가 마주앉아 회담을 한 것은 분단 이후 처음 있는 일로 그 자체만으로도 역사적이고 상징적인 의미가 있다. 더구나 두 국방장관은 6.15 남북 공동선언의 이행을 군사적으로 뒷받침한다는 뜻을 밝힘으로써 6.15 공동선언의 이행에 실질적인 힘을 실었다.

국방장관회담이 성사되기까지 남북한은 공개적으로, 그리고 비공개적으로 숨 가쁜 접촉을 가졌다. 당시 남북은 6.15 남북 공동선언을 실천하는 차원에서 경제, 사회, 문화 분야에서 교류와 협력 관계를 진전시켰지만, 군사문제 만큼은 답보상태에 머물렀다. 사실 한반도 문제는 남북문제인 동시에 국제문제라는 이중성을 지니고 있다. 이 때문에 한반도 평화 문제는 풀기가 쉽지 않다. 남북 정상이 만나고 뚜렷한 성과

물인 6.15 공동선언에 합의하면서도 한반도 평화 문제에 대해서는 뚜렷한 언급이 없었다는 아쉬움이 컸다.

2000년 8월 27일부터 평양에서 열린 2차 남북 장관급회담 때 박재규 통일부 장관은 군사 분야에서 성과를 내야 한다는 생각에서, 지방에 현지지도를 하러 내려가 있던 김정일 국방위원장과의 면담을 추진했다. 그는 밤새 기차를 타고 지방까지 쫓아가 기어이 면담에 성공했다. 두 사람은 국방장관회담 개최에 합의했다. 하지만 회담의 장소와 날짜, 의제 등에 대해서는 결론을 내지 못하고 나중에 다시 논의하기로 했다. 그 내용은 2차 장관급회담 공동 보도문에 반영됐다.

그러다가 9월 11일 김정일 국방위원장이 약속한 칠보산 송이버섯을 전달하기 위해 김용순 특사가 서울에 올 때 함께 온 박재경 인민군 총정치국 부총국장(대장)이 조성태 국방장관을 만나면서 남북 국방장관회담이 급진전됐다. 조 장관이 박재경 대장을 만나 국방장관회담의 이행을 촉구하는 메시지를 전한 결과다.

김일철 북한 인민무력부장(차수)은 판문점을 통해 보내온 서신에서 국방장관회담을 열어 경의선 복원 및 개성–문산간 도로 개설 문제를 논의하자고 제의했다. 그 후 남북은 회담의 장소와 의제 등을 놓고 이견을 보이다가, 북쪽에서 제주도 회담을 제의하고 남쪽에서 이 제의를 수용하면서 회담이 성사됐다.

북쪽 대표단은 9월 24일 오후 판문점을 통해 남쪽으로 넘어온 뒤 성남에서 군용기를 타고 제주도로 이동하기로 남북 사이에 합의가 이뤄졌다. 이는 매우 파격적인 것이었다. 북한군 수뇌부가 남한 군용기를 타는 것도 특이한 일이었지만, 북쪽 대표단이 서울을 방문하고 싶다는 강력한 희망을 밝힌 것도 그랬다.

회담 대표로 남쪽에서는 수석대표인 조성태 국방부 장관을 비롯해 김희상 국방부 장관 특보(중장), 김국헌 국방부 국장(준장), 송민순 외교통상부 국장, 이인영 합참 과장(대령)이, 북쪽에서는 단장인 김일철 인민무력부장(차수)을 비롯해 박승원 총참모부 부총참모장(중장 : 남쪽 계급으로 치면 소장에 해당), 김현준 인민무력부 보좌관(소장 : 남쪽 계급으로는 준장), 로승일 인민무력부 부국장(대좌), 유영철 판문점 대표부 부장(대좌) 등이 나섰다.

9월 25일부터 26일까지 제주도에서 열린 1차 남북 국방장관회담에서 남쪽은 6.15 남북공동선언의 이행을 위한 군사적 긴장완화와 평화보장 공동 노력, 국방장관회담의 정례화, 남북 군사위원회 및 군사실무위원회 설치를 제의했다. 또한 상호 부대이동 통보, 군 인사 교류, 군사정보 교환, 남북 군사직통전화 설치 등 군사적 신뢰구축 조치와 당면과제인 남북 철도 및 도로 연결공사와 관련한 군사적 협력 문제를 협의할 것을 제안했다.

이에 대해 북쪽은 6.15 공동선언의 이행을 방해하는 군사행동 금지, 민간인의 왕래와 교류, 협력을 보장하기 위한 군사적 문제, 군사분계선과 비무장지대를 개방해 남북관할구역으로 설정하는 문제 등을 협의하자고 주장했다. 또한 철도 및 도로의 연결과 관련해 남과 북의 인원, 차량, 기재가 비무장지대 내에 자유롭게 출입할 수 있도록 보장하는 문제에 대해서는 실무급에서 토의하자고 제의했다.

남북은 두 차례의 전체회의와 여러 차례의 실무접촉을 통해 서로 의견을 조율한 결과로 5개항에 합의, 이를 공동 보도문으로 발표했다.

남북 국방장관회담 공동 보도문

1. 쌍방은 남북 정상들이 6.15 남북공동선언의 이행을 위해 최선의 노력을 다하고, 민간인들의 왕래와 교류, 협력을 보장하는 데 따르는 군사적 문제들을 해결하기 위하여 상호 적극 협력하기로 하였다.
2. 쌍방은 군사적 긴장을 완화하며, 한반도에서 항구적이고 공고한 평화를 이룩하여 전쟁의 위험을 제거하는 것이 긴요한 문제라는 데 이해를 같이 하고 공동으로 노력해 나가기로 하였다.
3. 쌍방은 당면과제인 남과 북을 연결하는 철도와 도로 공사를 위하여 각 측의 비무장지대 안에 인원과 차량, 기재들이 들어오는 것을 허가하고, 안전을 보장하기로 하였으며, 쌍방 실무급이 10월 초에 만나서 이와 관련한 구체적 세부사항들을 추진하기로 하였다.
4. 남과 북을 연결하는 철도와 도로 주변의 군사분계선과 비무장지대를 개방하여 남북 관할지역을 설정하는 문제는 정전협정에 기초하여 처리해 나가기로 하였다.
5. 쌍방은 2차 회담을 11월 중순에 북측 지역에서 개최하기로 하였다.

2000. 9. 26 제주도

대 한 민 국	조선민주주의인민공화국
국 방 장 관	인 민 무 력 부 장
조 성 태	김 일 철

남북 국방장관회담에서 양쪽이 6.15 남북 공동선언의 이행을 군사적으로 뒷받침한다는 뜻을 밝힌 것은 의미가 깊다. 향후 남북관계 개선이 경제, 사회적 교류협력이라는 축과 군사적 신뢰 구축 및 긴장완화라는 축을 중심으로 병행 추진되는 구도를 갖게 됐다. 또 남북이 민간인들의 왕래와 교류협력을 보장하는 데 따르는 군사적 문제들을 해결하기 위해 서로 적극 협력하기로 함으로써, 향후 남북 군사당국 사이에 대화와 협력을 활성화시킬 여지도 마련했다.

그리고 남북간 긴장완화와 한반도 평화체제 구축을 통해 전쟁의 위험을 제거하는 것이 긴요한 문제라는 데 양쪽 국방장관이 공감하고, 이를 위해 공동으로 노력하기로 합의했다. 이로써 우발적 충돌 방지를 위한 남북 군사당국자간 직통전화 설치 문제를 비롯한 군사적 신뢰 구축, 긴장완화 방안의 논의를 본격적으로 시작할 수 있는 토대가 마련됐다. 이는 남북간 당면 현안인 경의선 철도의 복원과 개성-문산간 도로 개설을 위해서는 군사적인 문제들이 선결돼야 한다는 점에서 중요한 진전이었다. 남북은 합의사항과 관련한 세부적인 실무협의에도 원칙적으로 합의함으로써, 본격적으로 공사 착수가 가능하게 되었다.

남과 북의 군인들이 공동작업을 통해 경의선을 복원하고 도로를 건설하기로 한 것은 남북한 사이의 신뢰 구축이라는 차원에서 대단히 큰 의미를 갖는다. 총칼을 들고 대치하던 군인들이 삽과 곡괭이를 들고 서로 협조하며 남북을 잇는 공사를 한다는 것은 놀라운 발전이다. 특히 남북은 비무장지대에 묻힌 지뢰를 제거하는 과정에서 서로 협조를 아끼지 않았다. 남쪽은 지뢰제거 장비를 북쪽에 빌려줘 지뢰제거 작업을 안전하게 하도록 협조했다. 양쪽은 공사 중 혹시라도 있을지 모를 충돌을 사전에 방지하기 위해 핫라인 직통전화를 설치하고 매일 통화하기도 했다. 남북의 구체적인 공동작업은 상호신뢰가 없이는 할 수가 없으며, 공동작업 수행은 서로를 이해할 수 있는 좋은 기회가 된다.

철도와 도로를 연결하기 위해서는 군사분계선과 비무장지대 안의 일정 구역에 대해 특별한 관리를 해야 한다. 이와 관련된 남북관할지역 설정 문제에 대해 남과 북의 국방장관이 정전협정에 기초해 처리한다고 합의한 것은 정전협정의 법적, 실질적 유효성을 재확인하는 계기가 됐다.

'정전협정에 기초해 처리한다'는 점을 공동 보도문에 명시한 것은, 군사정전위의 역할과 유엔군 사령부의 존재를 무력화시키는 데 주력해 온 북쪽 태도에 비추어 볼 때 매우 이례적이었다. 북한의 입장에서는 이 방법밖에 다른 도리가 없었을 것이다. 경의선 철도 복원, 도로 건설, 비무장지대 지뢰 제거 등 많은 작업들을 해야 하는데, 정전협정에서 설정한 관할권을 인정하지 않을 경우 남북 양쪽이 동의하는 관할권이 없게 되는 어려운 상황에 직면하게 된다. 구체적인 작업을 시작해야 한다는 절박한 사정 때문에 북쪽이 정전협정에 설정된 관할권을 인정할 수밖에 없었다. 유엔사는 비무장지대에 대한 관할권은 자신이 갖되 관리권만 남한에 이양한다고 제의해 이를 관철시켰다. 이로 인해 '관할권(Jurisdiction)'과 '관리권(Administration)'의 문제는 후에 한미간, 그리고 북미간에 미묘한 갈등을 불러왔다. 남북은 제주도에서 1차 국방장관회담을 가진 뒤 11월 중순에 북쪽 지역에서 2차 회담을 갖기로 했으나, 2차 회담은 미국의 대통령 선거 결과를 지켜보겠다는 북쪽의 소극적인 태도로 끝내 실현되지 않았다.

역풍 만난 남북관계

역사적인 남북 정상회담과 6.15 공동선언에 따라 남북간 교류와 협력이 숨 가쁘게 전개돼 기대를 부풀렸다. 그러나 이러한 기대는 그리 오래가지 못하고 역풍을 만나 주춤거렸다. 남쪽 사회에서는 속도조절론이 나올 때부터 좋지 않은 조짐이 나타나기 시작했다. 조명록 차수의 미국 방문과 북미 공동 코뮤니케 발표, 올브라이트 미국 국무장관의 평양 방문으로 순조롭게 이어지던 북미관계도 미국 대선의 개표 혼란에 이어 조지 부시 대통령의 당선으로 인해 근본부터 흔들리는 어려움을 겪게 됐다. 무엇보다 클린턴 대통령의 방북이 무산된 여파가 컸다. 북한이 좀더 빨리 결단했어야 했다는 아쉬움이 크다.

김대중 대통령과 부시 대통령의 한미 정상회담도 김 대통령에 대한 부시 대통령의 박대와 북한에 대한 회의감 표시 등으로 인해 목표했던 성과를 거두지 못하고 말았다. 그런 가운데도 명맥을 이어가던 남북관계는 2001년 8.15 민족통일대축전 행사를 계기로 틀어졌다. 평양에서 열린 광복절 남북공동 기념행사가 조국통일 3대헌장 기념탑 앞에서 치러지는 과정에서 이 행사에 참가할 것인지 여부를 놓고 방북단원 사이에 논란이 빚어졌다. 또 방북단원들이 김일성의 생가인 만경대를 방문했을 때 강정구 교수가 방명록에 "만경대 정신 이어받아 조국통일 이룩하자"라고 쓴 것이 남쪽에 알려지면서 큰 파문이 일었다.

그렇잖아도 남북관계 진전을 못마땅해 하던 보수 수구세력들은 이 문제를 집요하게 물고 늘어졌고 심각한 남남갈등이 야기됐다. 강정구 교수는 김포공항에 도착하자마자 국가보안법 위반 혐의로 구속됐다.

급기야 이들을 북한에 보낸 책임을 물어 임동원 통일부 장관에 대한 해임 건의안이 제출되고 국회에서 이를 의결하기에 이르렀다. 이에 따라 임동원 통일부 장관은 장관직에서 물러났고, 그 과정에서 김대중 대통령과 김종필 자민련 총재 사이에 금이 가 DJP 연대가 깨졌다.

8.15 소동은 임동원 장관의 경질로 사태가 가라앉았으나, 뒤이어 미국 뉴욕에서 발생한 9.11 테러사건 앞에서는 남북관계도 속수무책이었다. 미국은 물론 전 세계가 극도의 긴장감에 휩싸였다. 마침 5차 남북 장관급회담을 6개월 만에 재개하기로 예정된 상황에서 뉴욕 테러사건이 발생했고, 한반도에도 긴장감이 감돌았다. 그러나 남북은 예정대로 서울에서 장관급회담을 열었고, 이산가족 상봉사업을 재추진하기로 하는 등 합의사항을 발표했다. 미국 심장부에서 테러사건이 발생한 와중에서도 회담이 무산되지 않고 열린 것 자체가 남북관계의 큰 진전이라고 할 수 있다. 게다가 합의사항까지 이끌어 낸 것은 상당한 성과였다.

그러나 이런 분위기는 오래 지속되지 못했다. 9.11 테러사건의 여파는 한반도에까지 밀려왔고, 남북의 역량으로는 이 파고를 넘을 수 없었다. 한국과 미국의 동맹관계는 테러 뒷수습에서 공동보조를 취하도록 만들었고, 북한은 이를 자신에 대한 압박으로 받아들였다. 북한은 6.15 공동선언의 정신은 우리 민족끼리 자주적으로 문제를 풀어가자는 것이라며, 한미공조를 중단하고 민족공조로 돌아설 것을 촉구했다. 외세와 자주에 대한 남북 양쪽의 시각차가 불거졌다.

이로 인해 이산가족 상봉과 금강산 관광 활성화를 위한 당국간 회담, 2차 남북 경협추진위 등 예정된 남북접촉이 무기한 연기됐다. 6차

장관급회담도 장소 문제를 놓고 실랑이를 벌이다가 결국 북쪽 주장대로 남쪽이 금강산 안을 받아들였으나, 회담에서 양쪽의 주장이 팽팽히 맞서 결실을 맺지 못했다. 북쪽은 9.11 테러사태와 관련한 남쪽의 비상경계 조처가 자신을 겨냥한 것이라며, 이를 해제해야 이산가족 상봉 등 합의사항을 이행할 수 있다는 입장을 보였다. 양쪽은 이틀씩이나 회담을 연장하며 논의를 계속했으나, 회담은 끝내 결렬되고 말았다. 양쪽 대표의 미숙한 태도도 문제였지만, 궁극적으로는 9.11 테러사건으로 인해 되살아난 남북 사이의 불신이 가장 큰 장애물이었다.

조지 부시 미국 대통령이 2002년 연두교서를 발표하면서 북한을 악의 축으로 지목한 발언은 북한과 미국 사이에 갈등의 골을 더욱 깊게 했다. 부시는 2월 서울을 방문했을 때도 남북화해를 저해하는 발언을 했다. 그가 남북간 평화와 화해의 상징으로 부각된 도라산 역에서 북한 정권과 인민을 분리시키겠다는 연설을 한 것은 북한을 자극하기에 충분했다.

6차 장관급회담이 결렬된 이후 2002년 4월 임동원 청와대 외교안보통일 특보가 김대중 대통령 특사로 방북할 때까지 4개월여 동안 남북은 접촉다운 접촉을 하지 못한 채 시간만 허비했다.

4월 3일부터 3박 4일간 이뤄진 임동원 특사의 방북은 6.15 공동선언을 되살리기 위한 김대중 대통령과 김정일 국방위원장의 고단위 처방이었다. 임 특사는 김정일 국방위원장을 면담하고, 기대 이상의 성과를 거두고 돌아왔다. 몇 번씩이나 연기됐던 네 번째 이산가족 방문단 교환 사업의 날짜와 장소를 확정했고, 경협 추진을 위한 각종 회담 일정에도 합의를 이끌어냈다. 특히 눈에 띄는 것은, 이미 합의된 경의선 철도와 도로 연결 외에 동해선 철도와 도로를 빨리 연결하기로 합의한 것이었다. 이는 동서 양쪽에 군사분계선을 뚫고 지나가는 두 개의 육지 통행로가 열리는 깜짝 놀랄 일이었다.

중단됐던 민간 분야의 교류도 재개됐고, 이산가족 상봉도 금강산에서 이뤄졌다. 그러나 남북관계는 또 삐걱댔다. 최성홍 외교부 장관이 미국에서 한 채찍 발언과, 금강산댐의 안전도에 관한 남쪽의 논란에 대해 북쪽이 시비를 걸고 나선 것이다.

그러던 중 6.15 선언 두 돌을 넘긴 지 얼마 안 된 꽃게 철에 북한 어선들이 북방한계선을 넘어온 문제로 인해 남북 해군이 제2의 서해교전 사태를 빚고 말았다. 북한군의 선제공격으로 남쪽 고속정이 침몰하고 장병들이 많이 죽고 다친 대형 참사였다. 남한에서 반북 정서가 일어났고, 대북 적개심이 증폭됐다. 제2의 서해교전 사태가 터지자, 미국은 그렇잖아도 내키지 않아 하던 대북 특사 파견 방침을 철회했다. 북미관계는 꼬여갔고 남북관계에도 찬 바람이 일었다.

3장

북한의 선택

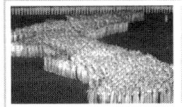 김정일 정권의 전략적 변화

김정일 체제, 닻을 올리다

1994년 김일성 주석이 사망한 이후 김정일은 북한을 실질적으로 통치하면서도, 이른바 유훈통치라 하여 권력의 전면에는 나서지 않았다. 그는 새로운 정책방향을 제시하기보다는 기존 정책을 고수하는 입장을 보였다.

그러다 1997년 10월 김정일은 공석으로 있던 노동당 총비서 직에 취임했다. 북한은 1998년 9월 5일 최고인민회의 10기 회의를 열어 헌법을 개정하고 국가지도기관을 선출했다. 이 회의에서 김정일은 국가의 최고 직책인 국방위원장에 다시 추대됐다.

개정된 헌법 100조는 국방위원회를 '국가 주권의 최고 군사지도기관이며 전반적 국방관리기관'으로 규정하고 있으며, 102조는 "국방위원장은 일체 무력을 지휘통솔하며 국방사업 전반을 지도한다"고 밝히고 있다. 김정일 국방위원장 체제를 수립함으로써 김정일 통치체제를 완성한 것이다.

북한은 김정일 시대의 국가 슬로건으로 '강성대국'을 내걸었다. 이것은 김일성 사후 4년 동안 북한이 과도기적 슬로건으로 내세워 온 '고난의 행군'을 대체하는 것으로, 주요 내용은 사상강국, 군사강국, 경제강국을 달성하자는 것이었다. 지금까지 고난의 시기를 거치며 사상 및 군사 분야의 강국은 달성했으나, 경제 부문이 취약한 상태이니 향후 경제강국 건설에 매진하자는 뜻이다.

북한은 당시 식량난과 에너지난에 자연재해까지 겹쳐 최악의 상황에 놓여 있었다. 1980년대 후반부터 동유럽 사회주의권 국가들의 체제 전환이 가속화하고 옛 소련이 해체되면서 북한 경제는 막대한 타격을 입었다. 대안을 마련하지 못한 상태에서 북한 경제는 마이너스 성장을 거듭했고, 김일성 주석의 사망으로 인한 지도력 공백과 연이은 자연재해로 북한 경제의 어려움은 가중됐다. 김정일 국방위원장 체제로 출범한 북한의 최대 과제는 경제회복이었다. 주민들은 식량난으로 기아선상을 헤맸고 탈북자들이 속출했으며 국가의 경제관리 체제는 마비상태에 놓여 있었다.

북한은 경제난에서 벗어나고 외교적 고립에서 벗어나기 위해 특히 미국과 관계 개선을 한다는 전략을 추구했다. 미국에 대해 경제제재 조처 완화, 테러지원국 지정 해제, 북미 평화협정 체결 등을 요구했다. 당면 과제인 경제난 극복을 위해서는 국제사회로부터 대규모 자본과 기술의 도입을 성사시키는 게 절실했고, 그 선결 요건으로 미국으로부터 테러지원국 지정을 해제받는 등 경제제재 완화 조처를 얻어내는 게 필수적이었다. 테러지원국 리스트에 올라 있는 한 북한은 세계은행 등 국제금융기구의 지원을 전혀 받을 수 없기 때문이었다.

적극적 외교전략만이 살 길이다

김정일 국방위원장 체제의 출범과 함께 북한은 보다 적극적인 외교정책을 전개하기 시작했다. 이러한 북한의 외교 노력은 1999년 이후 더욱 강화되어 2000년에는 미국과 고위급회담 개최에 합의했고, 일본과 수교협상을 재개하기에 이르렀다. 더 나아가 중국과 관계를 긴밀하게 하는 한편, 한때 소원했던 러시아와의 관계도 재정립했다. 또 이탈리아 및 호주와 수교를 하고, 캐나다 등 서방 국가들과의 접근을 적극 추진했다. 2000년 6월에 분단 이후 최초로 남북 정상회담이 열린 것은 바로 이런 맥락에서였다. 김대중 대통령의 꾸준한 햇볕정책과 북한의 변화 모색 필요성이 시기적으로 딱 맞아떨어진 것이었다.

남북 정상회담 이후 북한의 외교정책은 더욱 활발해졌다. 중국, 러시아, 일본과 잇따라 정상회담을 가졌고, 유럽연합(EU) 국가들과 연이어 수교를 맺는 등 전방위적인 외교 노력이 전개됐다. 북한이 심혈을 기울여 펼친 미국과의 관계 개선 노력도 김정일 체제를 보장받기 위한 것이었다. 조명록 차수의 미국 방문과, 매들린 올브라이트 미국 국무장관의 평양 방문은 두 나라 관계에 큰 획을 긋는 사건이었다.

그러나 조지 부시 공화당 후보가 대통령에 당선되면서 북미관계는 반전됐고, 그동안 어렵게 쌓아올린 진전의 성과는 다시 영(0)으로 돌아갔다. 부시 정부는 북한에 대한 회의를 분명히 하면서 엄격한 상호 주의와 철저한 검증을 내세웠고, 클린턴 정부와는 다른 길을 가겠다는 뜻을 밝혔다. 북미관계가 긴장과 갈등으로 치닫게 된 것이다.

중국, 러시아와의 관계 복원

북한은 김일성 사망 이후 김정일 정권이 공식 출범하기 전까지 중국과 교류와 협력을 강화하려고 했으나 만족할 만한 성과를 거두지는 못했다. 그러다가 1999년 6월 김영남 최고인민회의 상임위원장을 단장으로 한 북한의 대규모 고위 대표단의 중국 방문을 시작으로 중국과 관계 개선을 새로이 적극 추진하기 시작했다. 북한과 중국의 관계 긴밀화는 1999년 10월 탕자쉬안 중국 외교부장의 방북, 2000년 3월 김정일의 중국 대사관 방문과 백남순 외상의 중국 방문 등으로 이어졌다.

북한과 중국은 그 후 두 차례에 걸친 김정일 국방위원장의 중국 방문과 장쩌민 중국 국가주석의 평양 방문을 통한 두 나라 정상의 만남을 계기로 우호관계가 결정적으로 회복됐다. 특히 2000년 6월 남북 정상회담을 2주일 앞두고 김정일 위원장이 중국을 방문함으로써, 1992년 한중 수교 이후 처음으로 북한과 중국 사이의 정상회담이 개최됐다. 이를 계기로 한때 소원했던 두 나라의 관계가 정상적인 관계로 완전히 복원된 것으로 보인다.

김 위원장의 중국 방문에는 조명록 국방위원회 제1부위원장 겸 군 총정치국장을 비롯해 김영춘 군 총참모장, 김국태·김용순 노동당 비서 등 군과 당의 고위 간부들이 대거 수행했다. 김 위원장은 중국판 실리콘밸리인 중관춘을 방문해 발전하는 중국의 모습을 돌아보았다. 양국 정상의 대화에서 특히 중요한 것은 김정일 위원장이 중국의 개혁개방 성과에 대해 높이 평가했다는 점이다. 장쩌민 주석은 문호개방을 주저하는 김 위원장에게 문호를 개방하더라도 사회주의 일당체제를 유지할 수 있다며 경제개혁과 외국자본을 과감하게 받아들일 것을 강력히 권유한 것으로 전해졌다.

그 후 2001년에는 1월에 김정일 위원장이 두 번째로 중국을 방문한 데 이어 9월에는 장쩌민 중국 국가주석이 북한을 방문했다. 김정일 위원장은 중국에 갔을 때 중국 개혁개방의 상징인 상하이 푸둥지구를 방문한 자리에서 천지개벽이라는 표현을 쓰면서 개혁개방 정책에 따른 중국의 경제발전을 높이 평가했다. 장쩌민 주석은 이 때도 김정일 국방위원장에게 북한도 중국처럼 개방할 것을 계속 권유했다.

북한과 러시아의 관계는 '북러 신조약'의 체결을 계기로 개선됐다. 이고리 이바노프 러시아 외무장관과 백남순 북한 외상 사이에 공식 조인된 신조약에서 두 나라는 1961년 동맹조약의 주요 내용이었던 이념적 연대 조항과 자동 군사개입 조항을 삭제했으나, '안보위협 발생시 즉각 접촉' 조항을 삽입함으로써 제한적 군사협력의 길을 열어 놓았다. 이바노프 외무장관의 방북은 러시아 고위관료로는 10년 만에 이루어진 것이었다.

북한과 러시아의 관계 개선에 결정적인 계기가 된 것은 남북 정상회담 직후인 2000년 7월 블라디미르 푸틴 러시아 대통령의 북한 방문이다. 두 정상은 전통적인 선린관계의 유지, 안보를 위협하는 상황이 발생할 경우 지체 없는 상호접촉, 통일문제의 자주적 해결에 대한 지지, 미사일 문제에 대한 공동 입장 등 11개항의 조러 공동선언을 채택했다. 2001년 7월에는 김 위원장이 러시아를 방문해 8개항의 조러 모스크바 공동선언을 발표함으로써 전략적 동반자 관계를 공고히 했다. 모스크바 선언은 북한 탄도미사일 개발의 정당성, 한반도 종단철도와 시베리아 횡단철도의 연결, 6.15 남북 공동선언 지지 및 외세 배격 등을 주요 내용으로 담았다. 김 위원장은 이때 24일간 철도 여행을 하면서 러시아 극동지역을 돌아보고, 8월에 블라디보스톡에서 푸틴 대통령과 세 번째 정상회담을 가졌다.

이로써 북한은 중국, 러시아와 관계를 복원해 정치, 군사, 경제 부문에서 이른바 신 북방 삼각체제를 구축하는 성과를 거두었다. 과거 냉전시기에 형성됐던 북방 삼각체제가 사회주의 이데올로기를 기초로 한 군사적 동맹관계의 성격을 지녔다면, 새로 형성된 신 북방 삼각체제는 실리추구에 기초한 경제협력 확대의 성격이 강하다. 중국은 사회주의 경제대국 건설을 위해서는 한반도의 안정이 필요하다는 점에서, 러시아는 한반도에 대한 영향력을 확대하고 시베리아를 개발할 필요성을 느끼고 있다는 점에서, 그리고 북한은 경제난을 극복하기 위해 중국과 러시아의 지원이 필요한데다 미국과 관계 개선 협상을 벌여 나가는 과정에서 이들 두 나라를 든든한 후원자로 확보해둔다는 점에서 상호간 긴밀한 협조를 다지게 된 것으로 분석됐다.

유럽연합과 수교

북한의 외교 노력에서 가장 큰 결실은 유럽연합 국가들과 외교관계를 수립한 것이라고 할 수 있다. 북한은 2000년에 이탈리아, 필리핀, 호주, 영국과 외교관계를 개선한 데 이어 2001년에는 네덜란드, 벨기에, 캐나다, 스페인, 독일, 룩셈부르크, 그리스, 브라질, 뉴질랜드, 바레인, 그리고 유럽연합(EU)과 외교관계를 수립하는 등 외교 분야에서 괄목할 만한 성과를 거두었다.

북한과 유럽연합 국가들의 외교관계 수립은 한반도에 대한 유럽 국가들의 관심이 증대하고 있음을 반영하는 것이다. 유럽 국가들이 한반도 문제에 대한 영향력 확대를 꾀하고 있는 것으로도 볼 수 있다. 북한은 유럽 국가들을 끌어들임으로써 한반도에 대한 미국의 영향력을 약화시키는 것은 물론 선진 자본주의 국가들인 이들로부터 경제지원을 받아 경제난을 극복하겠다는 의도를 동시에 갖고 있었던 것으로 보인다.

남북 정상회담 실행

북한은 1997년 12월 김대중 총재가 대통령에 당선된 이후 남한 정부에 대해 대북정책의 전환을 촉구하면서 당국간 대화의 용의가 있음을 밝히는 등 복합적인 태도를 보였다. 북한은 1998년의 신년 공동사설에서 통일 실현을 위해서는 남조선에서 근본적인 변화가 일어나야 한다면서 남한 당국이 민족자주 견지, 연북화해 정책으로의 전환, 콘크리트 장벽 제거, 국가보안법 철폐, 안기부 해체 등을 통해 통일의 의지를 보일 것을 주장했다.

1998년 4월 중국 베이징에서 3년 9개월 만에 남북 차관급회담이 열렸으나 상호주의 문제를 둘러싸고 기 싸움을 벌이다가 결렬됐음은 앞에서 살펴본 바와 같다. 남쪽은 상호주의에 입각해 이산가족 상봉, 남북 기본합의서의 이행과 비료 지원 문제의 병행 토의를 주장한 반면, 북쪽은 비료 지원 문제 우선 결정 후 상호 관심사 토의를 주장함으로써 의견 접근을 이루지 못하고 회담이 결렬됐다. 그러자 북한은 상호주의 원칙을 "전형적인 장사꾼의 논리, 반민족적인 분열의 논리이며 대결의 논리"라고 비난했다. 또 남쪽의 햇볕정책과 정경분리 원칙에 대해서도 부정적인 입장을 보였다. 국가보안법 철폐, 안기부 해체, 강인덕 통일부 장관 해임 등이 이뤄지지 않으면 과거의 반북 대결정책에서 벗어나지 않는 것이라고 계속 주장했다.

북한은 1998년 10월 김정일 국방위원장이 정주영 현대그룹 명예회장을 면담한 데 이어 11월에 금강산 관광을 시작하는 등 민간 차원의 교류협력에 더 관심을 기울였다. 남북은 1999년 들어 비료 지원을 계기로 베이징에서 차관급회담을 갖기로 했으나, 6월 꽃게 철에 들어 때마침 벌어진 서해교전으로 인해 결렬되고 말았다.

그러던 북한이 2000년 6월에 남북 정상회담을 갖기로 합의한 데는 몇 가지 이유가 있다. 북한은 내부적으로 김정일의 지도력을 과시하는 동시에 남한으로부터 경제지원을 받을 수 있는 통로를 확보함으로써 체제 유지를 확고히 하려고 했다. 북한은 6.15 공동선언 1항에 자신들이 금과옥조로 내세워온 자주통일 원칙을 명시함으로써 김정일 위원장이 통일문제를 주도하고 있다는 점을 과시하려고 했다. 이와 함께 공동선언 3항에 비전향 장기수 송환을 명시함으로써 김정일의 지도력과 북한 체제의 우월성을 내부적으로 선전하는 소재로 삼았다. 또 4항에 경제협력을 통한 민족경제의 균형발전에 관한 내용을 넣어, 남한으로부터 경제지원을 받을 수 있는 근거를 마련했다. 그러나 북한은 한반도 평화 문제에 대해서는 미국과 해결한다는 기존 입장을 고수했고, 그 결과 공동선언에서 평화 조항은 제외됐다.

북한은 김대중 정부의 햇볕정책을 활용해 경제적인 지원을 받아내는 동시에 남북관계를 개선해 미국, 일본과 관계 개선을 추진할 명분을 축적하려 했다. 북한이 평화적으로 나아간다는 것을 보여줌으로써 미국과의 관계 개선을 이끌어내고 식민지 배상금 문제가 걸린 일본과의 수교협상에서 유리한 고지를 점령하려는 측면이 컸다. 이는 서울을 통하지 않고는 워싱턴과 도쿄로 갈 수 없다는 점을 인식한 결과로 분석됐다. 이와 동시에 북한이 국제사회에 대해 개방된 이미지를 확산시켜 외교적 고립을 탈피하려 했다는 측면도 간과할 수 없다.

일본과의 정상회담과 수교협상

남북 정상회담 이후 밀어닥친 한반도의 화해협력 기류는 일본을 자극해 오랜 현안인 북한과의 수교협상에 힘을 쏟게 만들었다. 도쿄와 베이징 등에서 열린 수교회담에서 북한과 일본은 조기 수교에는 합의했으나, 북한의 과거청산 주장과 일본의 납치의혹 해소 주장이 평행선을 이룸으로써 답보상태를 면치 못했다.

북한은 2002년 4월 베이징에서 개최된 적십자회담에서 일본인 납치의혹 문제에 대해 필요한 조치를 취한다는 입장을 처음으로 밝히고, 재북 일본인 여성의 고향 방문 등 4개항에 합의함으로써 대일 강경정책에서 선회하려는 움직임을 나타냈다. 또 북한 외무성 대변인은 요도호 납치 관련자의 일본행 여부에 대해 북한이 관여할 이유가 없다고 밝힘으로써 종전 입장에서 물러서는 모습을 보였다.

이 같은 북한의 물밑작업에 고이즈미 준이치로 일본 총리의 정치적 결단이 결합됨으로써 2002년 9월 17일에는 고이즈미 총리가 전격적으로 평양을 방문해 김정일 국방위원장과 정상회담을 가졌다. 고이즈미 총리는 국내 정치에서 개혁의 동력이 떨어지자 북일관계 정상화를 통해 새로운 돌파구를 마련하겠다는 생각을 갖고 있었고, 김대중 정부 임기 안에 자신의 오랜 숙원인 북한과의 수교를 마무리 짓고 싶어 했다. 고이즈미 총리의 전격적인 북한 방문은 미국의 그늘에서 좀처럼 벗어나지 못하던 일본 정부가 과감한 독자적 외교에 나섰다는 의미를 갖고 있다. 그 배경에는 김대중 대통령의 역할이 있었다. 김 대통령은 북일관계 개선을 적극적으로 촉구했고, 남북 정상회담으로 이어진 햇볕정책도 일본 정부에 영향을 주었음은 두말할 나위가 없다. 남북관계가 호전된 데 이어 동북아 냉전구조의 다른 한 축이었던 북한과 일본의 대립관계가 해소될 기미가 엿보였다.

북한으로서는 그동안 북일관계를 북미관계의 종속변수로 간주해 오다가 부시 정부의 등장으로 벽에 부딪히자, 북일관계를 통해 북미관계를 움직인다는 전략적 변화의 모습을 보인 것이다. 또 조속히 경제난을 극복하기 위해 식민지 지배에 대한 사죄와 보상 문제에서 일본이 요구하는 경제협력 방식을 받아들임으로써 명분보다 실리를 얻으려 했던 측면도 있다.

김정일 위원장과 고이즈미 총리는 정상회담에서 10월 중 국교정상화 교섭 재개, 일본의 식민지 지배 반성과 대북 경협 제공, 피랍 일본인 문제에 대한 북한의 사과와 재발방지 보장, 핵 문제에 관한 국제합의 준수 및 2003년 이후에도 북한의 미사일 발사 유예 등 4개항에 합의함으로써 양국 관계에 새로운 전기를 마련했다. 특히 김정일 위원장이 일본인 납치를 인정하고 사과하면서 생존자 4명의 일본 귀환 가능성을 열어 준 것은 매우 이례적인 조처로 여겨졌다. 납치 문제를 털어냄으로써 수교협상의 걸림돌을 제거하겠다는 뜻이었다. 그러나 이는 일본 내 보수여론을 자극하는 역풍을 몰고 와 오히려 보수파들에게 반격의 빌미를 주는 결과를 초래하기도 했다.

개혁과 개방을 향해

북한이 김정일 국방위원장 체제를 공식화한 1998년 새 헌법은 기존 계획경제 체제의 보완과 개인 상업활동 범위의 확대, 거주와 여행에 대한 규제완화를 통해 비공식부문 경제의 확산을 제한된 범위 안에서 제도적으로 수용하고 있다는 점에서 눈길을 끌었다. 하지만 북한의 경제적 개혁개방 조처는 매우 신중하고 조심스럽게 추진돼 왔다.

개혁개방에 대한 북한의 거부감은 여러 곳에서 드러났다. 김정일 국방위원장은 1999년 신년사에서 "제국주의자들의 사상, 문화적 침투에 모기장을 든든히 치고, 적들의 내부 와해 책동에 최대한의 경각성을 높여야 한다"고 강조했고, 6월 「로동신문」은 "자본주의 황색바람의 사소한 요소도 허용될 수 없다"고 주장했다. 우리식 사회주의를 강조해 온 북한은 정상회담 뒤에는 개혁개방에 대한 거부의사를 직접적으로 표현하기를 자제하고 있으나, 각종 보도매체를 통해 자본주의의 병폐를 강조함으로써 내부의 사상적 동요를 막으려는 노력을 계속해 왔다.

그러나 북한은 2001년 신년 공동사설에서는 "우리의 자주권을 존중하는 나라들이라면 그 어떤 나라든지 대외관계를 개선해 나갈 것"이라고 대외개방 확대 가능성을 보였고, "새 세기는 혁신적인 안목과 기발한 착상, 진취적인 사업기풍을 요구한다. 경제조직 사업을 해도 실리가 나게 효율적으로 해 나가야 한다. 새로운 분위기에 맞게 우리식 경제관리 체제를 더욱 개선해야 한다"고 강조해 제한적이나마 개혁정책 추진 가능성을 내비쳤다.

2000년 7월 1일 북한이 취한 경제관리 개선조치는 북한의 새 헌법 제정 이후 가시화하기 시작한 김정일 경제정책의 방향 전환을 나타내는 것이었다. 그러나 이런 변화가 북한 정권이 개혁을 주도하는 형태로 이뤄졌다기보다는 북한 경제의 상황적 변화로 인해 불가피하게 진행된 것이라는 대목도 유의해야 한다.

북한의 경제관리 개선조치는 체제의 비효율성과 경직성으로 인해 북한 경제가 한계를 드러내게 된 데 대응한 것으로 보인다. 또한 북한은 중국이나 베트남과 달리 공식적으로 경제의 개혁과 개방 노선을 공표하지 않았고, 정책의 변화 역시 사회주의 체제 강화를 위한 것이라고 강조해 왔다. 이는 김일성에서 김정일로 이어진 세습정권이 갖는 제약요인에 기인한 것으로 보인다. 북한에서 체제의 문제점을 지적하고 개혁의 필요성을 주창할 수 있는 사람은 김정일 위원장뿐이다. 다른 사람이 개혁개방의 필요성을 제기하는 것은 김정일 체제에 대한 도전행위로 인식될 수 있기 때문이다. 북한은 경제관리 개선조치와 관련해 대내적으로는 정책의 지속성을 강조하면서 대외적으로는 변화를 강조하는 이중적 태도를 보였다.

경제관리 개선조치는 다음과 같은 매우 중요한 변화들을 내포하고 있다.

- **가격, 임금 인상과 식량, 생필품 배급제의 축소**

북한은 식량과 생필품의 국정 가격을 농민시장 가격 수준과 비슷하도록 평균 30배 정도 인상해 책정했다. 특히 쌀의 경우 과거 배급제에서는 국가가 농민들로부터 킬로그램 당 8전에 수매해 80전에 공급했으나, 새로운 가격체제에서는 킬로그램 당 40원에 수매해 44원에 판매하도록 함으로써 550배를 인상한 셈이다. 사회주의 계획경제에서 전통적으로 매우 낮은 수준에서 책정되는 공공요금 역시 큰 폭으로 올렸다. 버스와 지하철 요금은 10전에서 2원으로, 전기요금은 킬로와트 당 3전에서 2원 10전으로 현실화했다. 임금은 노동자와 사무원 등 전 직종을 대상으로 20~25배 인상하고 차등의 폭을 확대했다. 광산 등의 중노동자 임금은 200~300원 수준에서 6000원으로 25배 정도 올랐고, 일반 노동자 급여는 110원에서 2000원으로 18배 인상됐다.

이와 같은 가격과 임금 구조의 개편에 따라 북한의 식량 및 생필품 배급제도 역시 축소되는 양상을 보였다. 식량과 생필품은 종래 국가가 무상에 가까운 가격으로 배급했으나, 새로운 체제에서는 주민들이 식량판매소와 국영상점에서 인상된 가격으로 직접 구매할 수 있게 됐다. 7월 1일부터 식량 배급권을 제외한 기타 일용품 배급권은 폐지됐다. 이는 북한 주민들이 화폐를 가지고 국영상점에서 물건을 살 수 있으며 1회 구입량의 제한도 없어졌음을 의미한다. 과거 공급권으로 물건을 구매해 온 북한 주민들에게 화폐로 물건을 살 수 있게 한 것은 획기적인 조처였다.

- **기업의 경영자율권 확대**

북한은 그동안 당 간부가 행사하던 기업의 주요 의사결정 권한을 지배인에게 이양함으로써 정치적 판단에 의한 당의 간섭으로 기업 경영의 효율성이 떨어지는 것을 막고 그 전문성을 제고한다는 방침을 정했다. 과거의 독립채산제가 명분상 구호에 그치고 실질적 경영권한 부여와 거리가 있었던 데 비해, 이번 기업 자율권 확대 조치는 임금과 상대가격 구조의 변화와 동시에 추진됨으로써 실질적인 의미를 갖춘 것으로 평가됐다. 또 기업은 자금과 물자, 노동력 등 상품 생산원가를 고려한 생산계획을 수립해 이윤을 추구하는 방향으로 변했고, 평균적 분배주의에서 탈피해 성과급제와 능력제를 도입함으로써 일한 만큼 임금을 주는 형태로 전환했다.

- 개인경작지 확대

북한은 그동안 농업부문의 개혁에 대해서는 소극적인 입장을 취해왔으나, 영농 인센티브 부여를 통한 농업생산 증대 방안을 강구하고 있다. 개인이 임의로 개간하고 경작할 수 있는 토지(텃밭, 뙈기밭)가 30~50평에서 400평으로 확대됐다. 일부 지역에서는 협동농장 토지를 개인에게 할당해 경작하도록 하는 개인영농 제도를 시험적으로 실시하고 있다.

- 환율 현실화

북한은 외화의 고평가 현상을 해소할 목적으로 북한 원화의 현실적 환율을 반영해 미화를 1달러 당 2.2원 수준에서 150원으로 평가절하했다. 이는 그동안 실질적인 교환수단으로 사용되던 외화를 관리당국에 집중시킴으로써 물자수입 능력을 제고하기 위한 방편으로 보인다. 아울러 물자공급 능력 확보 여부가 새로운 정책의 정착에 결정적인 중요한 역할을 하게 됨에 따라 일종의 예비 외화를 확보할 필요성이 더 커졌다. 또한 새로운 가격체계 아래서 외자유치를 유도하고 각 생산단위와 무역회사의 수출 의욕을 제고할 목적도 있었던 것으로 판단된다.

종전의 식량 배급제가 무너지고 주택과 생필품의 무상공급이 중단되는 등 사회보장 제도의 혜택이 크게 축소되자 시장의 거래가 늘어나고 화폐의 사용 범위도 자연스럽게 넓어져 시장이 활성화하는 계기가 됐다. 과거에 무상으로 받던 생필품이 끊기면서 가계는 불가피하게 자력갱생해야 했다. 이에 따라 주민들이 부업에 관심을 돌리면서 자연스럽게 경제관념도 싹트기 시작했다.

이러한 북한의 경제개선 조처는 중국의 경제개혁 정책에 비해 미흡하고 한계가 있다는 지적을 받고 있다. 그러나 북한의 과거 경제정책과 비교해 볼 때 시장지향적 개혁을 추진해 나갈 돌파구를 마련했다는 점에서 획기적이란 평가도 동시에 나온다. 즉 북한이 넓은 의미에서 시장지향적 개혁으로 정책 변화를 시도하고 있다는 것이다.

문제는 북한이 극도의 자원결핍 상태에 있다는 점이다. 개혁이 성공하기 위해서는 외부로부터 경제지원을 받아야 한다. 남북관계를 개선해 남쪽의 지원을 받고, 일본과 관계 정상화를 이루어 보상금을 받는 것이 북한의 경제회복에 필수적이다. 북한은 또한 대외적으로 체제안전을 보장받아야만 경제개혁을 자신 있게 밀고나갈 수 있다. 이런 측면에서 앞으로 북한의 정책 선택에 눈길이 쏠리고 있다.

실제 북한의 7.1 경제관리 개선조치 이후 상황이 나아지기보다는 오히려 물가가 치솟고 빈부격차가 확대되는 등 부작용이 나타나고 있다는 분석도 나왔다. 이는 경제관리 개선조치가 임금인상으로 노동의욕을 고취하는 등 일부 긍정적으로 작용했지만, 만성적인 에너지난과 원자재난 등으로 물자 공급이 제대로 이뤄지지 않았기 때문이었다.

경제관리 개선조치 이후 눈에 두드러지게 나타난 현상은 물가급등이었다. 공급은 부족한 상태인데 돈이 과도하게 풀림으로써 인플레이션 현상이 빚어진 것이다. 또 독립채산제의 도입으로 자금이 부족한 기업소는 원자재를 구입하지 못해 가동을 중단하고 임금도 제때 지급하지 못해 불만이 커졌다는 얘기도 들렸다.

그러나 경제관리 개선조치 이후 시장이 활성화하고 과거보다 상점에 물건이 많아졌다고 한다. 돈과 경제에 관한 북한 주민들의 인식이 크게 변한 점도 주목할 만하다. 이런 긍정적인 변화를 보면, 경제관리 개선조치가 북한 사회에 되돌리기 힘든 엄청난 변화를 몰고 오고 있음은 분명하다.

신의주특구, 개성특구 지정

북한은 개혁과 개방에 거부감을 지녀왔다. 개혁과 개방의 실시가 자본주의적 요소의 유입을 초래하고, 이는 우리식 사회주의 체제의 안정을 위협하는 요인으로 작용한다는 두려움을 가지고 있기 때문이다. 그러나 당면한 경제난을 극복하고 강성대국 건설의 최대 과제인 경제강국을 건설하기 위해서는 대외적인 개방이 불가피하다는 인식 아래 외국의 자본과 기술을 유인하는 정책을 추진하고 있다. 단, 이러한 정책이 우리식 사회주의 체제의 유지에 위협이 되지 않는 수준에서 진행되어야 한다는 입장을 명백히 하고 있다. 북한은 이런 이중적 목적을 달성하기 위해 통제된 개방전략을 펴고 있는 것으로 보인다.

북한의 대외개방 조치가 장기적이고 거시적인 계획 아래 체계적으로 전개됐다기보다는, 하나의 조치가 실효를 거두지 못하면 다른 개방조치를 취하는 형태로 진행돼 왔다는 점도 한계로 지적된다. 북한은 합영법 제정을 통한 개방을 추진했으나 실효를 거두지 못하자 나진선봉 경제특구를 통한 개방을 추진했다. 그러나 이 또한 실효를 거두지 못하자 체제손상 우려가 적고 물류유통이 활발한 중국 접경지역에 있는 신의주를 경제개방의 실험지역으로 선정했다. 사실상의 경제특구인 신의주 특별행정구의 지정은 바로 이런 맥락에서 이뤄진 것이다.

이제까지 북한이 경제정책의 전환을 조심스럽게 진행해온 데 비추어 볼 때 신의주특구 지정은 획기적이다. 초대 특구 행정장관으로 네덜란드 국적의 중국인인 양빈을 임명한 것부터가 매우 이례적인 조처였다. 그러나 중국과 의견조율을 잘 하지 못했으며 양빈 장관이 뇌물공여 등의 혐의로 중국 당국에 구속되는 뜻하지 않은 사태까지 겹쳐, 북한의 개방조처는 시작도 전에 또다시 낭패를 보게 됐다.

북한은 신의주특구 건설이 지지부진하자 금강산 관광지구법과 개성공업지구법을 채택해 특구 건설을 본격적으로 추진했다. 개성특구는 남쪽의 개성공단 건설과 경의선 철도 연결 등과 관련해 남쪽 기업의 진출이 예상되는 등 상당한 기대를 모으고 있다. 금강산 관광특구도 현재 닦고 있는 길이 완성돼 육로관광이 실현된다면 큰 파장을 불러올 내용을 담고 있다.

북한이 7.1 경제관리 개선조치에 이어 신의주특구 계획을 발표하고 금강산 관광특구, 개성특구를 발표하는 등 예상을 뛰어넘는 속도로 개혁개방에 나선 것은 오랜 망설임과 준비 끝에 드디어 주사위를 던졌음을 뜻한다. 돌이키기 힘들 정도로 급속히 진행되는 북한의 변화가 성공을 거두도록 적극 도울 필요가 있다. 북한의 실험이 실패하면 결국은 남한에 직접적인 부담이 된다.

북한의 외교정책과 경제정책, 특히 남북 정상회담 이후의 급속한 정책변화는 북한이 생존을 위해 스스로 변화를 모색하고 있다는 평가를 낳고 있다. 남쪽과 6.15 공동선언을 발표하고 교류와 협력을 확대하면서 자신감을 얻게 되고 이에 힘입어 개방을 하는 쪽으로 방향을 잡았다는 평가가 주류다. 중국 개혁개방의 성과를 직접 눈으로 확인하면서 힘을 얻은 면도 크다.

그러나 북한이 역점을 두고 추진하려던 미국과의 관계 정상화는 부시 정권의 출범과 동시에 커다란 암초에 부닥쳤다. 북한이 대북 강경책을 펴는 부시 정부와 체제안전을 걸고 한판 대결을 벌이는 와중에 자칫하면 그동안 북한이 남한과 추진해 온 교류협력이나 내부의 개혁개방 노력이 한꺼번에 휩쓸려가 버릴 수도 있다.

4장
햇볕정책 성패 가른 미국

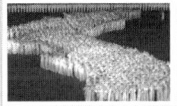 클린턴 정부와 햇볕밀월

갈등과 협상 반복한 북미관계

역사적인 남북 정상회담이 이뤄지는 등 김대중 정부의 햇볕정책이 빛을 발한 데는 김 대통령의 확고한 철학과 일관된 노력 못지않게 국제적 환경이 우호적이었던 것이 결정적인 역할을 했다. 중국, 러시아, 일본 등 한반도 주변 강대국들이 모두 햇볕정책을 지지했다. 무엇보다도 한반도 정세에 절대적 영향을 끼치고 있는 미국이 민주당의 빌 클린턴 대통령 시절이었기에 가능했다고도 할 수 있다.

클린턴 대통령은 매우 유능하고, 토론을 통해 합리적 결정을 이끌어 낸 대통령으로 손꼽힌다. 그의 재임 8년은 미국 경제의 호황과 맞물려 매우 성공적이었던 시기로 평가된다. 열정이 넘쳐 각종 스캔들에 휘말린 것을 빼고는 국내외적으로 여러 가지 치적을 쌓았다는 인정을 받고 있다.

전통적으로 미국 공화당은 힘을 통한 평화를 강조하는 현실주의적 국제주의에 입각해 군사력 중시 외교정책을 펴는 데 비해, 민주당은 안보문제뿐 아니라 기아, 질병, 환경 등 다양한 문제들에 대해 개입주의적인 경향을 보여 왔다.

클린턴 정부의 대북정책도 개입과 확대의 국가안보 정책에 입각해 이뤄졌다. 굳건한 안보를 바탕으로 국제관계에 적극 개입하며, 민주주의와 시장경제를 전 세계적으로 확대한다는 것이었다.

클린턴 대통령의 대북정책은 초기에는 강경한 자세였으나 점차 협상을 통한 문제 해결 방식으로 바뀌었다. 결과론이지만, 클린턴 행정부의 대북정책은 한국의 대통령이 어떤 정책을 취했느냐는 점과 밀접하게 맞닿아 있다. 그의 임기와 맞물렸던 김영삼 대통령 시절과 김대중 대통령 시절, 클린턴 정부 대북정책은 큰 차이를 보였다. 클린턴 정부는 조지 부시 공화당 정부에 비해 상대적으로 한국 정부의 의견과 정책을 더 존중해주고, 한국과 미국의 정책을 일치시키려는 공조 정신이 강했다.

김영삼 정부는 초기 잠깐을 제외하고는 대북 강경 일변도로 치달았다. 이 시기에 클린턴 정부는 한때 북한을 폭격하려는 초강경 정책을 펴기도 했다. 1993~1994년의 북한 핵 위기가 바로 그것이다. 당시 클린턴 대통령은 대북 폭격을 강행하겠다는 뜻을 굳히고 한반도에 군사력을 증강하기로 하는 등 실제로 조치를 취하려고 했다. 뒤늦게 이를 알고 깜짝 놀란 김영삼 대통령은 그때까지 앞장서서 북한을 강경하게 밀어붙이던 태도를 180도 바꿔 "전쟁은 안 된다"고 반대하는 일이 벌어졌다. 김영삼 대통령은 자신이 미국에 잘못된 사인을 주었음을 뒤늦게야 깨닫는 결정적 실수를 범한 것이다. 김영삼 대통령은 자신이 강력히 반대해 한반도의 전쟁을 막았다고 주장하고 있다. 하지만 대안 없는 대북 강경론을 펴 한반도에 위기를 불러오고 전쟁 위험을 일으킨 책임을 면할 수 없을 것이다.

당시 한반도에서 전쟁 발발을 막는 데 결정적인 역할을 한 사람은 지미 카터 전 미국 대통령이다. 위기상황에서 평양으로 달려간 그가 김일성 주석과 회담을 갖고 핵 동결과 경수로 지원을 교환하는 대 타협안을 이끌어냈던 사실은 잘 알려져 있다.

카터의 적극적인 중재에 힘입어 분위기가 반전됐고, 북한과 미국은 긴 협상 끝에 1994년 10월 21일 스위스 제네바에서 북미 기본합의서를 체결했다. 북한의 핵 동결을 전제로 경수로 2기를 건설해주고 중유를 제공하며 대북 경제제재를 완화하기로 약속한 게 그 핵심이다.

클린턴 정부가 경수로 건설 등에 선선히 합의한 것은 경수로가 완공되기 전에 북한 체제가 붕괴할 것이라는 내부의 잘못된 전망에 기초한 것이었다는 분석들이 나오고 있기는 하다. 그러나 대화와 보상을 통해 문제를 해결하려는 기본자세를 갖고 있었던 것은 사실이다.

클린턴 정부는 대북정책에서 대량살상 무기의 비확산, 한반도 평화 정착, 한미 동맹체제 유지를 통한 동북아시아의 균형자적 위상 확보 등 미국의 이익 극대화를 우선적으로 추구했고, 상대적으로 남북관계 진전, 북한 체제 변화 등은 아래 순위에 놓았다. 클린턴 정부는 남북관계 진전과 북한 체제의 변화가 한반도 평화와 안정에 기여하면 북미관계 진전에도 유리한 환경을 조성할 것으로 평가했다. 이는 클린턴 정부가 남북관계의 진전은 남북이 당사자 차원에서 해결할 문제로 인식했음을 의미하는 것이다.

이런 클린턴 정부의 정책 방향은 김대중 대통령이 독자적인 햇볕정책을 펼칠 공간을 만들어줬다. 클린턴 정부의 대북정책은 중국을 전략적 경쟁자가 아니라 전략적 동반자로 간주하고, 미국이 동북아의 역내 세력균형을 위한 균형자적 역할을 맡을 것을 추구한 동북아정책 전체와 밀접한 연관성을 지니고 있었다.

클린턴 정부는 대북정책 목표를 효과적으로 달성하기 위하여 외교적 압력, 경제적 제재, 군사적 대응과 같은 강압적 수단을 사용하기보다는 대북 경제제재의 완화, 대북 경제지원, 북미관계 개선 등과 같은 보상적 수단을 활용하는 포용정책을 구사했다. 금창리 핵 의혹 시설 사찰을 위해 식량을 제공한 것이나, 장거리 미사일 발사 유예를 위해 식량제공과 대북 경제제재 완화에 합의한 것도 이런 맥락에서다.

클린턴 정부의 대북 포용정책은 페리 보고서에 잘 나타나 있다. 클린턴 정부의 대북정책이 포용정책으로 보다 확고하게 자리를 잡게 된 계기는 페리 대북정책조정관이 평양을 방문한 뒤 페리 권고안을 작성하면서부터라고 할 수 있다. 페리 보고서는 북한 체제가 조만간 붕괴되지 않는다는 전제에서 현재의 북한 당국과 진지하게 협상을 해야 한다는 인식을 바탕에 깔고 있었다.

빈 동굴로 드러난 금창리 지하 핵 의혹 시설

금창리 지하 핵 의혹 시설을 둘러싸고 빚어진 북한과 미국의 갈등은 북미 제네바 합의 이후 미국의 대북정책 방향을 가른 중요한 분기점이었다. 북한 평북 대관군 금창리의 지하 핵 시설 의혹은 1998년 8월 17

일 「뉴욕 타임즈」가 '북한 핵무기 제조공장 건설'을 대대적으로 보도하고 이튿날 「워싱턴 포스트」가 '북한 핵개발 재개 시사'라는 기사를 잇달아 보도하면서 갑자기 불거졌다. 북한이 1994년 맺은 북미 제네바 합의를 어기고 금창리 지하동굴에 비밀리에 핵시설을 건설하고 있다는 의혹을 제기한 내용이었다. 정통한 소식통을 인용한 핵 의혹 보도에 한반도 정세는 일시에 싸늘하게 변했다.

북한은 이 동굴이 핵 시설과 전혀 상관이 없다고 완강히 부인했다. 그러나 북한을 의심하면서 사찰을 통해 사실을 규명해야 한다는 미국의 압박은 갈수록 높아갔다. 급기야 한반도에 제2의 핵 위기설이 나돌기 시작했다.

북한은 11월 외무성 대변인 명의로 "만일 금창리 지하시설이 핵 시설이 아닌 것으로 밝혀질 경우 사찰에 대해 보상해야 한다"며 구체적인 협상 방법을 제시했다. 북한과 미국은 4차례에 걸친 협상을 벌인 끝에 마침내 합의에 도달했다.

두 나라는 1999년 3월 공동 기자회견에서 금창리 시설에 대한 복수 현장방문과 양국의 정치 및 경제관계 개선 등을 골자로 한 합의문을 발표했다. 북한은 합의문에는 포함되지 않았으나, 미국의 복수 현장방문을 허용하는 대가로 60만 톤의 식량 지원을 받았다.

양쪽의 합의에 따라 미국 국무부, 국방부, 에너지부 등에 소속된 14명의 전문가들로 구성된 1차 현장방문단이 5월 18일부터 25일까지 금창리 터널을 방문했다. 그러나 북한의 주장대로 핵 시설과는 무관한 빈 동굴이었음이 밝혀졌고, 공연히 근거 없는 난리를 피웠음이 드러났다. 이에 따라 금창리 핵 의혹 시설을 둘러싼 논란은 7개월여 만에 해소됐고, 1994년 북미 제네바 핵동결 합의도 계속 유지될 수 있게 됐다.

2000년 들어 금창리 지하 핵 의혹 시설에 대한 미국 쪽의 2차 현장 조사가 실시됐지만, 1차 조사 때와 다름없는 결과가 나왔다.

미사일 개발을 둘러싼 논란

금창리 지하 핵 의혹 시설을 놓고 북미가 날카롭게 대립하고 있는 가운데 북한이 장거리 미사일인 대포동 1호 미사일을 발사함으로써 한반도 긴장이 더욱 고조됐다. 미국은 오래 전부터 북한의 미사일 수출을 중단시키고, 북한을 미사일기술통제(MTCR) 체제에 묶어두려 했다. 미국은 테러지원국 해제 검토 및 추가적인 경제제재 완화를 협상안으로 제시했다. 그러나 북한은 경제제재 해제는 제네바 합의 때 약속한 사항이므로 미사일 포기의 대가가 될 수 없다고 맞섰다.

양쪽의 견해 차이가 좁혀지지 않는 가운데 새로운 변수가 발생했다. 1998년 8월 31일 북한이 대포동 1호 미사일(인공위성)을 발사한 것이다. 북한은 함북 화대군 무수단리(옛 명천군 대포동)에서 최초로 인공위성을 발사해 지구궤도에 진입시키는 데 성공했다고 밝혔다. 북한은 조선중앙통신사 보도를 인용해 "우리 과학자와 기술자들이 다기관 운반 로켓으로 첫 인공지구위성을 궤도에 진입시키는 데 성공했다"며 "운반 로켓은 8월 31일 12시 7분에 발사돼 4분 53초 만인 12시 11분 53초에 위성을 자기 궤도에 정확히 진입시켰다"고 주장했다.

북한이 '광명성 1호' 인공위성이라고 주장한 대포동 미사일 발사에 세계는 깜짝 놀랐다.

미국은 당시까지만 해도 북한이 장거리 미사일을 개발할 능력이 없는 것으로 보고 있었다. 그런데 북한이 쏘아 올린 인공위성 광명성 1호는 이런 판단을 훌쩍 뛰어넘었다. 마지막 단계에서 인공위성 추적에 실패한 미국의 당혹감은 더욱 컸다. 북한은 인공위성이 우주궤도에 성공적으로 진입했다고 주장했다. 미국은 온 기술을 다 동원해 이 물체를 찾으려 했으나 실패했다. 결국 북한이 인공위성을 발사했으나 궤도 진입에는 실패한 것으로 결론을 내렸다.

북한 미사일 위기가 더욱 증폭된 것은 북한이 장거리 미사일인 대포동 2호 미사일 시험발사 준비에 들어가면서부터였다. 북한은 미국의 첩보위성이 주시하는 가운데 미사일 발사대를 설치하는 등 시험발사를 위한 준비작업을 공공연하게 진행시켰다. 발사대의 높이나 주변 시설 등으로 볼 때 대포동 미사일 2호는 1호보다도 사거리가 훨씬 길 것으로 예측됐다. 미국이 느끼는 위협도 현실로 다가왔다.

미국은 북한의 미사일 개발이 대량살상 무기 확산 방지라는 정책목표에 배치될 뿐만 아니라 동북아 군사질서를 깨뜨린다는 점에서 미사일 개발을 포기하도록 하기 위해 모든 방법을 동원했다. 윌리엄 페리 대북정책조정관이 1999년 5월 평양을 방문해 제시한 한국, 미국, 일본의 포괄적인 접근방안도 그 주요 내용은 여기에 초점이 맞추어졌다.

일본의 반응은 더욱 격렬했다. 북한이 발사한 인공위성 추진체 로켓이 일본열도를 넘어간 것으로 확인되자 일본 사회는 경악했다. 이는 일본 전역이 북한 미사일의 사정거리 안에 들어있다는, 생각하기조차 끔찍한 일이었다. 일본은 만일 북한이 미사일을 또 발사한다면 제네바 협정에 따라 부담하기로 했던 경수로 분담금 10억 달러를 지급하지 않겠다는 강경한 태도를 보였다. 북한에 대한 식량 원조를 중단하고 그동안 물밑에서 진행하던 북한과의 외교관계 정상화 협상도 중단했다.

일본이 이토록 법석을 떤 데는 북한 미사일이 갖고 있는 현실적 위협 이상의 정치적 계산도 작용한 것으로 분석됐다. 일본 우파들은 북한의 미사일 시험발사를 정치적으로 이용해 그동안 국내 여론과 주변국들의 반발 때문에 성사시키지 못했던 숙원사업들을 단숨에 해치웠다. 미국과의 신가이드라인 체결, 주변사태법 통과, 일본 국가와 국기의 제정 등 난제가 여론의 별다른 저항 없이 일사천리로 진행돼 군사강국화의 길을 닦았다.

미사일 주권 내세운 북한의 논리

미국과 일본의 격렬한 반응에 대해 북한은 미사일 개발은 자주권에 속하는 문제라고 대응했다. 북한 외무성 대변인은 인공위성 발사는 자주적인 주권국가의 합법적인 권리에 속하는 문제라면서 필요하다면 언제든지 인공위성을 발사하겠다고 밝혔다. 북한은 "우리가 필요하다고 인정하고 또 과학기술적으로 준비되면 자기 결심에 따라 아무 때나 위성 발사를 진행하는 것이 우리의 시종일관한 입장"이라며 "우리는 누가 위성을 발사하라고 해서 하고, 또 하지 말라고 해서 그만두는 것이 아니다"라고 강조했다.

북한은 자위권 차원에서 미사일 개발을 진행하고 있다는 사실을 숨기지 않을 뿐 아니라, 더 나아가 평화적 목적의 우주개발을 위한 인공위성 발사능력을 갖췄다고 호언했다. 이른바 북한의 미사일 문제는 평화적인 우주개발을 위해 인공위성을 발사한다는 측면과 전술전략 무기로서 미사일을 개발한다는 양면성을 띠고 있는데, 서방이 무기로서의 미사일 문제만 부각시킨다는 항변이었다.

북한이 장거리 미사일 개발에 나선 것은 몇 가지 이유로 살필 수 있다. 첫째는, 미사일이 갖고 있는 방위력이다. 미사일 문제는 핵동결 이후 북한이 갖고 있는 마지막 남은 지렛대 구실을 하고 있었다. 경제난으로 재래식 무기의 증강이나 현대화가 어려운 북한의 처지에서 미사일이 갖는 전략적 가치는 매우 높아졌다. 장거리 미사일은 미국과 일본에 심리적, 정치적 압박을 가하는 위협용으로 더욱 요긴했다. 미사일은 북한이 보유하고 있는 것으로 알려진 생화학 무기의 운반체가 되기 때문에 특히 위협적이었다.

이밖에 북한은 미사일이나 미사일 기술 수출을 통해 외화를 벌어들인다는 생각을 갖고 있었고, 실제 몇몇 나라에 미사일을 수출했다. 이에 따라 미사일 개발이나 수출을 포기하는 데 따르는 대가를 매우 높게 요구했다.

북한과 미국은 우여곡절 끝에 협상에 들어갔다. 그리고 1999년 9월 베를린 북미 고위급회담에서 북한은 미사일 협상이 진행되는 동안에는 미사일 시험발사를 잠정적으로 유예하기로 동의했다. 김계관 북한 외무성 부상과 찰스 카트먼 한반도 평화회담 특사는 북한의 미사일 발사 유예와, 미국의 경제제재 해제 및 식량 지원을 맞바꾸는 내용의 타협안을 마련하는 데 성공했다.

이들은 공동 발표문에서 "양쪽은 경제제재와 미사일 문제를 포함한 현안에 대해 생산적인 논의를 했으며, 양자의 관계 개선과 동북아 및 아시아태평양 지역의 평화와 안정에 도움이 되는 긍정적인 분위기를 지속하기 위한 노력을 한다는 데 의견을 모았다"고 모호하게 표현했다. 그러나 이것은 바로 미사일 발사 유예를 뜻하는 것이었다. 베를린 합의가 곧바로 미사일 문제의 최종 해결로 이어진 것은 아니지만, 1년 이상 한반도와 동북아를 짓눌러 왔던 미사일 먹구름을 걷어내는 실마리를 마련한 것만은 분명했다.

1994년 핵 위기에 버금가는 위기감이 고조되던 대결 국면은, 한반도 위기의 진원으로 지목됐던 금창리 핵 의혹 시설이 텅 빈 동굴로 판명되고 북한이 추가적인 미사일 발사를 자제하면서 대화국면으로 전환되기 시작했다. 이 과정에서 윌리엄 페리 대북정책조정관이 1999년 5월 평양을 다녀와서 낸 페리 보고서가 대화 분위기 조성에 결정적 역할을 했다. 페리 조정관은 북한의 미사일이 기본적으로 억지력의 성격이 있다고 인정하고, 북한을 있는 그대로 보자는 내용을 담은 보고서를 의회에 제출했다. 페리 보고서는 애초 강경한 내용을 담을 것으로 예상됐으나, 북한을 방문한 뒤 그의 대북관이 변했고 김대중 정부도 적극적으로 개입함에 따라 온건한 내용으로 바뀌었다.

한국 정부의 미묘한 입장

나중에 빈 동굴로 밝혀지기는 했지만 금창리 지하동굴이 핵 시설이라는 의혹이 일기 시작한 시점에 갑자기 발사된 대포동 1호 미사일은 미국 강경파들의 대북 불신을 한껏 고조시켰다. 일부 강경론자들은 금창리 의혹을 제네바 핵 합의 파기로 단정하고 북한에 대해 이라크 식으로 공중폭격을 해야 한다는 주장을 폈고, 이에 따라 한반도 위기설이 공공연히 나돌았다. 북한의 핵 시설이나 미사일 발사 시설을 폭격한다는 것인데, 그럴 경우 북한이 가만히 앉아서 당하지만은 않을 것이고, 군사적으로 대응한다면 그 이후 상황은 상상하기에도 끔찍한 일이다. 한반도에 삶의 터전을 잡고 있는 우리 민족으로서는 사활이 걸린 문제였다.

한국의 입장에서 본다면, 장거리 미사일보다는 휴전선에 집중 배치돼 있는 북한의 장거리포가 훨씬 더 큰 군사적 위협이었다. 이들은 서울을 직접 겨냥하고 있고, 서울은 그 사정거리 안에 들어 있었다. 그러나 당장 큰일은 미국과 일본이 격앙돼 과잉대응을 하지 않도록 하는 게 급선무였다.

이러한 복잡하고도 민감한 상황에서 정부 정책은 당연히 북한의 미사일 발사를 막도록 노력하되, 설사 미사일이 발사되더라도 이것이 한반도의 긴장을 고조시켜 전쟁 가능성까지 운위되는 일은 반드시 막아야 한다는 이중적 과제를 떠안게 됐다. 북한이 미사일을 발사할 경우 초강경으로 치달을 가능성이 큰 일본을 달래고, 미국 정부가 강경파들의 여론몰이에 따라 강경 일변도로 흐르지 않도록 미리 단속하고 조율할 필요를 느끼게 된 것이다.

이러한 고민은 대북 포용정책을 계속 추진하되, 사안별로 대응할 것이 아니라 근본적으로 문제를 풀어야 하며, 이를 위해서는 한반도의 냉전구조를 근본적으로 해체해야 한다는 데로 귀결됐다.

한반도 냉전구조 해체 구상에 따라 미국과 일본을 설득시키는 것이 가장 큰 과제였다. 미국의 대북정책조정관으로 임명된 윌리엄 페리의 인식을 바꾸는 것이 가장 급선무였다. 애초 미국이 대북정책조정관이라는 자리를 만들고 대북정책을 근본적으로 재검토하도록 한 배경에는 클린턴 행정부의 정책에 대한 미 의회 강경파들의 불신과 비판이 있었다. 이런 점을 생각한다면 보고서가 자칫 대북제재 쪽으로 방향을 잡을 위험성이 매우 컸다. 미국의 강경 여론을 추스르고, 이와 함께 미 의회 강경파들의 목소리를 낮추는 다각적인 노력이 필요했다. 하지만 정부로서는 이 부분에서 한계가 있을 수밖에 없었다.

페리 보고서의 기본 방향을 채찍이 아닌 포용 쪽으로 잡도록 하기 위해 김대중 대통령이 페리를 여러 차례 만나 직접 설득하고 평양을 방문하도록 권고할 정도로 공을 들인 것은 바로 이러한 이유에서였다.

클린턴 정부의 로드 맵, 페리 보고서

페리 보고서는 클린턴 대통령이 1998년 11월 윌리엄 페리 전 국방장관을 대북정책조정관으로 임명하고, 미 행정부의 북한정책을 전면적으로 재검토하는 차원에서 작성해 제출하도록 지시한 대북정책 권고안이다.

클린턴 대통령은 1998년 8월 북한의 금창리 핵 시설 의혹과 대포동 미사일(인공위성) 시험발사로 미국 의회에서 대북 강경기류가 거세어지자 이를 무마하기 위해 페리 정책조정관으로 하여금 미국, 한국, 일본 등 관련국들의 북한정책을 총괄 검토한 후 보고서를 제출하도록 지시했다. 이 권고안을 작성하는 과정에서 페리 조정관은 1999년 5월 25일 북한을 방문했다. 사흘간의 방북기간 중 김정일 국방위원장과의 면담은 이뤄지지 않았지만, 북한을 대외적으로 대표하는 김영남 최고인민회의 상임위원장, 강석주 외무성 제1부상, 김계관 외무성 부상, 리찬

복 인민군 판문점대표부 대표 등 당, 정, 군 고위 인사들과 연달아 회담을 가졌다.

페리 조정관은 평양을 방문하고 돌아와 "북한 체제는 잘 통제되고 있으며, 이 체제가 곧 붕괴한다는 가정은 분별없는 것이다. 우리는 우리가 바라는 대로의 북한이 아니라 있는 그대로의 북한 정부와 교섭해야 한다"고 말했다. 페리 보고서가 제재보다 포용으로 갈 것임을 시사한 것이다.

북한과 미국이 베를린 회담에서 북한의 미사일 시험발사 유예에 합의한 뒤 페리 보고서가 힘을 얻으며 공개됐다. 페리 보고서에는, 잘만 진행된다면 수십 년간 적대관계에 있던 북한과 미국이 관계를 정상화하고 나아가 한반도의 냉전구조를 근본적으로 해체할 수 있는 포괄적이고 종합적인 구상이 들어있었다고 해도 지나친 말이 아니다.

페리 보고서는 형식상 미국 정부에 대한 대북정책 권고안이었지만, 내용을 들여다보면 한국이나 일본 등 관련국들이 함께 공조해야 할 부분들이 적지 않았다. 실제 이 보고서가 확정되기까지 한국, 미국, 일본 세 나라는 긴밀히 협의했다. 이 과정에서 국내 강경 분위기를 의식한 일본과, 한반도 긴장 고조를 피하려는 한국 정부의 입장이 맞서 한때 미묘한 갈등을 겪기도 했다.

페리 보고서의 핵심은 북한 문제에 대해 단기, 중기, 장기로 나눠 정리해놓은 접근방식에 있다. 단기적으로는 북한이 미사일 재발사를 자제하고, 미국은 대북 제재조치를 일부 해제해야 한다는 것이다. 이에 병행해 한국과 일본도 적절한 긍정적 조처를 취하는 것으로 상정돼 있다. 베를린 회담에서 북한 미사일 시험발사 유예가 합의됨으로써, 이러한 단기적 목표는 어느 정도 달성된 것으로 평가됐다.

중기적 목표는 북한으로부터 핵무기와 미사일 개발계획을 중단하겠다는 믿을 만한 보장을 받는 것이다. 이는 제네바 핵 합의가 충실히 준수되는 한편 미사일 전문가 회담 등 복잡한 협상과정을 필요로 하는 것이었다. 미국은 이 과정에서 북한으로 하여금 미사일기술통제체제(MTCR)에 가입하도록 유도한다는 복안을 갖고 있었다. 이와 함께 고위급회담 등을 통해 단계별로 북한에 대한 지원책을 마련하고, 한국이나 일본도 이에 발맞추어 협력을 강화해 간다는 것이었다.

이러한 과정을 거쳐 마지막 장기 목표로 한반도에서 냉전의 종식을 이룬다는 원대한 계획이 페리 보고서에 담겨 있었다. 페리 보고서의 계획이 제대로 진행되고 실제 효력을 발휘했다면, 한반도의 안정과 동북아 평화를 위해 큰 기여를 했을 것이다.

윌리엄 페리 미국 대북정책조정관이 미 의회에 보고한 대북정책 건의서(페리 보고서)는 내용 전체가 비밀로 분류돼, 미 의회에서도 하원 국제관계위원회와 상원 외교위원회 등의 일부 한정된 의원들에만 보고됐다. 페리 보고서가 미 의회에 보고된 뒤 일부 공개된 보고서 주요 내용은 다음과 같다.

- **대북정책의 재검토 필요성**

기존의 대북정책을 추진하던 당시에 비해 한반도와 관련된 상황이 그동안 많이 변해 대북정책을 근본적으로 재검토할 필요성이 생겼다. 상황 변화의 주요 내용은 △북한의 핵과 미사일 개발 △북한의 지도자 교체 △북한 경제의 어려움 △한국 정부의 포용정책 추진과 그 성과

△북한 미사일에 대한 일본의 점증하는 우려 △한국과 일본의 대북한 우려에 대한 중국의 이해 등이다.

• 한반도 안보상황에 대한 평가

미국과 그 동맹국인 한국, 일본 등은 한반도에서 군사적 상황이 발생할 경우 이를 억지할 태세가 돼 있다. 비교적 안정된 이곳 상황은 그러나 북한의 핵 및 미사일 개발 의도로 인해 어려워지고 있다. 따라서 북한의 핵과 미사일 능력을 제한하는 데 정책의 초점이 맞춰져야 한다. 특히 한반도 상황과 관련해 제네바 합의는 북한의 핵물질 보유를 막는 유효한 수단이 되고 있으며, 이런 측면에서 제네바 합의의 유지는 매우 중요하다.

• 미국 의회 및 한국, 일본, 중국, 북한의 시각

이런 현상들에 대해 미국 의회의 시각과 한국 정부의 시각, 일본 정부의 시각이 조금씩 다르다. 중국과 북한도 물론 독자적인 시각에 따라 현 상황을 인식하고 있다(이 부분은 외교적으로 민감하며, 여기 서술된 시각과 평가가 북한과 협상하는 데 바탕이 된다는 이유로 공개되지 않았다).

• 대북정책의 주요 고려 요소

핵과 미사일 위협을 종식시키기 위한 북한의 협력을 확보할 수 있다면, 미국은 북한과 수교하는 것을 포함해 관계 정상화를 할 용의를 갖는 게 필요하며, 한국의 포용정책 및 대북 공존 정책과 공동보조를 취해야 한다. 미국의 대북정책이 성공하기 위해서는 한국, 일본 두 나라의 지지와 협력을 얻는 게 필수적이다. 미국은 대북정책을 수행하는 데 일관성을 갖고 임할 필요가 있으며, 의회의 지지도 필요하다. 영변의 핵 동결이 해제되면 북한이 핵무기 능력을 신속하고 용이하게 획득할 수 있을 것이며, 이에 비추어 제네바 합의의 유지가 긴요하다. 전쟁이 일어날 경우 한국과 미국이 승리할 게 확실하나, 그 과정에서 엄청난 피해가 발생할 것으로 예상되므로 대북 전쟁억지력을 견지할 필요가 있다.

- **문제 해결을 위한 접근방식**

미국은 북한과의 관계 정상화를 위해 노력하고, 북한은 미국의 우려를 해소하기 위한 조처를 취해야 한다. 단기적으로 문제 해결에 도움이 되는 분위기를 조성하기 위해 북한은 미사일 발사를 자제하고, 미국은 대북제재를 일부 해제해야 한다. 이와 병행해 한국과 일본도 적절한 긍정적 조처를 취해야 한다. 중장기적인 목표는 북한으로부터 핵과 미사일 개발계획을 중단하겠다는, 믿을 만한 보장을 받는 것이다. 장기적으로는 한국과 일본, 그리고 북한도 포함한 협조의 틀 속에서 한반도에서 냉전을 종식시키는 것을 목표로 한다.

- **억지력 확보의 필요성**

현실적으로는 북한이 이러한 (미국 쪽) 계획들에 대해 (기대는 하고 있으나) 적극적으로 긍정적인 호응을 해온다고 예상할 수 없다. 따라서 한반도에 상존하는 위협을 줄이기 위한 각종 조처를 동시에 취해야 한다. 미국은 동맹국과 함께 한반도의 안보를 지킬 수 있는 태세를 유지해야 한다.

- **한국과 일본 관련 사항**

이 보고서는 형식적으로 미 행정부의 대북정책 방향을 건의하는 것이므로 한국과 일본이 관련된 분야를 직접적으로 거론하는 것은 적절하지 않지만, 중요한 사항으로 보이는 일부를 포함했다. 한국은 지난 1992년 합의된 남북기본합의서의 이행과 이산가족 재회에 관심이 많다. 일본은 납북 일본인의 조속한 송환에 관심이 많다. 이밖에도 국제사회의 보편적인 사항인 마약밀매 문제 등도 북미관계 정상화 과정에서 다뤄져야 한다. 또 북미간 문제는 아니지만 다자적인 문제로서 북한이 보유하고 있는 생화학무기에 대한 문제도 다뤄져야 한다.

• 주한미군 주둔의 필요성

포용정책이 한반도 안보를 저해하는 정책이라는 오해의 소지를 없애기 위해, 그리고 북한이 항상 이 정책에 긍정적으로 호응해 오지는 않을 것이기 때문에 억지력 차원의 주한미군은 반드시 유지돼야 한다.

• 보고서에 대한 평가

이러한 토대에서 마련된 이번 정책은 동맹국의 확고한 지지를 받고 있다. 대북 포용정책을 취하면서도 전쟁 재발을 억지하기 위한 조처는 유지되고 있다는 사실이다. 또 이 정책은 제네바 합의를 기초로 하고 있다. 우리의 건의가 단기적 목표(핵, 미사일 개발 저지)와 장기적 목표(한반도 냉전 종식을 통한 항구적인 평화 구축)를 잘 조화하고 있다는 사실 역시 이 정책의 장점이라고 스스로 평가하고 싶다.

• 정책 건의

이러한 상황 평가와 검토를 거쳐서 5가지 정책을 건의한다.

1. 대북정책 추진은 포괄적이고 통합된 접근방식을 취해야 한다.
2. 미국 정부 내의 대북정책 추진체제를 강화해야 한다. 이를 위해 각 부서들의 대북정책을 조정하는 대사급 고위직을 임명할 필요가 있다.

3. 현재 가동 중인 한국, 일본과의 3자조정감독국회의(TCOG · 티콕)를 존속시켜야 한다.
4. 미국 의회에서 대북정책을 초당적으로 추진해야 한다.
5. 최근 진전된 상황을 볼 때 심각한 문제는 아니지만, 대북 포용정책이 뿌리를 내리기 전에 북한의 도발에 의한 긴급 상황이 발생할 가능성도 있으므로 이에 대비해야 한다.

햇볕의 길을 트다

한국 정부는 베를린 미사일 협상이 타결되고 포용에 중점을 둔 페리 보고서가 공개된 데 대해 아주 만족스럽다는 반응을 보였다. 특히 김대중 대통령은 자신의 지론인 대북 포용정책 기조가 페리 보고서에 그대로 반영됐다고 평가했다. 북한과 미국이 대화를 하는 방향으로 간다면 남북간 대화와 협력을 모색하는 햇볕정책이 힘을 받을 여건이 형성된다고 본 것이었다.

김 대통령은 페리 보고서에 담긴 내용 정도면 북한이 호응해 올 것이라는 기대를 걸었다. 북한이 호응해 오는 단계 별로 선물을 마련하기로 돼 있는 등 제재보다는 대화와 협력의 틀로 보고서가 짜여 있다고 보았기 때문이었다. 실제로 이듬해에 역사적인 남북 정상회담이 열린 것도, 페리 보고서로 상징되는 당시의 국제적 여건, 다시 말해 미국 클린턴 대통령의 대북정책이 제재에서 포용으로 돌아섰다는 점 때문에 가능했다.

김대중 정부는 한반도 냉전구조를 해체하는 데는 미국이나 일본이 북한과 관계를 개선하고 정상화하는 게 중요한 요소가 된다고 생각하고, 미국과 일본에 그렇게 하도록 권유해 왔다. 이는 과거 정부와는 전혀 다른 정책이었다. 김대중 정부가 들어서기 전까지의 한국 정부들은 말로는 북한이 국제사회에 나오는 것을 돕겠다고 했지만, 내면적으로는 항시 발목을 잡았다. 북미간 협상에도 남북관계 진전의 병행이란 고리를 달아 사실상 북미관계 진전에 걸림돌을 놓았다. 이와 대조적으로 김대중 정부는 미국이나 일본이 남한에 대해 신경 쓰지 말고 북한과 관계 정상화에 나서도록 오히려 독려했다.

김 대통령은 1998년 미국을 방문했을 때 일련의 언론 인터뷰에서 미국 정부에 대해 북한에 대한 경제제재 조처를 해제할 것을 촉구했다. 그는 북한이 외부세계에 문을 열도록 하기 위해서는 북한 내 온건파의 주장에 힘을 실어주는 경제제재 해제 조처가 필요하다는 논리를 폈다. 김 대통령은 페리 대북정책조정관에게도 같은 뜻을 강력히 전달함으로써, 페리 보고서에 경제제재 완화의 필요성에 관한 내용이 들어가는 데 영향을 끼쳤다. 북한이 김대중 정부의 햇볕정책에 대한 초기의 의구심을 푸는 데 이런 노력이 바탕이 됐음은 물론이다.

김 대통령은 페리 보고서에 들어있는 지침이 차질 없이 진행될 수 있도록 노력하겠다는 태도를 보였다. 그는 정경분리 원칙에 따른 대북 지원이나 경제교류를 가속화하면, 북한의 대남 의존도가 높아지게 되고 대화의 실익도 느껴질 것이라고 봤다. 상황이 이렇게 진전되다 보면 남북간 당국자회담이 자연스럽게 재개될 것이고, 회담의 격도 점차 고위급으로 발전할 것이라고 그는 기대했다.

이것이 바로 햇볕정책이 상정했던 기본방향이었다. 2000년 6월 역사적인 남북 정상회담이 성사된 것도 바로 이런 단계들을 거친 뒤의 일이었다.

조명록 차수의 미국 방문

2000년 6월 13~15일 분단 이후 최초로 열린 남북 정상회담을 통해 남북관계가 화해협력 국면으로 돌아서고 한반도 주변에 화해의 기류가 생김으로써, 한반도 냉전구도를 종식시키는 또 다른 한 축인 북미관계도 큰 영향을 받게 됐다. 대결로 점철된 북미관계에도 변화의 물꼬가 터진 것이다. 북한의 조명록 국방위원회 제1부위원장 겸 인민군 총정치국장(차수)이 김정일 국방위원장의 특사 자격으로 10월 9~12일 미국을 방문한 것이 바로 그것이다.

조명록 차수의 미국 방문은 북한 정권 성립 이후 최고위급 인사의 방미라는 점에서 당연히 북미관계를 급진전시킬 것이라는 전망을 낳았다. 조명록 차수는 김 위원장의 최측근 중 한 사람이고 군부를 대표하는 인물이다. 그런 그가 워싱턴을 방문한다는 것은 북미 고위급회담을 바라는 북한의 기대와 의지가 그만큼 크다는 사실을 반영하는 것이었다. 그동안 테러지원국 모자를 쓰고 갈 수는 없다고 완강히 버티던 북한이 테러지원국 명단에서 해제되지 않은 상태에서 대표단을 미국에 보내는 것은 물밑 접촉을 통해 그만한 가능성을 보았기 때문일 터이다.

조명록 차수는 북한과 미국 두 나라 사이의 현안을 북한 안에서는 재량껏 요리할 수 있는 실세로 간주되는 사람이다. 그가 미국을 방문한다는 것은 북미관계의 개선에 걸림돌이 될 가능성이 있는 군부의 향배를 가늠해볼 수 있게 했다. 클린턴 정부는 김정일 위원장이 조명록 차수를 미국에 특사로 보낸 것은 북미 대화에 대해 회의적인 입장인 군부를 설득하거나 다독이는 노력의 일환이라고 해석했다. 미 국무부가 성명을 통해 "실질적인 토의가 이뤄질 것"이라고 밝힌 것도 같은 맥락으로 풀이됐다.

조명록 차수의 미국 방문에 앞서 북한의 백남순 외상과 매들린 올브라이트 미 국무장관이 7월 27일 최초로 북미 외무장관회담을 가졌다. 이는 남북 정상회담 이후의 한반도 긴장완화 분위기를 반영하는 것이었다. 김대중 대통령은 남북 정상회담 직후 미국과의 관계 개선을 희망하는 북한의 뜻을 클린턴 대통령에게 전화로 전하는 한편 황원탁 외교안보수석을 미국에 보내 정상회담 내용을 자세히 설명하도록 했다. 외무장관회담에서는 북미 두 나라 사이의 관계 개선을 위해 서로 적극 협력한다는 원칙이 합의됐다. 북한의 미사일 문제, 북한에 대한 테러지원국 지정 해제 문제, 대북 경제제재 추가 완화조치 등의 현안에 대해서는 서로 공감을 표시했다. 북한은 특히 미국의 테러지원국 지정으로 말미암아 세계은행 등 국제금융기구로부터 자금을 조달할 수 없다면서 테러지원국 명단에서 제외시켜 줄 것을 미국에 지속적으로 요청했다.

조명록 차수는 2000년 10월 8일 미국 샌프란시스코에 도착함으로써 역사적인 미국 방문 일정에 들어갔다. 그는 강석주 외무성 제1부상 등 10여 명의 수행원을 대동했다. 그는 공항에서 윌리엄 페리 전 대북정책조정관과 리형철 유엔주재 북한대사, 리근 차석대사 등 북한 관리들의 영접을 받았다.

그는 10일 백악관으로 클린턴 대통령을 방문해 면담하는 자리에서 북미 두 나라 사이의 관계 개선을 희망하는 김정일 국방위원장의 친서를 전달하고 적대관계 해소를 다짐했다. 백악관 대변인은 브리핑을 통해 클린턴 대통령이 "한반도의 긴장완화 방안에 관한 구상을 촉진할 수도 있는 여러 가지 방안들을 개괄적으로 밝힌 김정일 국방위원장의 서한을 받았다"고 밝혔다.

조명록 차수는 클린턴 대통령의 북한 방문을 요청하는 초청장도 가져와 전달했다. 이는 국가간 외교에 대한 북한 특유의 접근법을 확연히 보여준 사례로 꼽혔다. 국민 여론을 의식하는 미국 행정부로서는 각본이 잘 짜여진 정상회담을 위해 힘이 들더라도 사전에 철저히 준비 협상을 벌이는 것을 선호하지만, 북한의 김정일 위원장은 먼저 최고위층에서 합의를 이루고 구체적인 내용은 추후에 하위급에서 작업하면 된다고 생각하고 있음을 드러낸 것이었다.

조명록 차수는 국무부에서 올브라이트 국무장관을 만날 때는 양복과 넥타이 차림이었으나, 클린턴 대통령을 면담할 때는 인민군 군복 정복 차림으로 바꿔 입고 나와 눈길을 끌었다.

북한과 미국은 12일 공동 코뮤니케를 발표했다. 북한과 미국은 공동 코뮤니케에서 "쌍방은 그 어느 정부도 타방에 대하여 적대적 의사를 가지지 않을 것"이라고 선언했다. 이밖에도 북한과 미국은 내정 불간섭, 자주권 상호 존중, 정전협정의 평화체제 전환 노력, 장거리 미사일 시험발사 유보, 테러 반대를 위한 국제적 노력 지지, 경제 및 무역 전문가의 상호 방문 등 당초 예상을 뛰어넘는 합의를 도출했다.

올브라이트 국무장관은 특별 브리핑에서 자신이 "이달 말께 평양을 방문해 김정일 국방위원장과 회담하는 한편, 클린턴 대통령의 북한 방문을 가능한 한 빠른 시일 안에 성사시키도록 할 것"이라고 밝혔다. 그는 여러 현안에 대한 진전 가능성을 모색하고 클린턴 대통령의 북한 방문 가능성을 탐색하기 위해 평양에 가기로 했다며 자신의 방문 목적을 덧붙였다.

올브라이트 국무장관의 평양 방문

조명록 북한 국방위원회 제1부위원장의 방미 결과 공동 코뮤니케를 성공적으로 발표한 데 고무된 클린턴 정부는 올브라이트 국무장관을 평양에 보내 클린턴 대통령의 방북을 위한 제반 여건이 마련되어 있는지 확인하도록 결정했다.

올브라이트 장관은 2000년 10월 23일 북한을 방문했다. 조명록 차수의 방미 일정이 끝난 지 열흘 밖에 안된 시점이었다. 그만큼 양국 관계는 탄력이 붙어 있었다. 올브라이트 장관은 김정일 국방위원장을 비롯한 북한 지도자들과 회담을 갖고 북미 양국간 현안을 논의하는 한편, 클린턴 대통령의 방북 가능성에 대비한 사전 정지작업을 하기를 원했다. 그는 1945년 북한 정부 수립 이후 평양을 방문한 최초의 미국 각료이자 최고위 관리였다.

올브라이트 장관은 23일 전용기 편으로 평양 순안 공항에 도착해, 김계관 외무성 부상의 영접을 받았다. 올브라이트 장관의 방북에는 웬디 셔먼 대북정책조정관, 일레인 쇼커스 비서실장, 스탠리 로스 국무부 동아태 담당 차관보, 로버트 아인혼 비확산 담당 차관보, 헤럴드 고(고홍주) 인권 담당 차관보, 찰스 카트먼 한반도평화회담 담당 특사, 잭 프리처드 백악관 국가안보회의 아시아 담당 선임국장 등 한반도 관련 핵심 인사들이 대거 동행했다.

올브라이트 장관은 첫날 김일성 주석의 시신이 안치돼 있는 금수산기념궁전을 찾았다. 김정일 국방위원장은 올브라이트 장관의 숙소인 백화원 영빈관을 방문해 첫 회담을 했다. 올브라이트 장관은 이 자리에서 클린턴 대통령의 친서를 전달했다.

김정일 위원장과 올브라이트 장관은 평양 5.1 경기장에서 진행된 10만 명 집단체조(매스게임)와 예술공연을 관람했다. 집단체조 관람 도중 대포동 미사일을 발사하는 카드섹션이 나오자 김 위원장이 "처음이자 마지막 인공위성 발사"라고 말했다고 이튿날 올브라이트 장관이 소개했다.

김정일 위원장과 올브라이트 장관은 6시간 동안 회담을 했다. 두 사람은 진지하게 마라톤 회담을 하면서 상대를 파악했고 서로 좋은 감정을 가졌던 것 같다. 올브라이트 장관은 훗날 "김 위원장은 상대방의 얘기를 매우 잘 들으며, 진지하고 훌륭한 대화 상대자였다. 매우 결단력이 있으며 실용주의적이라는 인상을 강하게 받았다"고 묘사했다.

김 위원장도 후에 러시아 외교관과 만난 자리에서 "올브라이트 장관은 처음에 나를 마치 법정에서 심문하듯 했다"면서 "그녀는 내가 사전에 준비된 원고를 보면서 대답하는지, 아니면 내 생각에 따라서 대답하는지 유심히 살폈다. 내가 내 생각을 간단명료하게 밝히자 그녀는 내 성격이 맘에 드는 모양이었다"고 그때를 술회했다.

올브라이트는 그날 브로치를 세 차례나 바꿔 달았다. 올브라이트는 옷에 다는 브로치를 통해서 자신의 기분과 생각을 표현하는 것으로 알려져 있다. 그는 처음에는 모자를 조금 들어올린 독수리 모양의 브로치를 달았다가, 다음에는 성조기 모양의 브로치로 바꿔 달았다. 그리고 저녁 만찬 때는 크고 작은 2개의 하트를 붙여 만든 브로치를 달고 나타났다.

김정일 위원장은 회담에서 몇 가지 중요한 양보안을 제시했다. 그는 미국이 인공위성 발사를 대신해 준다면 사거리 300마일 이상의 미사일을 포기할 수 있다고 제안했다. 그는 또한 미사일 수출과 관련된 모든 활동을 중단할 용의를 밝혔다. 또 그동안 요구해 오던 연 10억 달러의 현금 보상을 고집하지 않고, 그 대신 식량, 석탄 등 경제에 필요한 현물 지원을 받을 준비가 되어 있음을 밝혔다. 다만 검증 문제에 있어서는 진전이 거의 없었다.

북한의 기존 미사일 보유 문제는 또 하나의 중대한 논의사안이었다. 김정일 위원장의 장거리 미사일 포기 방안은 이미 생산한 무기에 대해서는 적용되지 않기 때문이었다. 코헨 국방장관과 미 합참은 일본과 한국에 주둔하고 있는 미군을 위협하는 미사일을 북한이 폐기할 것을 원하고 있었다.

북한과 미국은 남은 이견을 조율하고 정상회담의 무대를 마련하기 위해 전문가급회담을 말레이시아 콸라룸푸르에서 열기로 했다. 그러나 문제는 북한의 전문가들이 협상에서 결정을 내릴 재량권이 없다는 점이었다. 미국 대표단이 북한의 입장을 명확히 하려고 하자, 북한 대표단은 모욕적이라고 대응하는 등 회담이 차질을 빚었다.

미국 정부는 클린턴 대통령이 방북을 결정하기 전에 북한에서 결정을 내릴 수 있는 유일한 인물인 김정일 위원장과의 회담이 한 번 더 필요하다고 판단했다. 이에 따라 웬디 셔먼 대북정책조정관과 국방부, 국가안보회의, 국무부 인사들로 구성된 팀을 평양에 보낼 계획을 세웠다. 셔먼은 북한이 미사일 문제에 대해 추가적인 양보안을 제시할 경우 정상회담 일자를 제시할 수 있는 권한을 부여받고 있었다.

셔먼이 11월에 평양을 방문해 필요한 양보를 받아내고 클린턴 대통령의 방북 준비를 했다면 한반도 역사는 크게 바뀌었을 것이다. 그렇게 됐다면 클린턴 대통령은 포괄적인 용어로 작성된 합의문에 서명을 했을 것이고, 검증 및 기타 기술적인 문제는 향후 협상을 통해 해결됐을 것이었다.

그러나 안타깝게도 미국 대선 문제가 불거져 나왔다. 플로리다주의 재검표 문제가 마냥 시간을 끌었다. 샌디 버거 안보보좌관은 선거 결과가 확정되지 않은 상황에서 북한에 대표단을 보내기를 주저했다. 버거 보좌관은 국가가 잠재적인 헌법적 위기 상황에 봉착한 때에 대통령이 자리를 비우는 것은 바람직하지 않다는 것이 행정부의 판단이었다고 말했다. 몇 주일이 흐르는 동안 올브라이트와 셔먼은 플로리다 재검표 결과를 초조하게 기다렸다.

12월 중순 대선 결과가 확정된 뒤 셔먼 대북정책조정관과 프리처드 국가안보회의 아시아 담당 선임국장은 부시 행정부의 콜린 파월 신임 국무장관과 콘돌리자 라이스 신임 안보보좌관에게 그동안의 상황을 브리핑했다. 클린턴 행정부 인사들에 따르면 부시 대통령의 외교안보

팀은 클린턴 대통령의 노력을 깎아 내리지는 않겠지만 합의를 지지하지도 않겠다고 말했다고 한다. 이러한 부정적 태도가 셔먼을 북한에 보내지 않기로 결정하게 된 요인이라고 할 수 있다. 부시 신 행정부에서 당시 윤곽이 잡힌 합의를 지지하지 않거나 끝맺지 않을 것이 우려됐기 때문이었다. 결국 클린턴 행정부는 12월 29일 대북 협상을 위한 충분한 시간이 더 이상 없다고 발표했다.

셔먼을 북한으로 보내지 않은 것은 클린턴 대통령의 실수였다는 비판론이 정부 안팎에서 터져 나왔다. 이런 비판을 한 사람들은 대선 결과가 확정되기 전에 백악관이 부시 외교안보팀과 협의를 할 수 있었으나, 그렇게 할 경우 부시 대통령의 대선 승리 주장에 정당성을 보태줄까 봐 주저했다는 것이다.

한반도 외교에 대한 책을 쓴 리온 시갈 교수(전 「뉴욕타임스」 논설위원)는 이에 대해 "그들은 시간이 소진된 것이 아니라 용기가 소진되었던 것"이라고 비판했다.

올브라이트는 당시 클린턴 정부는 최선을 다했다고 주장했다. 그러나 그도 후회를 감출 수는 없었다. 그는 후에 "세계 여러 곳 중 변화를 이룰 기회가 있는 곳이 있었다면, 그곳은 바로 북한이었다"며 "우리가 전진하지 못했던 점에 대해 후회가 있느냐고 묻는다면, 나는 개인적으로 후회되며 우리가 전진할 수 있었다면 좋았을 것이라고 생각한다"고 우회적으로 아쉬움을 드러냈다.

부시 대통령과 9.11 테러 이후의 한반도

클린턴 정책에 반대한다

2001년 1월 조지 부시 공화당 행정부 출범을 계기로 북미관계와 한반도 정세는 새로운 국면을 맞게 됐다. 부시 공화당 정부는 처음부터 전임 클린턴 민주당 행정부와는 전혀 다른 강성 시각을 보였기 때문이다. 한미관계에도 냉기류가 흐르는 등 한반도 정세가 총체적으로 크게 요동을 쳤다.

사실 한반도 냉전구조의 핵심이라고 할 수 있는 군사, 안보적 대립 상황을 극복하는 데는 미국의 전향적 역할이 절대적으로 중요하다. 햇볕정책이 순풍을 타고 성공할 것인가, 역풍을 맞아 비틀거릴 것인가는 미국의 태도에 달려 있다고 해도 과언이 아니다. 미국이 북한과의 관계 정상화에 미온적 태도를 보이고 적대적 대결로 나갈 때 김대중 정부의 한반도 냉전구조 해체 구상은 차질을 빚을 수밖에 없었다. 김대중 정부는 미국이 원하는 대로 첨단무기를 구매하는 등 미국 내 군산복합체와 연관이 깊은 부시 정부를 달래보려 했으나 약효는 오래 지속되지 못했다. 좌절의 연속이었다.

클린턴 정부는 과거의 냉전 시기와 같은 억지력만으로는 한반도에서 북한의 군사적 위협을 제거할 수 없다고 보았다. 그는 그러한 억지력과 더불어 지원, 대화와 협력, 신뢰구축 조처 등이 있어야만 한반도의 평화와 안정을 유지할 수 있다고 보고 개입정책의 틀 안에서 북한 연착륙정책을 추진해 왔다. 북한의 군사적 위협에 대해 직접적 제재를 가하기보다 오히려 식량·의약품·비료 지원, 경제제재 완화, 중유 제공, 경수로 건설 지원 등 포용과 보상을 제공하는 것이 훨씬 낫다고 보았던 것이다.

그러나 공화당이 주도하는 의회는 다른 시각을 보였다. 미국이 식량 지원, 중유 제공, 경수로 건설 지원에 나섰음에도 불구하고 북한이 미사일 수출 및 시험발사, 핵개발 위협, 군사력 증강 등 호전적 태도를 견지해 왔다고 주장했다. 그리고 북한의 잘못된 행동에 대해 미국이 보상을 해온 것은 잘못이라고 클린턴 행정부를 줄곧 비난했다.

공화당은 특히 북미 제네바 합의에 대해 매우 회의적인 입장을 보였다. 제네바 합의가 북한 핵개발의 과거 투명성 확보보다는 미래핵 동결에 중점을 두어 협상을 진행시켰기 때문에 과거핵 문제 해결에 많은 문제점이 있다고 비판했다. 더구나 공화당 강경파 의원들은 북한이 NPT(핵확산금지조약) 협약을 위반하고 불법적으로 핵개발을 추진했음에도 불구하고 미국이 북한을 NPT 체제에 묶어놓기 위해 경수로 2기 건설 등의 보상적 반대급부를 준 것은 나쁜 선례가 되었다고 비난했다.

이에 따라 대북 강경파들은 북한 핵 문제를 근본적으로 해결하지 못하는 제네바 합의를 폐기하거나 재협상해야 한다고 주장해 왔다. 더욱이 경수로 1기가 완성되는 시기까지 미국이 중유 50만 톤을 매년 공급하기로 한 것은 그동안 석유가격까지 상승해 미국에 재정적 부담을 가중시켰다고 목소리를 높였다.

이들은 북한에 대한 지원이 군대 및 김정일 측근들에게 분배되어 김정일 독재정권의 생명을 연장시키는 도구로 전락하고 있다고 비판하기도 했다. 또한 금창리 사찰에 대한 대가로 식량을 지원하고 북한의 미사일 발사 유예조치에 대해서 경제제재 완화조처를 취한 것은 불량국가들에 대한 협상에서 일방적으로 시혜를 베푼 것이라고 비난했다. ABC(Anything But Clinton, 클린턴 외에는 뭐든지)라는 우스갯소리가 나올 정도로 클린턴 정부가 한 일은 모두 뒤집어 놓았다.

클린턴 정부에서 북한의 태도 변화를 긍정적으로 평가하면서 북한에 대한 호칭을 종래의 불량국가(Rogue Country)에서 우려대상국(State of Concern)으로 바꾸도록 하고 직접 방북할 것을 결심할 정도로 북한과의 관계가 개선됐던 것에 비하면, 공화당이 지배하는 의회나 새로 들어선 부시 행정부의 태도는 너무나 달랐다.

공화당의 대북정책 로드 맵, 아미티지 보고서

공화당 인사들의 이러한 보수적 인식을 체계적으로 반영해 제시된 보고서가 바로 아미티지 보고서다. 민주당 클린턴 정부의 페리 보고서에 대응하는 이 보고서는 1999년 2월 아미티지 전 국방차관보를 비롯한 공화당의 한반도 문제 전문가들이 작성한 북한에 대한 포괄적인 접근방안이다.

아미티지 보고서는 미국 대북정책의 목표를 핵, 미사일 등의 대량살상 무기 및 재래식 무기에 의한 군사적 위협 제거에 두어야 한다고 주장한다. 이러한 미국의 요구에 북한이 긍정적 반응을 보일 경우에는 대북 경제제재 완화, 세계은행 등 국제금융기구에 의한 한반도개발기금 창설을 통한 경제지원을 한다는 내용이다.

아미티지 보고서는 대북 정책수단으로 억지와 외교조처를 병행 추진하되, 페리 보고서와는 달리 군사적 억지력의 강화를 보다 많이 요구하고 있다. 예를 들어 대북정책의 외교적 노력에 북한이 부정적 반응을 보일 경우 북한의 핵과 미사일 시설에 대해 선제공격을 할 가능성도 배제하지 않는다. 더욱이 대북 요구조건에는 북한의 군사적 위협을 줄일 수 있는 모든 수단이 들어있다. 결론적으로 아미티지 보고서는 북한에 끌려 다니는 협상보다는, 유인책과 더불어 더 센 채찍을 병행해 대북 협상에서 미국이 주도권을 잡아야 한다고 주장한다.

그런데 부시 행정부를 주도하고 있는 강경파들의 대북 인식은 이러한 아미티지 보고서에서도 한참을 더 나아간 것으로 보인다. 이 보고서를 작성하는 데 중심역할을 한 아미티지는 국무부 부장관으로 임명돼 파월 국무장관과 호흡을 맞추며 대외정책을 이끌고 있는데, 부시 행정부 안에서는 상대적으로 온건파로 꼽힐 정도다.

부시 행정부에서는 딕 체니 부통령과 도널드 럼스펠드 국방장관, 폴

월포위츠 국방부 부장관, 존 볼튼 국무부 차관, 리처드 펄 국방정책자문위원 등 냉전의 전사들이 주도권을 잡고 세계 패권전략을 펼치고 있으며, 같은 맥락에서 대북 강경책도 이끌어가고 있는 것으로 관측된다.

첫 정상회담서 김 대통령 홀대한 부시

성공적인 남북 정상회담 이후 김대중 대통령은 화해와 협력 정책을 통해 한반도 긴장완화, 남북한 교류 및 협력 활성화, 이산가족 상봉, 북한의 변화와 국제사회 참여 등을 주도적으로 이끌어왔다. 특히 정상회담 이후 진전된 남북관계가 긍정적인 한반도 안보환경을 조성하고 있다고 판단하고 있었다. 클린턴 정부의 대북정책을 혹독하게 비판해온 부시 대통령과는 근본적인 인식 차가 드러나지 않을 수 없었다.

김대중 대통령은 새로 출범한 부시 행정부의 대북정책이 강경 쪽으로 굳어지기 전에 설득해야 한다는 생각으로 서둘러 워싱턴으로 향했다. 2001년 3월 8일 부시 대통령과의 첫 정상회담을 통해 미국의 이해와 지지를 이끌어내려 했으나 결과는 너무도 실망스러웠다.

정상회담에서 김 대통령은 부시를 설득할 수 없었다. 김 대통령과의 첫 대면에서 부시는 북한 사회와 김정일에 대한 노골적인 불신을 드러냈다. 부시는 김 대통령이 남북 정상회담을 통해 직접 만난 김정일 위원장에 대한 개인적 판단과 자신이 추진해온 햇볕정책의 효용성에 대해 상세히 설명하려 했다. 그때 부시 대통령은 김 대통령의 발언을 중간 중간 끊으면서 북한에 대한 적대감을 노골적으로 드러내, 회담에 배석한 사람들을 당혹하게 했다.

북한 지도부와 관련해 김 대통령이 "김정일 위원장은 머리가 대단히 좋은 사람이며, 이쪽 말이 납득이 가면 그 자리에서 받아들였다"면서 "남북 정상회담 이후 북한은 변화하고 있고 앞으로도 상당 부분 변화할 것"이라는 견해를 표명하자 부시 대통령은 즉각 반박했다. 그는 김정일 위원장에 대해 노골적으로 반감을 드러내면서, 김 대통령의 설명을 귀담아 들으려고 하지 않았다. 이는 미국 공화당 내 강경론자들의 입김이 일방적으로 주입된 결과였겠지만, 예상했던 것보다 훨씬 완강한 태도여서 김 대통령을 당황하게 했다. 부시는 오히려 김 대통령에게 북한과 교섭할 때 실용주의와 현실적 자세를 지키라고 요구하기까지 했다. 뿐만 아니라 북한에 대해서 철저한 검증과 엄격한 상호주의, 그리고 투명성을 확보해야 한다고 주장했다.

김대중 대통령을 더욱 난감하게 한 것은 부시 대통령이 그를 옆에 세워두고 텔레비전 앞에서 "북한의 지도자에 대해 약간의 의구심을 갖고 있다"고 노골적으로 비난한 점이다.

남북 정상회담을 통해 얻은 한반도 평화에 대한 자신감과 노벨 평화상을 수상한 관록 등으로 부시 대통령을 충분히 설득할 수 있으리라고 생각했던 김 대통령은 부시의 이러한 안하무인에 달리 대응할 길이 없었다.

김 대통령의 계산은 어디서부터 어긋났을까. 부시에 대한 설득이 가능할 것으로 안이하게 여긴 것부터가 판단착오였다. 공화당이 야당일 때는 대북 강경론을 주장했지만, 실제 정책 집행을 책임지게 되면 다른 선택 방안이 없을 것이라고 너무 낙관적으로 봤던 것이다.

김 대통령이 부시 행정부의 한반도 정책 실무팀이 본격적으로 짜여지기 전에 부시 대통령을 만나 설명하고 설득하려 했던 것도 이런 인식의 연장선에서였다. 부시 대통령을 만나 한반도 상황을 설명하는 것이 자칫 대북 강경책으로 흐르기 쉬운 공화당 정부를 초반에 바로 잡는 방안이라고 생각했던 것 같다. 그러나 부시와 그를 둘러싼 인사들의 대북 강경기류는 생각했던 것 이상으로 컸다. 현지에 도착한 후 느낀 부시 정부의 냉대는 서울에서의 예상과 너무도 다른 것이었다.

그동안 한국 정부는 부시 행정부에서 온건한 편에 속하는 파월 국무장관을 포함한 국무부 관리들과 주로 접촉하며 공동성명을 작성하는 등 줄다리기를 해왔다. 그러나 이미 파월의 국무부는 콘돌리자 라이스 안보보좌관의 백악관에 밀리는 상태였고, 부시 행정부의 전체 분위기는 훨씬 강경한 상태였다. 김대중 정권은 이 점을 미처 파악하지 못했던 것이다.

김 대통령이 워싱턴에 머무는 동안 부시 행정부 인사들은 미처 조율이 안 된 탓에 큰 혼란과 혼선을 빚었다. 같은 날 나온 파월 국무장관의 발언과 라이스 백악관 안보보좌관의 북한정책에 관한 발언이 정면으로 충돌하고, 사흘 동안 파월 국무장관의 발언은 온건과 강경을 오가며 파도를 탔다.

대북정책을 둘러싼 불협화음은 관련 부서의 실무 라인이 아직 구성되지 않은 상태에서 부시 행정부 내 강온파의 입장이 대립하면서 힘겨루기 양상으로 번진 데서 비롯한 것으로 분석됐다. 대북정책을 이끄는 백악관, 국무부, 국방부 등의 주요 멤버들 사이에 시각조율이 제대로 이뤄지지 않은 탓이 컸다. 파월 국무장관이 클린턴 정부 때 진행된 대북협상 결과를 이어받을 듯이 말했다가 부시 대통령으로부터 호된 질책을 받고 이를 뒤집는 발언을 한 것이 대표적 사례였다. 파월 장관은 정상회담 하루 전에 클린턴 행정부 시절의 성과를 평가했었는데, 이튿날 말이 달라져 혼선을 부추겼다. 딕 체니 부통령과 도널드 럼스펠드 국방장관 등 강경파들의 반대의견을 받아들여 부시 대통령이 이에 제동을 걸었기 때문일 것이란 분석이 파다했다.

한미 사이에 외교 통로를 통해 미리 조율된 합의문이 배포되기도 전에 두 정상이 먼저 텔레비전 앞에 선 것도 사태를 악화시켰다. 이 자리에서 부시 대통령은 거칠고 직설적인 대북 비난 발언을 했다. 이런 그의 발언이 걸러지지 않고 그대로 방송된 점도 껄끄러웠던 정상회담의 분위기를 더욱 나쁘게 전달하는 효과를 냈다. 한미 양국 실무진 사이에 조율된 공동 발표문에는 그래도 한국 정부의 대북 포용정책을 지지한다는 의례적인 문구가 들어갔다. 애초 미국이 제시한 초안에는 심한 문구가 많이 들어가 있었는데, 외교 통로를 통해 간신히 봉합시켜 놓은 것이다. 부시 대통령은 아버지뻘 되는 김 대통령을 '디스 맨(this man)'이라고 부르는 등 외교적 결례도 서슴지 않았다.

한미 두 나라 정상의 첫 대면이 이처럼 험악했던 데는 한 가지 배경이 깔려 있었다. 김 대통령은 미국에 가기 직전인 2001년 2월 하순 서울에 온 블라디미르 푸틴 러시아 대통령과 회담하고 한러 공동성명을 발표했다. 그런데 이 성명에서 탄도미사일방어(ABM) 조약에 대한 한국 정부의 지지 입장이 표명된 데 대해 부시 행정부가 불쾌감을 가진 것이다. 한러 공동성명에는 "ABM 조약의 보존과 강화를 지지한다"는 내용이 포함됐다. 이것 때문에 한미관계는 홍역을 치러야 했다. ABM 조약을 지지한다는 것은 곧 부시 정부가 중점적으로 추진하는 미사일 방어(MD) 계획에 반대한다는 것과 같기 때문이다. 미국 방문을 앞두고 민감한 사안에서 부시 행정부의 심기를 건드린 한국 정부의 태도에 대해 미국은 크게 불만을 표시했다.

사태가 심각하게 돌아가자 정부는 여러 차례에 걸쳐 미국에 사실상의 사과를 해야 했다. 이정빈 외교통상부 장관과 김하중 외교안보수석이 나서 "한국이 NMD를 반대하는 것은 아니다"라고 해명하며 유감을 표명했다. 미국을 방문한 김대중 대통령도 부시 대통령과의 정상회담에서 "한러 정상회담 이후 NMD 체제에 대한 문제가 제기된 것을 유감스럽게 생각한다"며 "한러 공동성명에 ABM 조약에 대한 내용이 들어가지 말았어야 했다"고 해명했다. 김 대통령은 다른 모임에서도 이에 대해 거듭 유감을 표명해야 했다.

그 전부터도 김대중 정부는 부시 행정부가 한국에 NMD에 참여하라는 압력을 가해올 때마다 모호한 태도를 취하면서 사실상 반대한다는 뜻을 밝혀왔다. 그런데 한러 공동성명에 ABM 조약에 대한 지지의 문구가 들어가자, 미국은 이를 빌미 삼아 길들이기에 나섰던 것이다. 그 바람에 김 대통령은 괘씸죄에 걸려 더 곤욕을 치른 셈이다.

미국의 대표적인 진보인사인 셀리그 해리슨은 부시 대통령이 노벨평화상까지 수상한 김대중 대통령을 옆에 세워두고 북한에 대한 노골적인 불신을 드러내는 안하무인의 태도를 취한 것을 두고 "면전에서 김대중 대통령의 뺨을 때린 격"이라고 혹평했다. 그는 부시의 이런 태도는 '당신에게는 관심이 없으며 서울에서 당신을 반대하는 사람들을 상대하겠다'고 한 것과 같다고 혹독하게 비판했다.

일방적인 대북 대화재개 선언

부시 행정부는 석 달에 걸친 대북정책 종합검토를 끝내고 6월 6일 대북 대화를 재개하겠다고 선언했다. 그러나 이때도 북한에 대한 부시 대통령의 부정적 인식과 고압적 태도는 조금도 바뀌지 않았다. 그는 북미 대화의 의제로 다음 세 가지를 일방적으로 제의했다. 제네바 핵합의 이행 개선, 북한 미사일 계획에 대한 검증 가능한 규제와 미사일 수출 금지, 그리고 북의 재래식 무기 감축과 북한 군사력의 후방 재배치가 그것이었다.

그러나 이런 의제들은 모두 북한으로서는 받아들이기 힘든 것이었다. 제네바 핵합의 이행 개선은 조기 핵사찰과 플루토늄 추출 여부에 대한 현장검증을 뜻하는 것이었고, 미사일 계획의 검증 가능한 규제와 미사일 수출의 금지는 북한을 직접 방문해 미사일 배치상태 등을 확인 점검하겠다는 뜻으로 받아들여졌다.

특히 재래식 무기 감축 및 후방 재배치는 북한이 가장 민감하게 받아들일 부분이었다. 북한으로서는 군사력을 후방으로 재배치하면 가뜩이나 열세인 군사력의 균형이 무너진다고 생각할 것이다. 그나마 군사력을 주한미군 가까이, 휴전선 근처에 전진 배치해야만 적의 공격을 억제할 수 있다는 게 북한의 판단일 것이다. 무엇보다 서울을 북한 군사력의 사정권 안에 두고 있다는 것이 그들로서는 최대의 안전판 구실을 한다는 생각을 갖고 있을 터였다.

북한은 6월 18일 외무성 대변인 성명을 통해 미국이 제시한 의제에 끌려가지 않겠다는 의지를 표명했다. 북한은 미국의 대화재개 제안을 "일방적이고 전제조건적이며 그 의도가 적대적"이라고 평가하면서 "이미 쌍방이 공약한 조미 기본합의문과 조미 공동 코뮤니케에서의 합의사항을 이행하기 위한 실천적 문제를 의제로 삼을 것"을 주장했다. 이와 함께 경수로 건설 지연에 따른 전력보상 문제를 북미 대화의 최우선 의제로 삼을 것을 역으로 제안했다. 또 재래식 무기 문제를 논의하기 위해서는 주한미군 철수가 선행돼야 한다고 주장했다.

한국 정부 역시 미국이 북한의 재래식 무기를 협상의제로 들고 나오면 북한이 주한미군 철수 주장을 펼 것이므로 논쟁만 가열시킬 뿐 실익이 없다고 지적하면서, 이 문제는 한국 정부에 맡겨줄 것을 여러 차례 미국에 요청했다. 핵을 포함한 대량살상 무기 문제는 미국이, 재래식 무기는 한국이 각각 대표가 돼 북한과 협상했던 클린턴 대통령 시절의 역할분담 체제가 무너진 것이다.

재래식 무기를 협상의제로 삼겠다는 미국의 태도는 한국 정부의 다각적인 노력에 의해 그 후 어느 정도 강도가 누그러졌으나, 이 문제가 의제에서 완전히 빠지지는 않았다.

9.11 테러 사태에 휘말린 한반도

2001년 9월 11일 미국에서 발생한 항공기 테러는 비단 미국 국민에게만 충격을 준 것이 아니었다. 9.11 테러 이후 세계사적인 변화가 일어났다. 부시 미국 대통령은 테러와의 전쟁을 선언했다. 알 카에다 테러조직을 배후에서 지원했다는 혐의로 아프가니스탄을 공격했고, 그 뒤 대량살상 무기를 보유하고 있다는 혐의를 씌워 이라크를 침공했다. 부시 행정부의 테러와의 전쟁은 전 세계를 폭풍처럼 강타했다.

한반도도 이 폭풍에서 예외지대가 될 수 없었다. 9.11 테러가 일어났을 때 순간적으로 한반도에 미칠 부정적 여파를 머리에 떠올리지 않은 한국인은 아마 드물었을 것이다. 미국으로부터 14년째 테러지원국 명단에 올라 있는 북한의 처지를 익히 알고 있는 터였기에 미국의 테러 응징 파고에 혹시 북한이 휩쓸리지 않을까 하는 우려가 드는 것은 당연했다.

1년여 전 남북 정상회담이 열리고 한반도에서 군사적 긴장관계가 상당히 완화됐음에도 불구하고, 어떤 계기로든 북한과 미국의 대립이 격화하면 한반도는 우리의 바람과 상관없이 긴장이 고조되고 분쟁의 소용돌이에 휘말릴 수밖에 없는 구조라는 냉엄한 현실을 다시 실감해야 했다.

예기치 못했던 테러사태에 북한은 이례적으로 발 빠른 대응을 했다. 북한은 테러가 터진 다음날인 9월 12일 외무성 대변인 담화를 통해 이번 테러에 유감을 표명하면서 테러에 반대한다는 입장을 밝혔다. 리형철 유엔주재 북한대표부 대사는 10월 5일 유엔총회 연설을 통해 테러에 반대한다는 입장을 다시 한번 공식 천명했다.

북한은 또 6개월여의 공백 끝에 재개하기로 약속했던 5차 남북 장관급회담을 테러사태와 상관없이 9월 15일부터 예정대로 서울에서 열었다. 남북은 이 회담에서 이산가족 상봉, 경의선 연결, 금강산 육로관광에 대한 협의 등 주요 현안을 합의하고, 그 내용을 공동 보도문을 통해 발표했다.

그러나 북한의 이런 태도는 오래갈 수 없었다. 북한은 5차 장관급회담 합의에 따라 진행하기로 했던 이산가족 상봉 행사를 불과 나흘 앞둔 10월 12일 돌연 이를 연기한다고 일방적으로 통보해왔다. 북한은 그 이유로 불안한 남조선 정세를 들었다. 그러면서 북한은 앞으로 남북회담은 안전한 금강산에서 하자고 고집했다.

북한은 테러사태 직후 김대중 대통령이 육해공군 전군에 비상경계 태세를 내리고, 이어 미 공군 1개 대대가 남한에 추가로 배치된 데 대해 강한 불만을 나타냈다.

한미 두 나라는 "서태평양에 위치한 항공모함 키티호크호를 중동지역에 투입함에 따라 역내 전투력 공백을 최소화하기 위해 미 공군전력을 한반도에 추가 배치하기로 합의했다"고 발표했다. 국방부 관계자는 이어 미국 본토에 주둔하고 있던 1개 대대급 항공전력이 중남부 지역으로 이동했다고 밝혔다. 이는 서태평양을 지키는 미 7함대의 주력인 키티호크호가 중동지역으로 이동하게 되자 미리 정해진 전술 매뉴얼에 따라 취해진 후속조처였던 것으로 알려졌다.

남쪽 정서로 볼 때 우리 군의 경계태세 강화는 북한을 겨냥한 것이라기보다는 전 세계적인 테러전쟁에 대비한 의례적 조처였다. 미군 항공모함 키티호크호의 이동에 따른 F-15E의 한반도 증편 역시 테러전쟁에 따른 전술적 군사이동이므로 북한을 크게 자극하리라 여기지 않았다. 그러나 북한의 입장에서는 미 항공전력의 남한 추가배치는 이례적인 것이었고, 예사롭게 넘기기 어려웠을 것이다.

특히 북한 체제에서 독자적인 목소리를 내는 군부가 민감하게 반응하면서 그 입김이 상당히 작용했으리란 분석도 나왔다. 김정일 국방위원장이 군부를 확실히 장악하고 있다는 데 대해서는 별 이견이 없지만, 그렇다고 해서 군부가 가볍게만 대할 수 있는 집단은 아니다. 비상 상황에서 마치 아무 일도 없다는 듯 남북 이산가족들이 만나고 남북 대표단이 서로 오가며 회담을 하는 데 대해 북한 군부가 반대하고 나섰을 가능성이 크다.

안보를 책임진 군부의 입김이 세질 수 있는 여건이었기 때문이다. 협상파의 입지가 좁아졌음은 분명했다. 비무장지대를 뚫고 지나가야 하는 경의선 연결과 도로 건설, 금강산 육로관광 협의에 대해서도 북한 군부는 분명 반대하는 입장이었을 것이다.

이런 북한의 태도는 남한을 실망시키고 미국을 자극했다. 9.11 테러가 발생한 뒤 부시 대통령의 대북 인식은 더욱 강경해졌다. 그는 중국 상하이에서 열린 APEC(아시아태평양경제협력체) 정상회의에 참석하기 직전 국내「연합통신」과 가진 특별회견에서 "우리와의 협상뿐 아니라 남한 정부와의 약속도 이행하기를 거부하는 이 사람을 도대체 어떻게 봐야 하느냐"며 김정일 국방위원장에 대한 불신을 감추지 않았다.

이에 대해 북한이 즉각 반발하고 나선 것도 당연했다. 북한은 "초강대국 대통령의 체모에 어울리지 않는 경솔한 행동"이라며 대화 중단의 책임이 미국에 있다는 주장을 반복했다.

악의 축

부시 대통령의 부정적 대북 인식을 바꾸려는 김대중 정부의 노력에도 불구하고 부시의 태도는 전혀 바뀌지 않았다. 부시 대통령의 대북 강경책이 가장 극적으로 드러난 것이 북한을 겨냥한 악의 축(Axis of Evil) 발언이다.

부시 대통령은 2002년 1월 30일 상하원 합동회의에서 행한 연두교서에서 "미국은 세계에서 가장 위험한 국가들이 세계에서 가장 파괴적인 무기들로 미국을 위협하도록 허용하지 않을 것"이라고 경고하며 이라크, 이란과 함께 북한을 악의 축으로 규정했다.

그는 반테러 전쟁 수행과 안보강화, 경제회복을 3대 국정지표로 제시하면서 "이란, 이라크, 북한 등 불량국가와 이들의 우방인 테러국가들은 세계평화를 위협하려고 무장하고 있으며 악의 축을 이루고 있다"고 언급했다. 미국 대통령이 특정 국가에 대해 악의 축이라는 표현을 쓴 것은 레이건 행정부가 소련을 악의 제국이라고 표현한 것과 비슷하다. 이는 클린턴 행정부가 쓰던 불량국가(rogue country) 보다 훨씬 강한 표현이다.

부시 대통령이 북한을 겨냥해 악의 축이란 극단적 용어를 쓴 것은 김대중 대통령과 첫 정상회담을 하는 자리에서 북한 지도자에 대해 약간의 의구심을 갖고 있다고 말해 찬바람을 일으킨 것에서 훨씬 더 나간 태도다. 그것도 즉흥적인 발언이 아니고 몇 차례 독회를 거친 국정연설에서 나온 것이니 만큼 철저히 계산된 발언으로 봐야 한다.

이에 대해 북한은 다음날 외무성 대변인 성명을 통해 "근래의 북미관계 역사를 통해 자주적인 주권국가인 우리나라에 이처럼 노골적인 침략위협을 가한 적이 없다"면서 "우리에 대한 선전포고나 다름없다"고 미국을 강력히 비난했다.

부시 대통령이 연두교서에서 한 악의 축 발언은 옛날 일본군의 진주만 공격을 받은 미국의 루즈벨트 대통령이 의회에 선전포고를 요구한 전쟁교서 연설문에서 힌트를 얻었다고 한다. 부시 대통령의 연설문 작성 보좌관이었던 데이비드 프롬은 최근 출판한 회고록에서 "'이라크 공격을 정당화하는 최선의 이유를 써 달라'는 요청을 받았고, 궁리 끝에 1941년 루스벨트 대통령의 선전포고 연설문을 생각해냈다"고 밝혔다. 그는 이라크를 중심으로 한 테러국가나 조직, 집단이 일본, 독일, 이탈리아가 맺었던 3국 동맹처럼 하나의 진영을 의미한다는 뜻으로 축(axis)이라는 표현을 예시했다는 것이다.

애초의 연설문은 이라크에게만 거친 언어를 사용하는 것으로 돼 있었으나 콘돌리자 라이스 백악관 안보보좌관 등의 의견에 따라 이란이 추가됐고 최종적으로는 북한이 얹어졌다. 또 처음에는 증오의 축이라는 표현이 사용됐으나, 부시 대통령이 좋아하는 신학 용어 비슷하게 바뀌어 악의 축이 됐다는 것이다.

부시 대통령의 2월 방한을 남북관계 개선은 물론 북미 대화 재개의 계기로 삼겠다고 내심 별러온 김대중 정부로서 그의 악의 축 발언은 여간 당혹스럽고 낭패스런 일이 아닐 수 없었다. 부시가 서울에 오면 그를 설득해 북한에 대한 압박을 누그러뜨리도록 하려고 했는데, 현상유지에도 급급해야 할 처지에 몰렸으니 혹을 떼려다 오히려 붙인 격이었다.

부시 대통령은 2002년 2월 서울을 방문해 김대중 대통령과 두 번째 정상회담을 가졌다. 한국 정부는 부시 대통령이 서울에 와서 악의 축 발언을 되풀이할까봐 매우 걱정했다. 다행히 부시 대통령은 대북 포용 정책을 지지한다는 뜻을 밝히고 "북한과 전쟁할 의사가 없다"고도 말해 우리의 걱정을 한시름 덜게 했다. 그러나 그는 도라산 역을 방문한 자리에서 북한 정권과 북한 주민들을 분리해야 한다는 발언을 해, 또 한번 북한 지도부를 자극했다.

악의 축 소동으로 부시 행정부는 여러 가지 이득을 챙겼다. 국방예산을 늘릴 수 있었고, 미사일방어 체제 구축을 위한 토대를 닦았다. 한국과 관련해서는 껄끄러운 주한미군 용산기지 이전 문제를 잠재웠고, 차기 전투기사업 경쟁에서 탈락할 위기에 놓였던 보잉을 가장 유력한 후보로 떠오르도록 하는 눈부신 성과를 거뒀다. 미국 내 경쟁에서 록히드 마틴에 밀린 보잉의 군수사업을 다시 일으켜 세우는 부담을 한국에 지운 셈이다. 부시 행정부는 전투기뿐 아니라 앞으로 한국에 다른 각종의 무기를 팔 때 딴소리가 나오지 못하도록 여러 겹의 차단막을 쳤다.

서울에 온 부시 대통령이 북한 문제에 관해 다소 유연한 태도를 보인 것은, 마침 한국 정부의 차기 전투기 기종 선정을 둘러싸고 보잉의 F-15K 기종을 놓고 한미 양국이 신경전을 벌이고 있었던 점을 고려했기 때문으로 받아들여졌다.

청와대는 차기 전투기 도입 문제에 대해서는 한미 정상회담에서 한 마디도 없었다고 설명했다. 하지만 이 말을 곧이곧대로 믿는 사람은 드물었다. 미국은 1년 전부터 콜린 파월 국무장관이 나서서 한국 정부에 F-15를 구매할 것을 종용했고, 보잉 사장은 각 군 총장을 만나는 등 한국에 무기를 팔기 위해 총력을 기울여 왔기 때문이다. 더구나 미국의 해외 무기판매 업무를 다뤄온 피터 로드먼 국방부 국제안보 담당 차관보가 비공식 수행원으로 부시를 따라온 데서도 미국의 의지를 읽을 수 있었다.

한국 정부가 계획 중인 무기도입 양은 무려 10조 원 규모에 이르는 것으로 알려졌다. 미국 보잉의 F-15가 프랑스 라팔과 경합을 벌인 4조 2000억 원 규모의 차기 전투기 도입 사업 외에 2조 4000억 원 규모의 대공 유도무기(SAM-X) 도입 사업도 관심을 집중시키고 있었다. 이 사업에는 미국 레이시온의 패트리어트 미사일 개량형 PAC-3이 단독으로 참여해 협상을 벌여왔다. 2조 1000억 원 규모의 차기 공격용 헬기(AH-X) 도입 사업은 우리 지형에 맞지 않는다는 논란에 휘말려 전망은 비록 불투명해졌지만, 이 사업에서도 보잉의 아파치 헬기 AH-64D가 유력하게 거론돼 왔다. 해군에서 추진해온 이지스급 구축함 도입 사업도 관심을 모았다. 무기판매 업체들로서는 하나같이 군침이 도는 대형 사업들이다.

흥미로운 것은 한국의 무기 수입이 냉전이 해체되기 시작한 1990년대 들어 부쩍 늘어났다는 점이다. 북한의 위협이 상대적으로 줄어든 시점에 무기 수입은 늘어난 것이다. 한국이 1997~1998년 IMF 위기를 겪었음에도 무기 수입이 늘어난 역설적인 현상이 벌어졌다. 무기판매에는 구매자 쪽 사정보다 판매자 쪽 동기가 더 크게 작용한다는 분석을 곱씹어보게 하는 대목이다.

한국이 그동안 수입한 무기 가운데 81퍼센트는 미국산이다. 역대 군사정부는 미국과의 관계에서 정통성 결여에 따른 약점을 보완하고 군사독재라는 비판을 막기 위한 방편으로 고가의 미국 무기를 구입했다. 그런데 민간정부인 김대중 정부에서도 대북 강경책을 펴는 미국을 달래는 수단으로 울며 겨자 먹기로 무기구입을 해야 할 처지가 됐다. 개그맨 배칠수는 김대중 대통령의 목소리를 흉내 내면서 미국의 F-15 전투기 강매를 F-15 자전거 강매로 빗대어 표현해서 폭발적인 화제를 모았다. F-15 자전거를 강제로 우리나라에 팔려는 부시 대통령에게 김대중 대통령이 항의전화를 하는 내용의 이 코믹 풍자는 미국의 무기구입 요청에 어쩔 수 없이 응할 수밖에 없었던 우리의 처지를 너무도 잘 표현한 것이었다.

　미 군사당국이 뚜렷한 출처나 계기 없이 갑자기 북한의 군사적 위협을 부풀려 공표할 경우, 그것은 대개 무기 판매와 관련이 있다는 분석에 유의할 필요가 있다. 예를 들어 미국 군사 소식통이 뜬금없이 북한의 스커드 미사일 위협을 부각시키는 자료를 내는 것은 차기 대공유도 무기인 패트리어트 미사일의 판매와 연관이 있고, 북한의 탱크 전력이 증강됐다면서 난데없는 탱크 위협론을 부각시키면 공격용 헬기를 판매하려는 속셈으로 볼 수 있다. 물론 차제에 첨단무기를 갖춰 강한 군대를 만들고 싶어 하는 우리 각 군의 욕구도 있을 것이다. 이런 사정들이 겹쳐 엄청난 무기구입으로 이어진다.

　하지만 첨단무기 수입은 한정된 정부 예산을 국민 삶의 질 향상에 쓰지 못하게 하며, 남북 사이의 군사적 신뢰를 무너뜨려 한반도 평화를 방해한다는 점에서 비판을 피할 수 없다. 더구나 한국과 미국이 계속 첨단무기를 늘려가면서 북한에게는 재래식 무기의 감축과 후방 배치를 요구하는 것은 억지스럽다는 지적이 가능하다.

미국, 핵 선제공격 가능성을 열어두다

미국 국방부는 비밀문서인 '핵태세 보고서(Nuclear Posture Review)'를 2002년 1월 8일 의회에 제출했다. 그 내용 중 일부는 2002년 3월 초 「로스앤젤레스타임스」에 보도되면서 알려졌다. 이어 3월 14일 군사 및 첩보 문제를 다루는 인터넷 군사전문 사이트인 글로벌 시큐리티(www.GlobalSecurity.org)에 발췌본이 공개돼 큰 파문을 불러 일으켰다.

핵태세 보고서는 7개 나라를 잠정적 선제 핵공격 대상국으로 지목하고 있다. 7개국은 북한을 비롯해 이라크, 이란, 리비아, 시리아, 중국, 러시아다. 핵태세 보고서는 이들 나라가 주는 위협의 수준을 차등적으로 평가하고 있다. 이에 따르면 북한, 이라크, 이란, 시리아, 리비아 등 5개국은 "오랫동안 미국과 미국의 동맹국에 적대적인 국가"이며 "즉각적, 잠재적 우발상황에 개입할 수 있는 국가"라는 것이다. 이들 5개국은 테러를 지원하거나 테러리스트들을 체류시키고 있고, 미사일 등 대량살상 무기 개발 프로그램을 갖고 있는 나라로 간주된다. 보고서는 특히 북한과 이라크를 "지속적인 관심을 기울여야 할 대상"으로 분류함으로써 이들이 요주의 국가임을 분명히 했고, 이란을 "새로운 요주의 국가"로 지목했다.

핵태세 보고서가 중국의 위협을 북한, 이라크, 이란, 리비아, 시리아 등 5개국의 위협보다 낮게 평가했다는 점은 흥미로운 대목이다. 보고서는 중국을 "즉각적, 잠재적 우발상황에 개입할 수 있는 국가"이며 "핵 및 비핵 군사력의 현대화를 추진하고 있는 나라"로 평가하면서도

"적대적이지는 않다"는 표현을 썼다. 러시아에 대해서도 "미국을 제외하고는 지구상에서 가장 가공할 핵전력을 보유하고 있지만 냉전기와는 달리 미국과 갈등관계에 있지 않으며 협조적인 관계로 발전하고 있기 때문에 핵 타격을 가하는 상황은 예상되지 않는다"고 표현했다.

핵태세 보고서가 중국과 러시아를 선제 핵공격 대상국으로 지목한 것은 새삼스러운 일은 아니다. 중국과 러시아는 핵보유국이며 오래 전부터 미국과 갈등관계에 있었기 때문이다. 이보다는 북한 등 5개국이 핵 선제공격 대상에 새로 포함된 사실이 더 중요하다. 이는 곧 새로 핵무기를 개발해 핵강국 반열에 들려고 하거나 테러를 지원하는 나라들은 그냥 놔두지 않겠다는 부시 행정부의 의지를 반영한 것이다.

핵태세 보고서는 미국이 핵무기를 사용할 수 있는 세 가지 상황으로 ① 통상적인 무기로는 파괴할 수 없는 목표물(견고한 지하에 위치한 목표물과 같은)의 파괴 ② 핵무기, 화학무기, 생물무기를 이용한 적의 공격에 대한 보복 ③ 기타 불시의 군사사태를 들고 있다. 이 보고서는 핵전쟁 가능성을 한층 더 높였다는 비난을 받고 있다. 특히 보고서가 표현한 '기타 불시의 군사사태'란 것은 미국 정부가 멋대로 해석할 수 있는 것이어서, 사실상 미국이 마음만 먹으면 얼마든지 핵무기를 사용할 수 있는 근거로 악용될 가능성이 있다.

보고서는 미국이 대비해야 하는 불시의 군사사태를 즉각적 사태, 잠재적 사태, 예기치 않은 사태 등 세 가지로 나누고, 각각에 대한 예를 명시하고 있다.

우선 '즉각적 사태'란 충분히 식별할 수 있는 현재의 위협을 말하며, 그 예로 든 것은 이라크의 이스라엘 및 주변국 공격, 중국과 대만의 군사적 충돌, 북한의 무력남침 등 세 가지다. 이 보고서가 북한의 무력남침을 즉각적 사태의 한 사례로 제시했다는 것은 그만큼 미국이 북한을 위험한 세력으로 간주하고 있다는 뜻이다.

'잠재적 사태'란 즉각적이지는 않지만 향후 존재할 수 있는 위협을 말한다. 그 예로는 미국과 미국의 우방에 대해 적대적인 세력이 새로이 등장하여 대량살상 무기 및 그 투발 수단을 보유해 미국의 방어계획이나 핵전략에 영향을 주는 상황이 가정돼 있다.

마지막으로 '예기치 않은 사태'는 과거 쿠바 미사일 위기와 같은 갑작스러운 안보위협이 발생하는 경우를 지칭한다. 그 예로 거론된 것은 적대적 성향의 지도부가 특정 국가를 장악해 대량살상 무기를 보유하거나, 기존의 적대국가가 대량살상 무기를 보유하는 경우다.

이 보고서는 전 세계 70여 개 나라에 1만 개가 넘는 것으로 추정되는 목표물이 지하 깊숙이 숨겨져 있으며, 그 가운데 탄도미사일 및 대량살상 무기 등 1400여 개 지하 시설물에 대해서는 미국 정부가 특별히 주목하고 있다고 밝혔다. 하지만 미국은 이들 전략적 시설에 대처할 수단을 충분히 갖고 있지 못하기 때문에 이들 목표물을 파괴하기 위해 소형 핵폭탄을 개발할 계획이라는 것이다.

북한은 부시 대통령이 자신을 악의 축으로 규정한 데 이어 핵태세 보고서가 자신을 선제 핵공격 대상인 7개국에 포함시켰음을 알게 되자, 3월 14일 외무성 대변인 담화를 발표해 미국과의 합의를 재검토하겠다고 경고하고 나섰다. 외무성 대변인은 "우리에 대한 핵공격 계획이 사실로 확증되는 경우 그것은 우리로 하여금 부득불 그 어떤 조미합의에도 구애됨이 없이 그에 대응한 실질적인 조치를 취해나갈 수밖에 없게 하는 새로운 정세를 조성하게 될 것"이라며 "미국은 1993년 조미 공동성명과 1994년 조미 기본합의문을 통해 조선민주주의인민공화국에 대해 핵무기를 사용하지 않으며 핵무기로 위협하지도 않을 것을 담보했다"고 강조했다.

「로동신문」은 "최근 부시 행정부는 핵전략의 초점을 일부 대국들과 저들의 비위에 거슬리는 작은 나라들에 돌리고 유사시 핵 선제공격을 하려는 기도를 노골적으로 드러내 보이고 있다"고 강력히 비난했다.

핵태세 보고서에 이어 부시 행정부는 2002년 9월 국가안보전략 보고서를 의회에 제출했다. 미국 행정부는 2년마다 국가안보전략 보고서를 발표하는데, 9.11 테러가 발생하자 이에 대한 대책을 담느라고 발표가 예년에 비해 몇 달 늦어졌다.

이번 국가안보전략 보고서는 테러 및 대량살상 무기의 위협을 제거하는 것을 최우선 국가안보 목표로 설정했다. 이에 따라 필요시 단독 행동 및 선제공격도 불사하고, 이를 위한 반테러 국제 연대와 동맹을 강화할 필요성을 역설했다. 공세적 안보전략을 제시한 것이다. 테러조직을 분쇄하고, 이들에 대한 지원을 차단하며, 국제연대를 통해 대테러 군사 및 경제적 지원을 확보해 나가야 한다는 것이다.

이 보고서는 한반도의 안보환경에 영향을 미칠 수밖에 없다. 왜냐하면 이라크나 북한 등 소위 불량국가의 대량살상 무기 개발 및 공격 가능성에 대비해야 한다는 언급이 들어있기 때문이다. 보고서는 불량국가가 후원하는 테러집단이 대량살상 무기로 위협을 하는 것을 방지해야 한다고 강조하고 있다. 보고서는 이라크의 경우 생화학무기는 물론 핵무기 획득까지 시도하고 있다고 설명하고 있고, 북한은 지난 10년간

전 세계 탄도미사일의 주 공급원이었다고 적시하고 있다.

보고서는 불량국가 및 테러집단의 대량살상 무기 획득을 저지하기 위해서는 핵확산금지조약(NPT)이나 미사일기술통제체제(MTCR)와 같은 기존의 비확산 체제를 강화하는 한편, 적극적인 반확산 노력을 통해 위협이 가해오기 전에 위협 요인을 제거해야 한다고 역설하고 있다. 특히 냉전시대의 억제 및 봉쇄 전략과 같은 피동적인 방법으로는 새로운 안보위협에 대처할 수 없다며, 선제공격의 불가피성을 강조하고 있다. 북한에 대한 미국의 잠재적 공격 가능성을 우려하지 않을 수 없는 대목이다.

보고서는 또 선제공격의 의미와 범위를 과거 국제법상 정당한 행위로 인정돼 왔던 "임박한 적의 공격을 대응한 사전공격"에서 더 확대해 "대미 위협을 저지하기 위해서는 임박한 공격의 증거가 없더라도 공격할 수 있다"는 예방적 전쟁 논리까지 포함하고 있다. 예방적 전쟁을 할 수 있게 하는 징후로는 적국 군대의 기동 등 가시적이고 임박한 공격의 징후, 불량국가와 테러조직 등이 대량살상 무기를 사전경고 없이 사용할 가능성이 높은 경우, 그리고 위협이 점증해 적극적이고 예방적인 조처가 필요한 경우 등이 명시돼 있다.

미국의 한반도 전쟁 시나리오

글로벌 시큐리티는 한반도에 전쟁이 발발할 경우 실행될 한미 양국 군사작전 계획인 'OPLAN 5027'을 공개해 큰 충격을 안겨주고 있다.

글로벌 시큐리티는 제1차 북한 핵 위기가 발발했던 1994년판부터 검토 과정에 있는 2004년판까지 여섯 차례에 걸쳐 변화해온 한미 군사작전 계획을 소개했다.

그 가운데 가장 충격적인 것은 조지 부시 정권이 출범하고 9.11 테러가 발생한 직후 만들어진 2002년판의 내용이다. 글로벌 시큐리티는 "부시 행정부의 새로운 독트린에 따라 신속한 선제공격을 강조한 2002년판 작전계획에는 미국이 한국과 상의하지 않고 북한과 전쟁을 치를 수 있다는 내용도 들어있다"고 밝혔다.

글로벌 시큐리티가 밝힌 OPLAN 5027의 연도별 주요 내용은 다음과 같으며, 이를 통해 우리는 미국의 한반도 군사전략의 흐름과 실상을 알 수 있다.

• **1994년판** : 한미 연합군의 원산 상륙작전 감행이 특징이다. 이 작전은 기본적으로 한국의 군사력이 북한의 도발에 대해 얼마나 오래 지탱할 수 있느냐가 관건이다. 북한의 도발 개시일부터 대략 5~15일, 그리고 한미 연합군이 기동력을 갖춰 효과적으로 반격에 나설 때까지 추가로 15~20일 동안 한국이 북한의 공격을 막아내야 작전이 성공할 수 있다. 북한이 도발을 감행할 경우 한국은 비무장지대에서 20~30마일가량 후방의 저지선인 피버 부라보(FEBA Bravo)를 안정적으로 사수하고, 미국의 추가병력이 도착하면 공동으로 반격을 개시한다. 폭격기를 이용한 북한 공습은 한미 연합군의 반격이 시작되기 전에 감행한다. 미 해병사단과 82 공수사단은 한국군 정예사단과 함께 원산에 상륙하고, 나머지 군대는 평양 점령을 위해 서울 북부에서부터 공격을 개시한

다. 결론적으로 이 작전은 두 갈래로 갈라진 군대가 다시 만나 평양을 점령한다는 것이다.

• **1996년판** : 미국과 북한의 제네바 핵협상 타결로 북핵 위기가 다소 해소되면서 'OPLAN 5027'의 1996년판은 강도가 약해졌다. 1996년판의 핵심은, 북한이 전쟁을 일으키면 일본이 미군의 전초기지 역할을 해야 한다는 부분에 있다. 이는 한미 연합군이 북한에 대한 반격에 나서는 데 걸리는 시간을 최대한 단축해야 한다는 의도를 깔고 있다. 일본 의회는 1999년 5월 24일 미군이 태평양 지역과 일본에 주둔하면서 일본을 한반도 전쟁의 전초기지화할 수 있다는 내용의 법안을 통과시켰다.

• **1998년판** : 종전의 작전계획이 주로 북한의 도발을 막아내는 방어에 치중했던 것과 달리 1998년판은 북한에 대한 좀더 과감한 공격작전과 함께 선제공격의 가능성을 포함시켰다. 미국 고위관료는 "1998년판 작전계획의 최종 목표는 북한을 무력화시켜 김정일 독재체제를 종식시키는 것이며, 남한이 북한을 통제할 수 있도록 한반도를 재편하는 것"이라고 밝혔다. 또한 북한이 서울지역을 타깃으로 생화학전을 감행할 가능성에도 관심을 두고 있다. 보고서는 신경가스를 싣고 있는 50개의 북한 미사일이 서울 인구 1200만 명의 38퍼센트(456만 명) 이상을 살상할 수 있는 위력을 지녔다고 평가했다. 1998년판 작전계획에서는 북한군의 전쟁 기도가 포착되면 북한의 무기고 등 주요 군사시설에 대해 선제공격을 한다는 내용이 등장했다. 또 1994년판에 들어갔던 원산 상륙작전이 한미 연합군의 군사력 분산을 초래한다는 점을 지적하고, 이를 보완하는 내용도 포함됐다. 이 판은 김정일 정권을 완전히 붕괴시킨다

는 차원에서 북한과의 전면전을 지향했다.

• **2000년판** : 윈윈 전략으로 표현된 2000년판 작전계획은 현대화된 무기로 중무장한 미국이 한반도 전쟁 시작 초기에 북한의 기간시설을 공습한다는 데 초점을 맞추었다. 또한 미국이 중동지역과 한반도에서 동시에 전쟁을 치를 수 있다는 가정 아래 병력과 무기의 배치를 재검토하는 내용이 들어있다.

• **2002년판** : 9.11 테러의 충격에 휩싸여 있던 미국은 2002년판 작전계획에서 북한의 최고지도자 김정일에 대한 암살작전도 계산에 넣었다. 2002년에 럼스펠드 국방장관은 북한의 대량살상 무기에 대한 공습작전 개념을 브리핑했다. 이 판은 부시 행정부의 새로운 독트린에 따라 신속한 선제공격을 강조했고, 미국은 한국과 상의하지 않고도 북한과 전쟁을 치를 수 있다는 내용을 포함했다.

• **2004년판(검토 중)** : 현재 검토 중인 2004년판 작전계획에는 미국의 MD(미사일방어) 계획이 포함됐다. 이 판의 작전계획은 북한의 미사일 공격에 대비한 3가지 종류의 미사일 방어망 구축을 시사하고 있다. 3가지 미사일 방어망은 요격 미사일의 알래스카 배치, 한 대 또는 두 대의 이지스함 배치, 공중 레이저에 의한 요격으로 나뉜다.

한반도 전쟁 발발 시나리오는 미군 일간지인 「성조지(Stars and Stripes)」에도 보도된 바 있다. 이 신문은 2003년 2월 9일 한반도에 전쟁이 발발하면 개전 24시간 이내에 서울 등 수도권에서만 100만 명까지 희생자가 발생할 것이라는 내용의 기사를 게재했다.

성조지에 따르면 주한미군의 고위 정보담당자인 존 드프리타스 준장은 "전쟁은 북한의 대규모 포격으로 시작될 것으로 예상되며 아파트 단지 등 민간 목표물들이 공격당할 것"이라고 말했고, 스티븐 오트위그 주한미군 대변인은 "공격 개시 후 한 시간 동안 포탄 30만~50만 발이 서울에 비처럼 쏟아질 수 있다"고 말했다.

이 신문은 북한은 현재 대포 1만 3000문과 미사일 발사기 등을 보유하고 있으며, 이 가운데 4000문 이상은 휴전선을 따라 배치돼 있는 것으로 추정된다고 보도했다. 또 북한은 세계 3위 수준인 현역병 120만 명과 예비군 500만 명을 보유하고 있으며, 정예 특수부대원 10만 명은 한국의 후방에 투입돼 이 지역을 마비시킬 것으로 예상했다.

드프리타스 준장은 다음과 같이 말했다. "북한이 침공하면 미국과 한국은 즉각적으로 반격에 나서 오산 등 한국 내 공군기지와 일본, 미국의 항공모함 등에서 전폭기들을 발진시키고 대응포격을 시작한다. 한국은 예비군을 포함해 300만 명의 병력을 동원하고, 미국은 본토의 충원병력 등 모두 70만 명을 한반도에 파병할 것이다. 1960년대 모델의 낡은 북한 무기를 상대로 전쟁을 할 경우 전쟁 종료까지는 90일이면 충분하다."

5장
햇볕정책의 시련

 북미 핵 갈등에 치인 햇볕정책

켈리 특사 방북과 핵 시인 파문

북한 핵 문제는 북미 제네바 합의와 연관돼 있어 북한과 미국 사이의 문제인 동시에 한국의 안보를 위협하는 남북문제이기도 하다. 따라서 이는 남북미 삼각구도에서 풀어야 할 문제다. 북한 핵이나 미사일 문제가 국제적 관심사로 부각되면 남북간 교류나 경제협력 등 남북한의 관심사는 우선고려 대상에서 밀려난다. 국제적 차원의 핵 비확산이란 논리가 다른 모든 요소들을 압도하는 것이다.

북미간 대결이 첨예한 양상을 보일 때는 순조롭게 진행되던 남북대화가 중단되거나 뒤로 밀리는 사태가 벌어지곤 했다. 북미간 대결과 협상 과정에서 남북대화는 부수적이거나 보조적인 변수로 전락했다. 2002년 10월에 불거져 계속 이어지고 있는 북한 핵 위기는 이런 점을 고스란히 보여준다. 갑자기 북한 핵 문제가 터져 나오면서 그때까지 한반도와 동북아를 감싸던 평화와 화해협력 분위기가 돌변했다. 한반도 흐름을 주도하던 역학관계가 남북에서 북미로 급속하게 옮겨졌다. 동북아와 한반도의 흐름을 새로 바꾸겠다는 미국의 의도가 역력히 드러났다.

이번에 불거진 북한 핵 위기의 특징은 모호성이다. 핵 위기가 불거진 것은 제임스 켈리 미국 특사가 평양을 방문한 뒤, 북한이 농축 우라늄 방식의 새로운 핵개발 프로그램을 가지고 있음을 시인했다고 말했기 때문이다. 그러자 북한이 이를 부인하지 않고 모호한 태도를 보였고, 북한과 미국이 서로 긴장을 고조시키는 조처들을 잇달아 취해온 데서 북한 핵 위기가 일어났다. 켈리 특사가 방북하기 직전까지 한반도에서는 평화적인 흐름이 주조를 이뤘고, 켈리의 방북에 대한 기대감도 잔뜩 부풀었다. 북한이 6.29 서해교전 사태에 대해 27일 만에 유감을 표명한 뒤 상황이 급반전됐기 때문이었다.

북한은 제2 서해교전 사태에 대해 유감을 표명하고 그동안 중단됐던 남북 장관급회담을 서울에서 열자고 제의했다. 이는 남북대화 중단과 미국의 특사파견 계획 철회로 빚어진 한반도의 불안정한 사태를 그대로 두어서는 안 된다는 판단을 했기 때문인 것으로 보인다. 제2 서해교전 뒤 남쪽에서 북한에 대한 적대감이 고조됐고, 특히 더욱 냉담해진 미국의 태도를 볼 때 더 이상 대립구도를 끌고 가선 안 된다는 생각을 하게 된 것으로 보인다.

북한의 제의에 따라 8월 12일부터 7차 남북 장관급회담이 서울에서 열렸다. 이어 남북 경제협력추진위에서는 개성공단 착공과 함께 경의선과 동해선 철도 및 도로 착공식을 9월에 갖기로 했다. 서울 상암동 월드컵 경기장에서 남북 통일축구대회가 9월 5일 열렸고, 남북이 비무장지대에서 지뢰 제거작업을 동시에 착수했다. 9월 29일부터 10월 14일까지 부산에서 열린 아시아경기대회에 북한이 대규모 선수단을 파견하고, 특히 미녀 응원단을 보내 부산 시민들과 합동응원을 벌이는 감동적인 장면을 연출하기도 했다. 서해교전 위기를 딛고 남북 사이에 화해의 흐름이 물결쳤다.

화해의 흐름은 남북 사이에만 국한된 것이 아니었다. 고이즈미 준이치로 일본 총리가 9월 17일 평양을 방문해 김정일 국방위원장과 북일 정상회담을 갖기로 전격 합의한 것이었다. 양국은 정상회담에서 수교 문제를 논의하기로 하는 등 동북아 긴장의 한 축이었던 북한과 일본 사이에도 대화의 흐름이 본격화하는 기미를 보였다. 미국의 눈치를 살피며 좀체 독자적 외교를 펴지 않던 일본이 북한과의 접촉에 이처럼 적극적 자세를 보인 것은 매우 이례적인 모습이었다.

북한과 일본이 북일 정상회담 개최에 합의했다는 발표를 동시에 한 8월 30일에는 마침 서울에서도 남북 경제협력추진위원회에서 개성공단 건설 착공, 경의선과 동해선 연결 착공식을 곧 갖기로 하는 등 8개 항의 공동 보도문을 발표해 남북간에 꽉 막혔던 벽을 허무는 모습을 보였다.

일본의 유력한 신문들은 북일 정상회담과 수교협상에 대한 의미를 잔뜩 부각시켰다. 동북아에 새로운 평화의 기운이 움트는 것으로 진단했다. 북일 정상회담이 성사되기까지 김대중 대통령이 막후에서 큰 역할을 했다는 뒷얘기도 흘러나왔다. 3월 22일 한일 정상회담이 열렸을 때 김 대통령이 고이즈미 총리에게 김정일 국방위원장을 평가하면서 그와 대화를 하도록 적극 권유했다는 것이다. 또 임동원 대통령 특사가 4월 평양을 방문했을 때도 일본과의 수교협상을 권유하는 김 대통령의 메시지를 전달했다는 것이다. 북일간 첨예한 쟁점이었던 일본인 납치 문제에 대해서는 일부 급진세력의 소행으로 인정하고, 과거청산 문제는 체면보다 실리를 중시해 한국의 전례를 따를 것 등을 조언했다는 것이었다. 정상회담 합의로 북일문제가 획기적으로 풀리는 기색을 보이고 남북대화도 활발히 전개돼 동북아에 새로운 흐름이 형성되는 느낌을 갖게 하기에 충분했다.

이런 상황에서 북한과의 대화에 미온적이던 미국이 드디어 10월 초에 대북 특사를 파견하기로 했다는 소식이 나오자, 갈등을 겪던 북미관계에 돌파구가 열리는 것 아니냐는 기대감이 잔뜩 부풀었다. 그러나 이는 큰 착각이었음이 드러났다.

10월 3일부터 5일까지 대북 특사로 평양에 갔던 제임스 켈리 국무부 동아태 담당 차관보를 통해 나온 얘기는 전 세계를 깜짝 놀라게 하는 폭발적인 내용이었다. 북한이 핵개발 계획을 시인했다는 것이었다. 한반도를 감돌던 대화의 분위기가 싹 가시고 군사적 긴장과 위기감이 고조됐다. 1994년 전쟁 직전까지 갔던 한반도 핵 위기가 다시 재연되는 엄청난 파문이 일었다.

공개되지는 않았지만, 동북아의 전반적 화해 분위기를 뒤엎을 불길한 조짐이 감지된 것은 사실 그 전부터였다. 북한이 농축 우라늄을 개발하는 것 같다는 정보가 있으니 주의해야 한다는 통보가 8월 말 미국으로부터 온 것이었다. 미 행정부 안에서도 가장 강경파로 알려진 존 볼튼 국무부 군축 및 국제안보담당 차관이 도쿄에서 서울로 와서 이런 내용을 통보했다. 같은 시간 일본에는 마침 방일 중이던 리처드 아미티지 국무부 부장관이 같은 내용을 통보했다. 한반도에 서서히 긴장감이 감돌기 시작했다. 그러나 이때까지만 해도 문제가 그렇게 크게 불거질 것으로는 생각하지 않았다.

정부가 북미 협상에 대한 기대감을 접고 우려의 눈으로 보게 된 것은 평양에 가는 켈리 특사가 서울에 들러서 귀띔한 대북협상 내용 때문이었다. 그는 협상을 하러 가는 것이 아니라 포괄적 제안을 하러 가는 것이라며, 북한의 농축 우라늄 방식의 핵개발에 대해 추궁하겠다는 의사를 내비쳤다. 뭔가 일이 비틀려가고 있음을 느끼게 하는 순간이었다.

켈리 특사는 북한이 핵개발을 시인했다고 나중에 발표했다. 그런데 북한이 핵개발을 시인한 정황이 명확하지가 않았다. 켈리 특사는 자신이 첫날 회담 상대인 김계관 외무성 부상에게 핵개발 계획에 대해 추궁하자 이튿날 회담에 나온 강석주 외무성 제1부상이 핵개발 계획을 시인했다고 설명했다.

이 과정에서 미국이 북한이 꼼짝 못할 명확한 증거를 들이댄 것 같지는 않았다. 그런데 북한이 이를 잡아떼지 않고 핵개발을 순순히 시인했다는, 이해하기 힘든 대목 때문에 북한의 진정한 의도가 무엇이냐는 의문이 제기됐다. 북한이 미국의 강압적 태도에 대화의 뜻이 없음을 깨닫고 분격했거나, 핵개발 계획을 시인함으로써 적대적 무시로 일관하는 미국과 담판을 이끌어 내려는 것 아니냐는 분석이 유력하게 제기됐다.

난데없는 핵 파문을 더욱 아리송하게 한 것은 사태의 심각성에 비해 정보가 너무 제한됐다는 점이었다. 켈리 특사가 서울에 오자마자 북한의 태도를 한국 정부에 통보했다고 하지만 상세하게 전한 것 같지는 않았다. 정부의 책임 있는 당국자들도 켈리 특사의 일방적인 전언에만 의지할 수밖에 없었다. 켈리 특사의 전언에 가감되거나 윤색된 게 없는지, 얼마나 실체적 진실에 부합하는지 의구심이 나오는 것이 당연했다.

켈리 특사가 전한 북한의 핵개발 시인 소식은 미국의 요구에 따라 비밀에 붙여졌다. 미국과 한국, 일본의 정상이 멕시코에서 열리는 APEC 정상회의에서 만나기로 예정돼 있으니 그때까지 비밀을 유지하며 대책을 마련하자는 것이었다. 그러나 그 전에 비밀이 새버렸다. 미국 내 강경파 인사 가운데 누군가가 언론에 흘린 것이었다. 미국은 북한의 핵 시인 사실이 언론에 곧 보도된다는 소식에 10월 17일 서둘러 그 내용을 공개했다. 엄청난 파문이 일었다.

북한은 핵 파문이 발생한 지 8일 만인 10월 25일 외무성 대변인 담화를 통해 공식 입장을 발표했다. 북한은 담화에서 북남, 북러, 북중, 북일관계가 급진전되고 있는데 미국의 적대정책으로 북미관계만 악화하고 있다고 지적하면서, 북미관계 정상화에 대한 기대를 가지고 미국의 특사를 받아들였으나 미국 특사의 일방적이고 오만한 태도에 크게 실망했다고 강조했다.

관심이 집중된 북한의 비밀 핵개발 시인 대목과 관련해 "미국 특사는 아무런 근거자료도 없이 우리가 핵무기 제조를 목적으로 농축 우라늄 계획을 추진하여 조미 기본합의문을 위반하고 있다고 걸고 들었다"고 비난했다. 그러나 정작 핵개발 여부에 대해서는 시인하는 것인지 부인하는 것인지 알 수 없는 모호한 태도를 보였다. 담화는 "우리는 미국 대통령 특사에게 미국의 가중되는 핵 압살 위협에 대처하여 우리가 자주권과 생존권을 지키기 위해 핵무기는 물론 그보다 더한 것도 가지게 되어있다는 것을 명백히 말해주었다"고 표현했다. 이 문장 표현을 본다면 북한이 핵을 가지고 있음을 시인한 것인지, 아니면 미국의 위협에 대처하기 위해 생존권 차원에서 앞으로 핵을 가질 수밖에 없지 않느냐고 비난하며 항의하는 것인지 헷갈리게 돼 있다. 담화는 또 미국이 제네바 합의를 제대로 이행하지 않았다는 점을 지적하면서도 제네바 합의 파기에 대해서는 공식적으로 언급하지 않아 북한이 이를 먼저 파기할 뜻이 없음을 내비쳤다.

북한의 이런 태도는 미국의 압박정책에 단호히 맞서겠다는 뜻으로 이라크 전쟁을 코앞에 두고 두 곳에 동시에 전선을 펼칠 수 없는 미국의 약점을 파고들면서 대화를 압박하는 벼랑끝 전술로 해석됐다. 핵개발 시인으로 해석될 수 있는 모호한 표현을 씀으로써 큰 파문을 일으켜 무시 전략으로 일관하는 미국의 관심을 끌자는 것이었다. 표현을 모호하게 함으로써 나중에 설사 핵개발이 사실이 아닌 것으로 드러나더라도 거짓말을 한 것은 아니라며 빠져나갈 구멍을 만들고, 미국이 끝내 대화에 응하지 않고 강압한다면 핵개발로 나아가 억제력을 확보하겠다는 북한 특유의 이중전략으로 풀이됐다.

이제까지 문제가 돼온 플루토늄을 이용한 핵개발 방식이 아니라 농축 우라늄 방식이 문제로 제기된 것도 특이했다.

핵개발 방식은 플루토늄 방식과 농축 우라늄 방식으로 나뉜다. 플루토늄 방식은 원자로에서 발생하는 폐연료봉을 재처리하는 과정에서 생성되는 미량의 플루토늄을 분리하여 농축하는 것으로서, 이를 위해서는 원자로와 핵폐기물 재처리시설이 필요하다. 핵발전소에서 폐연료봉에 함유된 우라늄(U238)에 중성자를 충돌시키면 핵분열이 일어나면서 Pu239로 전환된다. 플루토늄의 양은 원자로의 열출력과 운전 기간에 따라 다르지만 일반 경수로의 경우 사용 후 핵연료의 1퍼센트 미만이 플루토늄이다. 플루토늄을 추출하려면 폐연료봉을 5센티미터 길이로 절단해 용해조에 넣은 뒤 초산 등으로 녹여 플루토늄을 분리하는데 Pu239의 순도를 93퍼센트 이상으로 높여야 핵무기 제조에 사용할 수 있다.

농축 우라늄 방식은 천연 우라늄에 0.72퍼센트밖에 들어있지 않은 우라늄235의 비율을 93퍼센트까지 농축하는 것을 말한다. 자연 상태의 우라늄은 폭발력이 없기 때문에 우라늄을 원자력발전소의 원료로 이용하기 위해서는 20퍼센트 정도 농축해야 한다. 우라늄을 농축하는 데는 우라늄235와 우라늄238 사이의 무게 차이를 이용하는 원심분리 방법을 주로 사용한다. 우라늄235와 우라늄238은 무게가 다르기 때문에 우라늄을 원심분리기에 넣어 초고속으로 돌리면 무거운 우라늄238은 밖으로 나가고 가벼운 우라늄235는 안쪽으로 몰리면서 모이게 되는데 이것이 농축 우라늄이다.

농축 우라늄 방식은 플루토늄 방식에 비해 기술적으로 쉬운 반면 시간이 오래 걸린다. 1945년 일본 히로시마에 투하된 리틀 보이(Little Boy) 핵폭탄은 농축 우라늄을 이용해 만든 것이었고, 나가사키에 투하된 팻 맨(Fat Man) 핵폭탄은 플루토늄 방식으로 만든 것이었다.

켈리 특사의 발언이 사실일 경우에도 우라늄 원심분리기의 성능으로 미루어 빨라야 1년이 경과해야 핵폭탄 1개에 해당되는 고농축 우라늄을 정제할 수 있다고 한다. 또 북한이 이미 가지고 있다가 제네바 합의에 따라 봉인하였으나 미국의 대북 중유공급 중단으로 재개봉한 폐연료봉을 재처리할 경우에는 5개월 안에 핵탄두 5~6개를 만들 수 있는 플루토늄 추출이 가능하다는 것이다.

북한의 핵개발 시인으로 인해 불거진 한반도 위기는 10월 말 멕시코의 로스카보스에서 열린 제10차 APEC 정상회담에서 만난 한국, 미국, 일본 세 나라 정상의 회담에서 깊이 있는 검토와 조율을 거치며 숨 가쁜 첫 고비를 일단 넘겼다. 세 나라 정상은 북한이 신속하고 검증 가능한 방법으로 핵개발 계획을 폐기할 것을 촉구했다. 그러나 동시에 문제를 평화적으로 해결한다는 쪽에도 무게를 실었다. 김대중 대통령은 평화적 해결 쪽으로 합의를 유도하기 위해 부시 대통령과 고이즈미 총리를 설득하는 데 온 힘을 쏟아야 했다. 특히 남북대화 및 북일 수교회담이 북한과의 대화에 중요한 통로로 활용될 수 있다는 합의를 이끌어낸 것은 큰 성과로 평가될 수 있었다.

그러나 그렇다고 북한에 대한 부시 대통령의 강경한 태도가 누그러진 것은 아니었다. 한미일 3국 정상회담에서 부시가 말한 '평화적'이라는 말은 대화에 의한 해결이라는 뜻 외에 경제적, 외교적 압박과 제재도 포함하는 비군사적 조치를 포괄하는 것으로 보아야 했다.

북한의 핵개발 시인 이후 북한과 미국은 단계적으로 긴장을 고조시키는 조처를 번갈아 가며 취했다. 미국은 12월분부터 대북 중유공급을 중단했다. 이에 북한은 핵동결 해제 선언으로 맞섰다. 북한은 미국이 1994년 제네바 합의에 따른 연간 50만 톤의 중유 공급을 중단함으로써 핵동결 조치가 해제되었다고 주장하고 핵시설 가동을 즉시 재개할 것이라고 발표했다.

미국 정부는 "북한이 영변의 핵시설을 재가동할 경우 모든 수단을 강구할 것"이라고 엄포를 놓았다. 그러나 북한은 이에 아랑곳하지 않고 국제원자력기구(IAEA)의 사찰단원을 추방하고 핵시설에 대한 봉인과 감시카메라를 제거했다. 이어 북한은 2003년 1월 핵확산금지조약(NPT)을 탈퇴한다고 발표했다. 1994년의 핵 위기와 같은 위험한 상황이 한반도에서 다시 되풀이된 것이다.

한국 반응 떠본 맞춤형 봉쇄

한국의 대통령 선거에서 김대중 정부의 햇볕정책을 계승 발전시키겠다고 공약한 민주당의 노무현 후보가 대통령에 당선된 뒤에도 미국의 대북 강경기조와 한국 정부에 대한 동참 압박은 누그러지지 않았다. 2002년 12월말 김대중 대통령이 퇴임하기 직전 미국이 북한에 대한 경제제재와 외교적인 봉쇄를 강화해 핵개발 포기를 이끌어낸다는 이른바 맞춤형 봉쇄 전략을 추진했던 것이 이를 잘 말해준다.

「뉴욕타임스」는 12월 28일 부시 정부가 북핵 위기에 대처해 북한에 대한 경제적, 정치적 압박의 수위를 높이는 맞춤형 봉쇄를 근간으로 고립화 정책을 펴기로 했다고 보도했다.

맞춤형 봉쇄란 한반도 주변국들에게 북한과 경제교류를 축소하도록 권고하고 유엔 안보리는 경제제재 등 압박을 가하며 공해상에서 북한 미사일을 실은 선박을 억류하거나 나포하는 방법으로 북한의 돈줄을 차단한다는 것이었다. 부시 정부가 김대중 정부의 반발 강도를 가늠해

보고 한국 내 여론을 떠보기 위해 미국의 유력한 언론에 이런 계획을 흘려 보도하게 한 것이었다.

퇴임을 앞둔 김대중 대통령이 부시 정부의 맞춤형 봉쇄 해법에 대해 단호하게 반대하는 뜻을 밝힌 것은 물러가는 마당에 일종의 악역을 담당한 것이었다. 김 대통령의 강력한 반대 표시에 뒤이어 노무현 당선자도 반대한다는 뜻을 밝혔다. 그는 한미공조에 대해 "미국이 일방적으로 발표하고 한국은 수용하는 절차가 아니라 사전에 함께 충분히 논의, 검토해야 한다"고 말했다. 북핵 문제를 둘러싸고 미국이 취하는 조처가 한국 국민들에게는 사활이 걸린 문제이므로 미국은 한국의 의견을 최우선으로 존중해야 한다고 강조한 것이다.

예상 외로 강력한 한국의 반발에 부닥치자 부시 정부는 "진의가 와전됐다"고 슬그머니 후퇴했다. 하지만 이 사건은 부시 정부의 뜻이 어디에 있는지를 잘 보여준 사례였다.

북한에 대한 압박은 이라크 전쟁이 끝난 뒤 더욱 거세졌다. 이라크 전쟁이 시작되기 전까지 미국은 전력을 한쪽에 집중해야 할 필요성 때문에 핵을 둘러싼 위험수위를 단계적으로 높이는 북한의 자극적 태도에 대해서도 짐짓 별 것이 아닌 양 무시하는 태도를 보였다. 그러나 이라크 전쟁이 예상대로 단기전으로 끝나고 한숨을 돌리게 되면서 북한에 대한 압박의 강도를 점차 높여가기에 이르렀다.

이런 와중에서 햇볕정책을 펴오던 김대중 정부는 물론 새로 출범한 노무현 정부도 북미갈등의 사이에 끼어 곤혹스런 처지에서 벗어날 수 없었다. 한미일 공조에 묶여 북한을 압박할 수도, 그렇다고 북한의 요구대로 민족공조에 나설 수도 없는 딜레마에 빠지게 된 것이다.

어렵게 열린 베이징 3자회담

켈리 특사가 전한 북한의 핵개발 시인 파문 이후 북미간 갈등은 날로 증폭됐다. 그러나 우여곡절 끝에 북한과 미국은 중국의 중재로 베이징에서 3자회담을 갖기로 합의했다. 대량살상 무기 문제는 국제적 문제이므로 여러 나라가 만나서 논의해야 한다는 미국의 다자회담 주장과, 북한과 미국 두 당사자가 만나서 문제를 풀어야 한다고 주장한 북한의 입장을 절충해 중국이 참여하는 3자회담 형태가 된 것이다.

2003년 4월 베이징에서 열린 3자회담에서 북한은 새롭고 대범한 해결방도를 제시했다고 밝혀 협상에 의한 해결 가능성을 높였다. 4단계로 구성된 북한의 대범한 제안의 대체적 내용은 다음과 같이 알려졌다. 1단계에서 미국이 대북 중유공급을 재개하고 한국, 미국, 일본의 인도적 식량 지원이 이루어진 뒤 북한이 핵개발 계획 포기 의사를 표명하고, 2단계에서 북한과 미국이 불가침 조약을 체결하고 미국이 경수로 건설 지연에 따른 보상을 한 다음 북한이 핵 시설을 동결하고 사찰을 받는 것으로 돼 있다. 이어 3단계에서는 북미, 북일 국교 정상화와 함께 북한 미사일 문제를 해결하며, 4단계에서 경수로 완공과 함께 북한이 핵시설을 완전히 폐기한다는 내용이다.

그러나 이런 제안이 진지하게 검토되기도 전에 북한의 리근 대표가 말했다는 핵무기 보유 발언이 언론에 보도돼 또 파문을 일으켰다. 문제는 이번의 핵 보유 주장 역시 강석주 외무성 부상이 평양에서 켈리 특사에게 핵개발을 시인했던 것처럼 정황이 모호하다는 점이다.

리근 북한 대표가 켈리 미국 대표에게 했다는 핵무기 보유 발언과 관련해서는 앞뒤 상황이 명확하지 않다. 회담석상에서 공식적으로 한 발언이 아니었기 때문에 중국 대표는 그런 말을 듣지 못했다. 결국 만찬 석상에서 리근 대표가 켈리 대표에게 개인적으로 얘기했다는 것이다. 북한은 미국 관리들에게 사석에서 이와 비슷한 모호한 말들은 여러 차례 해왔지만 최종적인 핵 보유 선언은 하지 않고 있다.

중국의 설명대로라면 베이징 3자회담은 처음에는 원만하게 잘 진행되다가 미국 국방부 쪽에서 나온 대표가 언론에 북한의 핵 보유 주장 발언을 흘리면서 분위기가 이상하게 틀어졌다. 북한이 제안했다는 새롭고 대범한 해결 방도에 대해서 미국은 초기에 국무부를 중심으로 긍정적으로 검토할 뜻을 밝혔다. 콜린 파월 국무장관이 "3자회담이 유용했으며, 북쪽의 제안을 심도 있게 검토하고 있다"고 발표했으나 그 후 감감 무소식이 됐고, 대결 분위기가 압도하면서 북한에 대한 압박만 가중됐다.

북한은 3개월 후인 7월 초 북미간 뉴욕 비공식 접촉 때 핵 문제에 대해 좀더 확실한 태도를 보였다. 박길연 유엔주재 북한 대사와 한성렬 차석대사는 미 국무부의 잭 프리처드 대북교섭담당대사와 데이비드 스트로브 한국과장을 만난 자리에서 "8000여 개의 폐연료봉 재처리 작업을 지난 6월 30일 완료했다"고 통보한 것이다. 그러나 한미 양국은 북한의 이러한 주장을 입증할 만한 과학적 자료나 증거를 발견하지 못했다는 입장을 견지하고 있다.

북핵 위기는 대량살상 무기인 핵 문제를 놓고 대결 상황이 벌어지고 있어 매우 심각한 양상이지만, 북한과 미국 사이에 신뢰가 회복돼 본격적인 대화에 나서거나 제3자가 나서 잘 중재한다면 평화적으로 해결될 수도 있는 사안이다. 이런 점에서 북핵 위기는 군사적 문제인 동시에 외교적 문제라는 지적이 나오고 있다. 북한은 미국이 체제보장만 해주면 검증 가능한 방식으로 핵을 포기하겠다는 뜻을 비쳐왔고, 미국은 북한이 핵을 완전하고 검증 가능하며 불가역적인 방식으로 포기하면 체제보장과 아울러 경제적 지원까지도 고려할 용의가 있다고 밝혀왔다.

문제는 서로 상대방에게 먼저 실행하라는 데 있다. 이는 근본적으로 양국이 서로를 믿지 못하기 때문이다. 북한은 미국이 자신의 마음에 들지 않는 국가들을 임의로 불량국가로 지목한 뒤 무력으로 축출해왔고, 제네바 합의에서 약속한 경수로 사업을 지연하고도 배상을 하지 않고 있으며, 정부 차원에서 체결한 조약을 의회의 비준 거부를 이유로 무효화시켜 왔다고 주장하고 있다. 부시 대통령의 악의 축 발언이나 선제공격을 공언한 핵태세 보고서, 국가안보전략 보고서 등이 이를 뒷받침한다는 것이다.

반면, 미국은 북한이 제네바 핵 합의에도 불구하고 핵을 몰래 개발하고, 다른 불량국가들에 미사일 등 대량살상 무기를 수출하는 등 미국의 패권질서에 계속 도전한다는 이유에서 북한을 불신하고 괘씸하게 생각한다.

겉으로만 본다면, 미국은 북한이 먼저 핵을 포기하면 북한이 바라는 체제 유지나 경제지원 등을 할 수 있다는 것이고, 북한은 미국이 먼저 체제보장 약속을 하면 핵사찰 등 미국의 핵심 요구사항을 받아들이겠다는 것이다. 그러나 속을 들여다보면 사정이 그리 간단치 않다. 그런 가운데 북쪽이 대범한 해결방도를 통해 문제를 동시에 해결하자고 단계적 일괄타결 방안을 내놓았지만 미국은 여전히 북한의 선 핵 포기 주장을 굽히지 않고 있다.

이라크와는 다른 북한

미국은 예상보다 빨리, 그리고 손쉽게 이라크의 사담 후세인을 제거했다. 이에 따라 악의 세력을 뿌리 뽑기 위해서라면 선제공격도 감행해야 한다고 주장하는 미국의 강경 매파들은 더욱 고무됐다. 이들은 북한에 대한 압박을 강화하면 김정일은 굴복할 것이라고 주장하고 있다. 그에게 시간을 주면 빠져나가 나중에 또 무슨 골치 아픈 일을 저지를지 모르니 이번에 최대한 압박하여 완전 항복을 받든지 아니면 이라크에 한 것처럼 군사적인 공격을 해야 한다고 목소리를 높이고 있다. 딕 체니 부통령, 럼스펠드 국방부 장관, 월포위츠 국방부 부장관, 존 볼튼 국무부 차관 등이 대표적 강경 매파다.

그러나 김정일 위원장이 이라크 전쟁을 지켜보며 얻은 교훈은 이와 다를 것이다. 김정일 위원장 입장에서 보자면 후세인이 미국에 양보하고 타협하지 않아서가 아니라, 오히려 미국의 압력에 굴복하여 무기사찰에 응하고 경제봉쇄에 강력 대응하지 않아 결국 미국으로부터 체제 보장도 받지 못하고 무기력하게 쫓겨났다고 생각할 수 있다.

따라서 김정일은 미국을 섣불리 신뢰하거나 압력이 두려워 양보하기 시작하면 조금씩 무장을 해제당하고 언젠가는 미국에 짓밟힌다고 보고, 미국이 체제를 보장해 준다고 확약할 때까지는 미국의 군사공격을 억지할 수 있는 확실한 물리력을 보유하는 것이 더 현명하다는 생각을 더욱 굳혔을 가능성이 있다.

한성렬 유엔주재 북한 차석대사가 7월 14일 「한겨레」와 가진 회견에서 "미국은 고립과 봉쇄정책을 쓰다가 어느 순간에 이라크를 침공했던 것처럼 우리를 공격할 것이다. 우리는 이라크의 교훈을 통해 상용무기로는 미국의 공격을 막을 수 없기에 핵 개발이 필요하다는 판단을 내렸다"라며 북한의 입장을 대변했다. 그는 "핵 개발은 대미협상용인가, 아니면 정말로 핵보유국이 되기 위한 것인가?"라는 질문에 대해 "둘 다 맞다. 미국이 계속 우리를 고립시키고 압살하려 할 경우 핵을 지켜야 생존할 수 있다. 반면 미국이 우리와 관계를 정상화하고 불가침을 담보한다면 협상할 수 있다."고 말했다.

북한이 이처럼 버티는 것은 나름대로 믿는 구석이 있기 때문이다. 북한은 미국이 이라크처럼 쉽게 공격하거나, 큰 희생 없이 일방적으로 굴복시키기 어려운 요소들을 갖추고 있다.

첫째, 지정학적으로 북한은 동북아에 위치해 있다. 한반도의 현상유지를 바라는 중국과 러시아에 이웃하면서 이들로부터 경제적, 외교적 지원도 받고 있다. 북한에 대한 미국의 일방적 공격은 한반도 주변국가들의 큰 반발을 부를 것이 뻔하다. 중국, 러시아는 물론이거니와 일본 역시 한반도에서 무력분쟁이 발발하는 것을 바라지 않는다. 특히 한국 정부는 미국의 군사적 공격은 남북한 양쪽에서 수백만 명의 인명피해를 가져올 수 있기 때문에 이를 결단코 막겠다는 태세다.

둘째, 미국이 북한을 공격할 경우 주한미군이 일차적으로 북한으로부터 반격을 받을 우려가 있으며, 주일미군도 공격대상에서 벗어날 수 없다. 주한미군 2사단의 한강이남 이전 문제에 대해 큰 논란이 이는 것도 그런 까닭에서다. 한강이남 이전론은 주한미군을 휴전선에 밀집된 북한의 장거리포의 사정거리 밖으로 빼겠다는 뜻이며, 이는 곧 미국이 북한에 선제공격을 하려는 것 아니냐는 의구심을 사고 있는 것이다. 북한은 화생방 무기와 이를 실어 나를 수 있는 최소 수백 기의 장거리포를 휴전선 부근 산속 동굴에 숨겨놓고 있고, 화생방무기를 소지할 수 있는 수만의 특공병력을 투입할 수 있을 뿐 아니라 일본 전역도 사거리 안에 포함하고 있는 수십 기 이상의 노동미사일을 실전에 배치시켜 놓고 있다. 미국 내 초강경파들은 영변 등의 핵시설을 공격하더라도 북한이 파멸을 감수하면서까지 반격할 엄두를 내지 못할 것이라고 주장한다. 하지만 북한이 미국의 군사력을 겁내 아무런 보복을 하지 않고 가만히 앉아서 당할 것이라고 생각하는 것은 어리석고 비현실적인 판단에 지나지 않는다.

셋째, 북한은 이라크와 같은 산유국이 아니기 때문에 전쟁에 따른 경제적 실익이 없다. 북한에는 전쟁에 따르는 엄청난 희생과 비용을 보전할 만한 자원이나 경제적 이득이 없다. 더구나 북한은 대부분의 국토가 산악지역이므로 공격 과정에서 많은 미군이 죽거나 다칠 게 확실하다. 또 미국이 1994년 클린턴 행정부가 기획했던 것처럼 영변의 핵시설에 대한 외과수술식 공습을 하고 그 과정에서 핵시설이 파괴돼 방사능이 유출된다면 그에 따른 환경피해는 예측하기 어려울 정도로 클 것이다. 그 밖에 다가온 미국 대통령 선거 등 복합적으로 고려해야 할 사항들이 많다. 이래저래 미국도 군사력 사용에 신중하지 않을 수 없는 조건이다.

그래서 부시 정부가 북한에 대해 취하려는 전략이 장기적으로 북한의 목을 조인다는 것이다. 미국은 이미 맞춤형 봉쇄니 뭐니 하면서 대북 고사작전에 들어가려 했으나, 앞에서 살펴보았듯이 한국 정부의 강력한 반대로 뜻을 이루지 못했다. 그러나 이라크 전쟁이 끝난 뒤 미국의 태도는 다시 강경해졌다. 북한에 대한 해안봉쇄와 경제봉쇄가 부분적으로 시행되기도 했다. 북한 만경봉호에 대해 검색을 강화하는 압박조처로 사실상 이 배의 일본 입항을 금지한 것이나 북한 선박에 대한 억류조처와 조총련에 대한 탄압 등이 그것이다. 또 북한의 미사일 수출을 봉쇄하고 해상에서 북한 선박을 나포하기 위해 미국은 동조하는 국가들을 모아 국제회의를 열기도 했다.

1994년 핵 위기 때와 다른 점

현재 진행되고 있는 북핵 위기는 1994년 클린턴 행정부 시절 한반도에서 전쟁 직전까지 갔던 위기상황을 연상케 한다. 둘 다 북미간 갈등과 대립을 주요 구도로 하여 전개됐고, 특히 북한이 벼랑끝 전술을 구사한다는 점도 비슷하다. 그러나 몇 가지 점에서 지금의 위기는 그 때와 큰 차이를 보이고 있다.

첫째, 부시 정부는 클린턴 정부에 비해 북한에 대해 훨씬 완강한 태도를 고수한다는 점이다. 부시 정부는 북한을 악의 축으로 규정하면서, 북한에 대해 미국의 패권질서를 수용해 굴복하든지 국제적 고립을 감수하든지 선택을 강요하는 일방적 태도를 취해왔다. 특히 클린턴 정부는 북한이 미국의 요구에 응할 경우 그 대가를 어느 정도 지불할 용의를 가졌던 반면, 부시 정부는 '악행은 보상하지 않는다'는 강경한 자세를 취하고 있다. 더구나 북한의 경제사정은 전보다 더 악화됐고, 미국의 군사력은 한층 더 강력해졌다. 이러 점들은 1994년에 비해 대화와 협상에 의한 해결을 기대하기 어렵게 하는 요소들이다.

이와 반대로 한국의 위상이 그동안 달라졌다는 점은 긍정적인 요소로 볼 수 있다. 1994년 당시 김영삼 정부는 "핵을 가진 상대와는 악수할 수 없다"며 대북 압박을 가했고, 어떤 때는 미국보다도 훨씬 더 강경한 태도를 보였다. 그러나 김대중 정부는 온건한 입장에서 북한과 미국 사이에서 중재 역할을 모색했고, 이런 태도는 그 뒤를 이은 노무현 정부에도 이어졌다. 김대중 정부는 북핵 문제가 제기된 뒤에도 일관되게 대북 포용정책을 전개했고, 노무현 정부 역시 북핵 문제를 평화적으로 해결해야 한다는 입장을 천명해 왔다. 핵 위기 속에서도 남북간 대화가 계속되면서 위기상황을 완충하는 구실을 하고 있고, 한국 정부로서도 독자적인 역할을 할 수 있는 공간이 상대적으로 넓게 확보돼 있다. 그 사이에 남북 정상회담이 있었고, 교류협력도 활발히 진행되는 등 남북관계가 크게 호전된 것이 평화적 해결을 기대할 바탕을 마련한 것이다.

문제는 정부가 이러한 여건을 제대로 활용하지 못하고 부시 정부의 강경노선에 끌려가면서 북한의 신뢰를 점차 잃어가고 있다는 점이다.

북한의 후원국 노릇을 하고 있는 중국이 북미간 갈등 중재에 적극적으로 나서고 있는 것도 1994년과 큰 차이점이다. 중국은 베이징 3자회담을 이끌어냈고 평양과 워싱턴을 오가며 중재역을 도맡았다.

미국 페이스에 끌려간 노무현 · 부시 정상회담

한국과 미국은 북핵 문제에 대한 시각 차이로 한동안 불편한 관계를 유지하다가, 2003년 5월 15일 한미 정상회담을 계기로 남북 경협과 북핵 문제의 진전 상황을 연계시키고 북한의 새로운 위협조처가 있을 경우 추가적 조처를 협의하기로 함으로써 대북 공조관계를 회복했다. 그러나 이 때문에 노무현 대통령은 국내 지지자들로부터 실망스럽다는 비판과 공격을 받았다. 북한도 김대중 정부에 비해 노무현 정부의 남북대화 의지가 후퇴한 것 아니냐는 불만을 표시하고 있다.

취임 후 첫 한미 정상회담에서 노무현 대통령이 어떤 태도를 보이고 부시 대통령과 어떤 관계를 설정할 것인지에 온 국민의 관심이 쏠린 것은 당연했다.

노무현 대통령은 후보 시절 미국과 수평적 관계를 정립해야 한다고 주장했고, 불평등한 한미 주둔군지위협정(SOFA)을 고쳐야 한다는 뜻을 공개적으로 표명했다. 게다가 그는 전시 작전통제권의 환수 문제도 거론하는 등 대미 예속적 자세에서 벗어나 자주적인 입장을 강조하는 태도를 보였다. 대통령 선거 때 그가 이런 독립적 자세를 보인 것은 젊은 유권자들에게 크게 어필했고, 이에 힘입어 그는 미국의 호감을 얻고 있는 것처럼 보였던 이회창 한나라당 후보를 누르고 당선될 수 있었음을 부인할 수 없다.

그러나 막상 워싱턴에 간 노무현 대통령은 이제까지와는 전혀 다른 태도를 보였다.

부시 대통령과의 정상회담에서 노 대통령은 평화적 수단을 통해 북핵 문제를 해결하되, 한반도에서 평화와 안전에 대한 위협이 증대될 경우 추가적 조처를 검토하기로 합의했다. 두 정상은 공동성명에서 북핵 문제와 관련해 "국제적 협력에 기반해 평화적인 수단을 통해 북한 핵무기 프로그램의 완전하고 검증 가능하며 불가역적인 제거를 위해 노력해 나간다"고 평화적 해결 원칙을 확인했다. 그러면서도 추가적 조처의 검토를 언급해 평화적 해결 원칙과 충돌하는 모습을 보였다. 거기엔 남북 경협과 북핵 문제 진전을 연계시킨다는 표현도 들어 있어, 김대중 정부의 정경분리 태도와 다른 양상이었다.

한미 두 정상 사이의 이런 합의는 북핵 문제가 악화할 경우 경제제재 등 대북 압박조처를 취할 수도 있다는 것이어서, 북한의 반발을 부를 것이 뻔했다. 노무현 대통령이 부시 대통령과의 회담 분위기를 좋게 만들려고 코드 맞추기에만 급급했던 나머지 미국의 요구를 일방적으로 수용했다는 비판이 거세게 일었다.

노무현 대통령이 방미 기간 중 "미국이 53년 전 (한국전쟁에서) 도와주지 않았다면 나는 정치범 수용소에 있었을지도 모른다는 생각을 하고 있다" "나는 북한이 믿을 만한 파트너라고 생각하지 않는다. 나는 그 정권에 동의하지도 않는다" "미국의 공격 위협이 북핵 문제 해결에 도움이 될 것으로 생각한다"는 등 북한을 자극하는 말을 여러 차례 한 것은 부시 대통령 비위 맞추기가 도를 넘었다는 비판을 불러일으켰다. 노 대통령도 귀국 후 자신이 너무 오버한 것 같다는 말로 에둘러 잘못을 인정했다. 북한의 반발도 반발이지만, 한국 정부의 이런 태도는 북한에 대한 압박을 강화해 북한 정권을 굴복시켜야 한다는 미국 내 강경파들의 목소리에 힘을 실어주고, 북한과 대화를 주장하는 온건파들이 기댈 언덕을 없애버리는 것이었다. 이는 전략적 실수이며 앞을 내다보지 못한 것이었다. 참여정부의 평화번영정책과 국민의 정부의 햇볕정책 사이에 미묘하고도 분명한 차이가 있다는 분석이 나오는 것도 이런 이유들 때문이다.

노무현 정부의 태도 변화를 현실주의 외교로 이해해야 한다는 견해도 있기는 하다. 노 대통령으로서는 북핵 문제를 평화적으로 해결하려고 노력했으나, 미국의 일방적 패권주의와 이에 입각한 대북 강경노선에 밀려 어쩔 수 없이 미국의 요구를 수용했지만, 미국의 대북 제재 방침까지 용인한 것은 아니라고 봐줘야 한다는 것이다.

노 대통령이 추가적 조처에 합의해준 것은 앞으로 대북 압박에 관한 미국의 공조 요구에 발목이 잡히는 결과를 초래했다는 점에서 우려된다. 부시 대통령은 한미 정상회담 직후 고이즈미 일본 총리와 가진 미일 정상회담에서 추가적 조처보다도 한 걸음 더 나아간 보다 강경한 조처란 표현을 이끌어 냈다. 한미 정상회담 합의에 발목이 잡힌 노무현 대통령은 고이즈미 총리와 가진 한일 정상회담에서도 북핵 문제에 대해 한미 정상회담과 미일 정상회담의 기조를 확인한다는 데 동의하지 않을 수 없었다. 부시 대통령의 요구를 수용한 노 대통령의 미국 중시 외교는 선거 때 노 대통령을 지지한 세력으로부터는 비판을 받은 반면, 그를 반대했던 세력들로부터는 칭찬을 들었다. 이런 역전현상은 혼선을 더욱 부채질하고 있다.

5월 15일의 한미 정상회담을 필두로 미국과 일본, 러시아와 중국, 러시아와 미국, 중국과 일본, 미국과 중국, 한국과 일본 사이에 일련의 정상회담이 이어졌다. 각국 정상들은 북핵 문제를 가급적 평화적으로 해결하기를 바라는 열망을 미국에 전했다. 그러나 미국은 완강한 태도를 굽히지 않았다. 북한의 태도 여하에 따라 경제봉쇄와 무력제재를 가할 가능성을 열어놓아야 한다는 것이다. 미국이 강경한 태도를 고집하자 한국과 일본은 조건부로 미국의 입장을 지지한다는 정도로 물러나 한미일 공조를 다질 수밖에 없었고, 중국과 러시아도 미국의 입장을 정면으로 반대하지 못한 채 조심스럽게 북한과의 대화를 주선하는 일에 나서는 양상이 전개됐다.

문제는 미국의 이런 태도가 대화를 이끌어내기 위한 압박인지 북한 체제 붕괴를 겨냥한 압박인지 알 수 없다는 데 있다. 대화를 위한 압박이 먹혀 효력을 나타내려면 상대방이 그 참뜻을 몰라야 한다는 지적도 있지만, 압박이 지나쳐 불상사가 생길 경우 그 부담은 온전히 우리가 안아야 한다는 점 때문에 문제가 되는 것이다.

북핵 문제가 계속 악화되는 것은 워싱턴 정가를 주름잡고 있는 강경 매파들의 완강한 태도와 야심 때문이라는 분석도 이런 맥락에서 유의할 필요가 있다. 겉으로 드러나 보이는 부시 정부의 정책 목표는 대화와 압박을 통해 북한으로 하여금 핵을 포기하도록 하는 것으로 비친다. 그러나 미국의 본심은 한미일 군사동맹 강화와 미사일방어 체제 구축을 통해 중국을 견제하고 미국의 영향력을 강화한다는 동북아 전략 차원에서 북핵 문제에 접근하고 있다는 지적도 만만치 않다.

미국이 강조하는 북한 위협론은 단순히 북한의 핵이나 미사일만 겨냥한 게 아니라 세계 패권전략 차원에서 동북아에 대한 통제 및 중국 견제, 미사일방어 체제 구축, 군수산업체들과 유착 등 다목적 필요에 따라 증폭됐다는 분석은 설득력이 높다. 한국에 안보상의 불안감을 조장해 긴장감을 높이고, 첨단무기 구매를 강요하며, 군사적으로 대미 의존도를 높여 미사일방어(MD)체제에 편입시키려는 구상이라는 것이다.

미국이 가상의 적을 만들 필요성을 여전히 갖고 있고 한반도에서 긴장국면을 조성함으로써 동북아에서 군사적 우위를 확고히 다질 필요성을 느낀다면, 미국의 북한 위협론 카드는 당분간 지속될 가능성이 높다. 그렇다면 한반도 정세는 구조적으로 긴장이 고조된 상태에서 답답하게 미국에 이끌려갈 것으로 우려된다.

평화번영정책과 햇볕정책

햇볕정책을 계승해 발전시키겠다고 공약한 노무현 민주당 후보가 대통령에 당선되자 남북관계가 다시 탄력을 받고 진전될 것이라는 기대가 일어났다. 노무현 대통령은 한반도 평화번영정책과 동북아 중심국가론을 제창하면서, 북핵 위기가 평화적으로 해결될 경우 북한에 대대적인 지원을 해 한반도 평화를 구축하겠다는 포부를 밝혔다. 그러나 북핵 문제가 점차 위기양상으로 치닫자, 그의 이런 야심 찬 계획은 첫발을 떼기조차 어려웠다.

노무현 정부는 새로운 대북정책으로 평화번영정책을 제시했다. 이 정책의 전략적 구상은 한반도에 평화를 증진시키고 남북의 공동번영을 추구함으로써 평화통일의 기반을 조성하고 한국이 동북아 경제 중심국가로서 발전할 토대를 마련한다는 것이다. 즉 주변 국가와 협력해 당면한 북한 문제를 평화적으로 해결하고, 이를 토대로 남북 사이의 실질적 협력 증진과 군사적 신뢰 구축을 실현한다는 구상이다. 아울러 북미, 북일관계의 정상화를 지원해 한반도 평화체제를 구축하고, 나아가 남북 공동번영을 추구해 평화통일의 실질적 기반을 조성하면서 동북아 경제 중심국가 건설의 토대를 마련한다는 것이다.

노무현 정부는 이런 개념 아래 한반도의 평화 증진과 남북 공동번영의 추구를 평화번영정책의 목표로 제시하고, 그 추진 원칙으로 ① 대화를 통한 문제 해결 ② 상호신뢰 우선과 호혜주의 ③ 남북 당사자 원칙에 기초한 국제협력 ④ 국민과 함께 하는 정책을 강조했다.

노무현 정부는 평화번영정책의 3단계 추진전략을 제시했다.

1단계인 단기 전략은 북한 핵 문제를 해결할 전기를 마련하고, 평화증진을 가속화한다는 것이다. 북한 핵 문제를 평화적으로 해결하기 위한 전기를 마련하는 것을 현안 핵심과제로 설정했다. 평화증진을 위해 화해협력 지속, 남북 군사회담의 정례화, 남북 정상회담 등을 통한 평화 정착의 토대 마련, 외교역량 강화를 기반으로 한 동북아 평화협력 분위기 조성, 북한 핵과 미사일 문제에 대한 해결 합의 도출 등을 추진한다는 전략이다.

2단계인 중기 전략은 남북간 협력을 심화시키고 평화체제의 토대를 마련한다는 것이다. 이를 위해서는 북한이 핵과 미사일을 포기하도록 하는 등 대량살상 무기 문제를 포괄적이고 완전하게 해결해야 한다. 남북간 실질협력을 심화시키고 군사적 신뢰구축 조처를 추진하며 동북아 평화협력체 구상을 제안하고 추진한다는 내용도 중기 전략에 담겨 있다.

3단계인 장기 전략은 남북 평화협정을 체결하고 평화체제를 구축함과 더불어 동북아 경제 중심국가를 건설한다는 구상을 내세우고 있다.

　노무현 정부의 평화번영정책은, 화해협력을 통해 남북관계를 개선하고 냉전구조를 해체할 토대를 마련한 김대중 정부의 대북 화해협력정책(햇볕정책)을 보완하고 발전시켜 나간다는 뜻을 분명히 했다. 햇볕정책의 기조를 계승하되 평화 증진에 주력하고, 더욱 광범위한 국민적 합의를 얻는 등 추진방식과 절차상의 문제점을 개선해 나간다는 것이었다. 이는 남남갈등 등 햇볕정책의 일부 문제점을 보완하되 큰 틀에서 북한과의 화해협력을 추진한다는 뜻으로 받아들여졌다.

　문제는 이런 내용의 평화번영정책이 1단계 전략의 핵심 과제인 북한 핵 문제에 부닥쳐 혼란을 겪고 있다는 데 있다. 노무현 정부는 북핵 문제 해결의 3대 원칙으로 북한의 핵 불용, 대화를 통한 평화적 해결, 한국의 적극적 역할을 제시했으나, 미국 부시 정부의 강경책에 밀려 제 역할을 다하지 못하고 혼선과 후퇴를 겪고 있는 것이다. 말로는 햇볕정책의 기조를 계승한다고 하면서도 구체적 상황에 부닥쳐서는 미묘한 차이를 드러내 국민들의 혼란감을 더욱 부추기고 있다. 이런 혼란은 노무현 정부의 정체성 문제와도 겹쳐져 논란을 더욱 확산시키고 있다.

　부시 대통령의 대북 강경론이 기승을 부리는 상황에서 노무현 정부가 중심을 잡고 흔들리지 말아야 한다는 지적이 나오는 것도 같은 맥락에 서다. 임기응변으로 부시 대통령과 코드를 맞춰 미국의 환심을 사고 이를 통해 문제를 풀려고 할 게 아니라, 때로는 미국과 관계가 다소 껄끄러워지더라도 우리의 뜻을 단호하게 밝혀야 한다는 주장에 귀를 기울여야 한다.

　한국 정부가 노련한 외교술을 발휘해야 하지만, 그것이 부시 정부의 비위를 맞추는 것이어서는 안 된다. 미국의 패권전략에 대한 대응은 부시 대통령과 일시적으로 좋은 관계를 맺는다고 해서 될 일이 아니다. 물론 지도자의 역할이 중요하기는 하지만, 국가간의 관계는 이를 뛰어넘어 진행된다는 냉정한 시각을 유지해야 한다.

　한반도에 생존의 터를 잡고 있는 한민족 입장에서는 무슨 일이 있더라도 북핵 위기는 대화를 통해 평화적으로 해결해야 한다는 단호한 의지를 미국에 분명히 전달해야만 오판에 따른 불행을 막을 수 있다. 미국의 압력이 아무리 강해도 민족의 공멸을 가져올지 모를 전쟁 위험보다 더 위협적일 수는 없다.

　북한과 더욱 밀접한 관계를 가져, 이를 지렛대로 삼아야 한다. 남북간 경협과 교류를 더욱 확대해 북한이 남한에 더 많이 의존하게 만들어야 한반도의 평화를 항구적으로 유지할 수 있다. 북한과 밀접한 관계를 갖는 것은 북한이 대화가 통하는 상대라는 점을 국제사회에 인식시키는 효과도 발휘할 것이다.

　북핵 위기를 해결하기 위해서는 우리가 일본과 더불어 어느 정도의 경제적 비용을 부담할 각오를 해야 한다. 남북간 평화공존과 평화적인 한반도 관리를 위해 필요한 대북 지원은 민족공동체 형성뿐 아니라 국가발전을 위해서도 필요한 장기투자 개념으로 승화돼야 한다. 그리해야 보수세력의 퍼주기 시비에서 벗어나 투명하고 당당하게 국민을 설득할 수 있다.

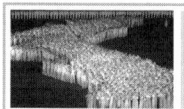 국내 정치에 치인 햇볕정책

　김대중 대통령은 2003년 2월 24일 5년 임기를 마치고 청와대를 떠나 동교동 사저로 돌아갔다. 김대중 대통령의 임기가 끝난 지 얼마 지나지 않은 지금 김대중 정부가 추진한 햇볕정책의 공과를 제대로 평가하기는 이른 게 사실이다. 햇볕정책이 성과를 거두었는지, 성과를 거두었다면 민족화해와 역사발전에 얼마나 기여를 했는지, 잘못이 있었다면 어떤 점이 미흡했고 한계는 무엇이었는지 등에 대해 온전하고 객관적인 평가가 내려지려면 어느 정도 시간이 흘러야 할 것이다.

　햇볕정책에 대한 평가는 정치적 입장에 따라 편차가 매우 크고, 같은 사람이라도 시간이 흐름에 따라 평가가 달라지는 것 같다. 햇볕정책에 대해 호감을 갖고 지지해온 사람들 사이에서는 측근비리 등 김대중 대통령에 대한 실망이 겹치면서 햇볕정책에 대한 평가도 낮추는 경향이 보인다. 반대로 김 대통령에 대한 정치적인 반감 때문에 그가 추구한 햇볕정책에 대한 평가에 지극히 인색했던 사람들은 시간이 흐르면서 햇볕정책에 대한 평가가 상당히 후해질 가능성이 크다.

김대중 정부의 최대 업적이자 햇볕정책의 하이라이트였던 남북 정상회담의 이면에 이제껏 알려지지 않았던 대북 지원금 송금이 있었다는 특별검사의 수사결과 발표는 햇볕정책에 대한 이제까지의 긍정적 평가를 상당히 깎아내리고 있다. 북한에 전달한 돈이 분단 구조를 깨는 돌파구를 마련하는 데 불가피하게 든 비용이든 정상회담을 사는 대가로 지불된 것이든, 그에 대한 정당한 평가 역시 시간이 어느 정도 지나야 가능할 것이다.

김대중 정부의 햇볕정책은 훗날 과연 어떤 평가를 받을 것인가. 햇볕정책이 역사적으로 어떻게 자리매김 될지는 몇 가지 관점으로 나누어 생각해 봐야 할 것 같다.

일반적으로 대북정책이 제대로 기능해 최대의 성과를 거둘 수 있으려면 세 가지 요소가 맞아 떨어져야 한다. 첫째 상대방인 북한이 대북정책에 어느 정도 호응하느냐는 점, 둘째 한반도 주변 국가들, 특히 가장 영향력이 큰 미국의 지지와 협조를 어느 정도 받느냐는 점, 셋째 국내적으로 정책을 일관성 있게 밀고 가는 데 필요한 국민적 지지가 어느 정도 뒷받침 하느냐는 점이 바로 그것이다. 이들 세 가지 요소가 대북정책의 성패와 효과를 가른다.

이 세 요소는 제 각각 작용하기도 하지만, 서로 밀접한 상관관계를 갖고 영향을 주고받기도 한다. 세 요소는 서로 맞물리면서 일정한 흐름과 틀을 형성한다. 햇볕정책도 이들 세 요소가 제대로 맞아떨어졌을 때 큰 성과를 낼 수 있었고, 그렇지 않았을 때에는 흔들리면서 시련을 겪었다. 이런 관점에서 살펴본다면, 햇볕정책이 이루어낸 성과와 그

한계가 어디서 연유했는지를 객관적으로 평가하는 데 비교적 가까이 다가갈 수 있을 것이다.

햇볕정책에 대한 북한의 반응

대북정책의 대상이자 남북관계의 동반자인 북한이 김대중 정부의 햇볕정책에 대해 어떻게 대응했는지는 이 책의 첫머리부터 마지막 장까지 곳곳에서 여실히 알 수 있을 것이다. 김대중 정부 시기의 남북관계 흐름에 대한 분석이나 서술은, 햇볕정책에 대한 북한의 긍정적 호응이나 부정적 반응으로 환치될 수 있다. 김정일 국방위원장 체제의 북한은 처음에는 햇볕정책에 대해 의구심을 갖고 경계하다가, 2000년 6월 남북 정상회담을 계기로 협조관계로 돌아섰다. 남북의 정상이 반세기 만에 처음으로 손을 맞잡고 민족의 장래를 논의한 것은 놀라운 일이었다. 더구나 평화와 통일의 장전으로 일컬어질 만한 6.15 공동선언까지 발표한 것은 민족사에 큰 획을 그은 것이다.

정상회담 뒤 남북 사이에 전개된 양상도 긍정적으로 평가하지 않을 수 없다. 남북이 서로 비방하거나 적대감을 드러내며 도발을 일삼던 소모적 행태가 크게 줄어들었다. 때로 우여곡절을 겪기도 했지만, 남북간 교류와 협력이 꾸준히 이어졌다. 이산가족 상봉도 정기적으로 이어지는 등 상대방에 대한 불신과 적대감이 상당히 누그러졌다. 물론 오랜 분단으로 인한 남북간 문화나 인식의 차이로, 그리고 여러 제약 요인으로 인해 상대에 대한 기대가 실망으로 바뀌고, 약속했던 사항들이 제대로 이행되지 않는 등의 문제가 없진 않았다.

그러나 남북 사이의 문제 때문에 일이 틀어진 경우보다는 주위환경 때문에 갈등이 빚어졌던 경우가 더 많았다. 특히 북한과 미국의 갈등으로 인해 초래된 한반도 위기는 곧바로 남북관계에 부정적인 영향을 끼쳤다. 이런 상황은 햇볕정책의 한계를 드러내는 것이었고, 정치적 반대자들에게 공격의 빌미를 주었다. 그럼에도 북핵 문제로 야기된 위기 상황은 남한 국민들 사이에 전쟁 공포감을 불러일으키거나 불안감을 조성해 사재기 소동 등을 일으키지도 않았다. 이는 분명 햇볕정책이 이룩한 공로로 평가할 수 있을 것이다.

남북 정상회담 뒤 남쪽도 북쪽도 상대의 기대를 충족시키지 못했다. 남쪽은 베를린 선언에서 약속한 정부 차원의 과감한 경제적 지원, 특히 북한이 원한 전력 지원을 미국의 반대로 인해 실행하지 못했다. 이는 북한에게 크게 실망스러운 일이었을 것이다. 그런가 하면 북쪽은 김정일 국방위원장의 서울 답방 약속을 지키지 않아, 김대중 대통령을 궁지로 몰아넣었다. 김 위원장의 서울 답방 약속 불이행은 남쪽 정서는 물론 북미간 갈등과도 밀접히 연관된 것이긴 하다. 예를 들어 남쪽의 야당과 보수언론이 김정일 위원장의 답방에 대해 내놓고 반대했고, 이에 영향을 받은 일부 국민들이 그의 답방을 그리 반기지 않는 분위기에서 그가 서울 방문을 결심하기가 그리 쉽지는 않았을 것이다. 그러다 미국과 북한의 갈등이 불거지자 서울을 방문할 타이밍을 놓친 측면도 있다.

그 원인이 무엇이든, 결과적으로 김 위원장이 서울 답방 약속을 지키지 않았기 때문에 북한과 김 위원장에 대한 남쪽 국민들의 신뢰는 크게 떨어졌다. 이로 인해 김대중 정부의 햇볕정책에 대한 반대파들의 공세가 이어졌고, 햇볕정책에 대한 국민들의 평가도 낮아진 게 사실이다. 다시 말해 김 위원장의 서울 답방 약속 불이행은 남한에서 북한을 이해하고 적극적으로 돕겠다는 생각을 가진 사람들의 입지를 현저히 좁히고, 오히려 그들이 반대파의 공격을 받도록 하는 부정적인 여파를 불러온 것이다. 비단 김정일 위원장의 서울 답방 문제만이 아니다. 북한은 그동안 결심을 한 박자씩 늦추는 바람에 미국과 관계를 정상화할 기회 등 좋은 기회들을 놓치는 경우가 적지 않았고, 이런 기회 상실이 한반도 위기로 이어지곤 했다.

　김대중 정권이 끝나갈 무렵 햇볕정책의 전도사로서 김정일 국방위원장과 여러 차례 만났던 임동원 청와대 특보가 한반도 평화 정착 방안을 논의하기 위해 노무현 당선자를 대표한 이종석 인수위원과 함께 김 대통령의 특사로 평양을 방문한 적이 있다. 당시 김정일 위원장이 이들을 만나주지 않고 그저 빈손으로 돌아오게 한 것은 그의 실책이자 한계란 비판도 나왔다.

　햇볕정책이 목적했던 대로 북한의 변화를 이끌어내는 데 성공했는가에 대한 평가도 정치적 입장에 따라 엇갈린다. 우리가 쉽게 확인할 수 있듯이 북한이 어느 정도 변한 것은 사실이지만, 그 변화가 전략적 변화인지, 아니면 일시적인 전술적 변화에 그치는 것인지에 대한 판단이 각자 다른 것이다. 또 북한의 변화 물결이 앞으로 어떻게 전개될 것인지는 더욱 불확실하다. 북한은 7.1 경제관리 개선조치를 취했고, 신의주특구에 이어 금강산 관광지구, 개성 공업지구를 지정하고 그에 따른 새로운 법과 규정을 잇달아 발표하는 등 개혁개방의 흐름을 보이고 있다. 이런 흐름은 이제 여간해선 뒤로 되돌리기 어렵다는 게 전문가들의 공통된 분석이다. 특히 7.1 경제관리 개선조치 시행 후 나타난 북한 주민들의 변화된 모습은, 북한의 변화가 일시적인 것만은 아니라는 분석에 점차 힘을 실어주고 있다.

햇볕정책에 대한 미국의 반응

햇볕정책에 대한 한반도 주변국들의 평가와 지지 여부, 특히 미국 정부의 협조나 견제에 대해서는 앞의 4장에서 상세히 살펴보았다. 클린턴 대통령과 김대중 대통령은 대북 포용이라는 공감대를 형성하며 최고의 협력적 관계를 이루었다.

그동안 미국은 남북의 지도자들이 미국의 영향권 밖에서 긴밀히 접촉하는 것을 그대로 묵과하거나 방관하지 않았다. 노태우 정부 때도 남북이 고위급회담을 통해 남북 기본합의서를 발표하고 한반도 비핵화 선언을 하는 등 남북관계를 크게 진전시켰다. 그러나 미국의 문제 제기로 북한 핵 문제가 터지면서 김영삼 대통령 시절에 이르러 남북관계는 끝내 파국으로 치달았다.

클린턴 정부는 미국의 통제를 벗어나 정상회담으로 이어진 남북의 접근에 경계심과 의구심을 늦추지 않았다. 김대중 대통령은 이런 미국의 의구심을 씻어내기 위해 온갖 공을 들였다. 이런 노력이 결실을 맺어 북한의 조명록 차수와 미국의 올브라이트 국무장관이 서로 잇달아 워싱턴과 평양을 방문해 관계 정상화 협상을 벌이는 등 북미관계가 진전되기도 했다. 북미관계와 남북관계가 시차를 두고 한반도 냉전구조의 해체와 평화 정착의 방향으로 진전됐던 것이다.

그러나 부시 대통령이 등장하면서 햇볕정책에 대한 미국 정부의 시각은 180도 바뀐다. 부시 정부의 일방주의적 태도는 한반도를 위기 속으로 몰아넣으면서, 햇볕정책에 최대의 난관으로 등장했다. 그동안 어렵게 쌓아올린 남북관계가 뿌리째 뒤흔들릴 정도였다. 우여곡절 끝에 다시 한반도에 화해협력의 기운이 감돌 즈음 켈리 미국 특사의 북한 방문을 계기로 터져 나온 북한 핵 위기는 한반도를 다시 긴장국면으로 몰아넣었다. 평양에 간 켈리 특사는 북한이 핵개발 계획을 시인했다고 발언했고, 그 뒤 한반도 정세가 경색되고 한반도 문제의 주도권은 남과 북에서 다시 미국으로 넘어갔다.

한미관계의 질적 변화도 주목할 만하다. 김대중 대통령은 부시 대통령이 대북 강경책을 굳히기 전에 그를 설득할 목적으로 서둘러 워싱턴에 달려갔으나, 부시를 설득하기는커녕 노골적으로 무시를 당하는 수모를 겪었다. 부시 대통령이 김대중 대통령을 무시하고 햇볕정책을 뒤흔든 배경에는 북한에 대한 그의 뿌리 깊은 불신이 자리하고 있었지만, 한국 내 정치 상황도 그의 태도에 영향을 미쳤다. 부시 정부는 일관되게 대북 포용정책을 펴면서 미국이 추진하는 미사일 방어(MD) 체제에는 반대하는 김대중 정부와 골치 아프게 정책을 조율하느니, 다음 정권과 공조하는 데 더 비중을 두려 했던 것으로 보인다. 미국은 대북 강경책을 주장하던 한나라당 이회창 후보가 다음 대통령에 무난히 당선될 것으로 보고 있었다. 이회창 후보는 북한을 불신했고, 북한의 변화 가능성에 대해 회의감을 갖고 있었다. 게다가 엄격한 상호주의를 주장하고 북한에 대해 투명한 검증을 요구하는 등 부시 정부와 거의 같은 수준의 대북 강경노선을 피력했다.

이회창 한나라당 총재가 미국을 방문했을 때 딕 체니 부통령을 비롯해 콜린 파월 국무장관, 리처드 아미티지 국무부 부장관, 폴 월포위츠 국방부 부장관, 콘돌리자 라이스 백악관 안보보좌관 등 부시 행정부의 한반도 관련 핵심 인사들이 모두 나서서 그를 만나 주었다. 미국의 고위 관리는 다른 나라의 야당 인사를 만나지 않던 관례를 깬 것이니, 여간 환대한 게 아니다. 양쪽은 면담에서 서로 코드가 일치함을 확인했다. 부시 정부로선 틀림없이 차기 대통령에 당선될 것으로 보였던 이회창 총재와 협력해 북한을 압박하는 게 가장 바람직한 시나리오라고 생각했을 법하다.

미국은 한국의 대통령 선거 직전인 2002년 12월 11일 국제법을 무시하면서까지, 예멘으로 가던 북한의 미사일 수출 선박을 공해상에서 나포해 파문을 일으켰다. 이 사건의 배경에 한국의 대통령 선거에 미칠 영향을 계산에 넣은 정치적 고려가 있었다는 뒷말이 나돈 것도 같은 이유에서다. 당시 이회창 한나라당 후보는 민주당 노무현 후보에게 막판 역전을 당해 고전하고 있었다. 이런 선거 판도에 영향을 끼치기 위해 미국이 북한 선박을 나포함으로써 미국발 북풍을 불러일으키려 했다는 분석이었다. 그러나 미사일 수입국인 예멘이 거세게 항의하고 국제법 위반이라는 국제사회의 비난이 쏟아지자 미국은 이틀 만에 북한 선박을 풀어줄 수밖에 없었다.

북한 선박이 남포항을 출발할 때부터 이를 추적 감시하던 미국이 한국 대통령 선거에 어떤 영향을 줄지 뻔히 알면서도 국제법에 어긋나는 화물선 나포라는 무리수를 썼다면, 그것은 선거에 영향을 끼치려 한 게 아니냐는 의심을 샀다. 이런 조처는 선거에 직접적으로 개입한 것이 아니라 해도 최소한 대북 경계심을 증폭시키는 효과는 가져올 수 있는 것이었다. 당시 여중생 압사 사건으로 걷잡을 수 없이 번지던 한국의 반미 기류를 진정시키고, 선거전에서 피해를 입던 이회창 후보를 간접적으로 지원하려는 의도는 있었음 직하다.

여중생 사망 사건으로 폭발한 반미 기류는 불평등한 한미관계에 대한 한국 국민들의 누적된 불만과 분노가 표출된 것이었다. 여기에 자존심 회복 요구까지 겹치면서, 미국을 한번도 방문한 적이 없는 노무현 민주당 후보에게 유리하게 작용한다는 분석이 나왔다.

햇볕정책에 대한 주변국들의 반응

미국 이외의 다른 한반도 주변 국가들은 김대중 정부의 햇볕정책에 대해 지속적으로 지지하는 태도를 보였다.

중국 정부는 예전부터 한반도의 평화와 안정을 지지했고, 한반도 문제는 당사자인 남북한이 주도적으로 해결해야 한다는 입장을 표명해 왔다. 중국은 북한과 전통적 우호관계를 유지하되 남한과도 경제적 협력을 통해 상호 이익을 도모한다는, 남북한 등거리 외교를 펴왔다. 이런 입장에 따라 중국은 남한의 햇볕정책을 양광정책(陽光政策)이라고 표현하면서 적극 지지했고, 북한에 대해서는 자국처럼 개혁개방을 할 것을 꾸준히 권유해 왔다. 중국의 입장에서는 남북 사이의 군사적 충돌이나 북한 붕괴로 인한 한반도 정세의 급격한 변화는 동북아의 세력균형을 뒤흔들어 이 지역의 안정을 해침으로써, 착실한 경제성장을 통해 강대국으로 부상하려는 자국의 구상에 걸림돌이 된다고 보고 있다. 이 때문에 중국은 한반도의 안정을 강조해온 것이다. 중국이 소리 내지 않고 조용히 북한에 경제적 지원을 해온 것도 이런 이유에서다.

러시아도 한반도의 평화와 안정을 지지해 왔다. 러시아는 소련연방이 해체된 뒤 한동안은 남한 쪽으로 기울어진 외교를 폈으나, 블라디미르 푸틴 대통령이 한반도에서 영향력을 회복하기 위해 북한과 관계 복원에 나서면서 상당히 관계를 회복했다. 푸틴 대통령은 한반도 종단철도와 시베리아 횡단철도의 연결을 통해 광활한 시베리아 지역을 개발하는 데 큰 관심을 기울이고 있다. 이 때문에 그는 북한과 긴밀한 관계를 유지하는 한편, 한반도 평화유지와 대북 포용에 중점을 두는 남한의 햇볕정책도 지지하는 입장을 보여 왔다.

일본은 전통적으로 미국의 영향권 안에서 외교정책을 펴왔으며, 햇볕정책에 대한 태도도 이런 외교정책 기조로부터 일정한 영향을 받았다. 클린턴 행정부 시절에 일본은 한국, 미국과 함께 확고한 한미일 공조를 이뤄가며 햇볕정책을 뒷받침했다. 그러나 부시 행정부 출범 이후 북한에 대한 일본의 태도는 점차 강경한 쪽으로 기울고 있다. 한때 고이즈미 총리가 평양을 방문해 김정일 국방위원장과 정상회담을 갖고 북한과 수교협상을 하는 등 접근했다. 그러나 일본인 납치 문제로 일본 국내 여론이 악화하고 북핵 문제까지 터지자 부시 대통령의 대북 압박정책에 동조하는 모습을 보이고 있다. 일본은 햇볕정책을 지지하되 북한에 대한 압박도 병행해야 한다는 입장이다.

국내 정치적 지지기반이 취약했던 이유

김대중 대통령의 햇볕정책은 외국에서는 폭넓은 지지를 받았지만, 국내에서는 오히려 많은 반대파들에 둘러싸여 그의 임기 내내 고전을 면치 못했다.

김대중 대통령은 대통령에 당선되기 전에는 물론 당선 후에도 소수파 정권의 문제를 고스란히 안고 있었다. 이는 그가 햇볕정책을 펴는 데 가장 중요한 동력이 되는 국민적 지지를 얻어내기 위해 당당히 국민들을 설득하고 대북정책을 투명하게 집행하는 데서 일정한 한계를 갖고 있었음을 의미한다.

김 대통령이 야당 시절에 색깔론의 대상으로 시달렸던 점, 정치적으로 소수파 지역 출신이었고 국회 의석도 적었던 것은 그의 취약점이었다. 여기에 더해 그는 우리 사회의 주류와 기득권층을 대변해온 언론의 협조를 얻지 못함으로써 구조적으로 고전할 수밖에 없는 열악한 처지였다. 우리 사회가 오랜 분단의 여파로 냉전의 잔재를 걷어내지 못했던 점도 김 대통령에게는 햇볕정책을 내놓고 투명하게 진행하지 못하게 한 요인으로 작용했다.

김 대통령은 여러 모로 자신감을 갖고 과감한 정책을 밀고나가기 힘든 상황이었다. 김 대통령의 최대 업적으로 꼽히는 남북 정상회담을 여는 데 북한과 뒷거래가 있었다는 의혹이 불거져 특검이 도입되고, 특검의 수사 결과 정부가 정책적 차원에서 대북 지원금을 지급하기로 했음이 뒤늦게 드러난 것도 위에서 말한 여러 문제들이 복합적으로 작용한 결과였다.

소수파 정권의 한계

몇 차례나 대통령 선거에서 실패한 김대중 대통령은 보수파의 원조 격인 김종필 자민련 총재와 내각제를 고리로 이른바 DJP 연대를 맺고 지지층을 넓힌 결과 마침내 대통령에 당선됐다. 하지만 이런 그의 행보는 정치적 야합이라는 비난을 받았고 김종필 족쇄는 임기 내내 그를 괴롭혔다.

김 대통령은 약속대로 자민련과 공동정부를 구성함으로써 국회에서 다수를 차지하기는 했으나, 이는 명분이 약한 불안한 동거였다. 김 대통령은 보수적인 김종필 총리의 동의와 협조를 얻어야 했고, 이 때문에 과감한 정책을 펼 수 없었다. 김대중 대통령이 국가보안법 개폐를 그토록 희망했으면서도 결국 이를 실천에 옮기지 못한 것도 김종필 총리의 반대가 주된 원인이었다.

한나라당은 비록 대통령 선거에서는 패했지만, 원내 제1당으로서 정치적 영향력은 그대로 유지하고 있었다. 한나라당은 차기 선거를 의식해 김 대통령에게 정치적 승리를 안겨주지 않으려 했으며, 김 대통령의 정책, 특히 이념문제가 걸려 있는 햇볕정책에 대해 끊임없는 발목 잡기로 그를 괴롭혔다.

보수세력의 결집체로서 한나라당이 갖는 이념적 좌표가 북한과의 화해 및 교류협력 확대를 지향하는 햇볕정책에 선뜻 동의하기 어렵게 하는 요소였을 수도 있다. 하지만 이보다는 정치적 이해관계의 충돌이 정부 정책에 대한 반대로 나타난 측면이 더 컸다. 거대 야당인 한나라당이 강력히 반대하는 한 김대중 정부는 국회의 동의를 필요로 하는 각종 대북 지원 정책의 수행을 주저할 수밖에 없었다.

뿌리 깊은 반DJ 정서

김대중 대통령이 오랫동안 야당 정치인 생활을 하는 과정에서 국민들 사이에 굳어진 그의 이미지도 그가 과감한 정책적 결단을 내리지 못하게 만든 한 요인이었다. 이른바 반DJ 정서가 문제였다. 이 문제에 대한 상당한 책임이 그 자신에게 있든, 아니면 그에게 나쁜 이미지를 덧씌운 정치적 반대파들의 농간 때문이었든, 김대중 대통령은 어느 정치인보다 적극적 반대자가 많은 정치인이었다. 목숨을 건 민주화 투쟁 경력으로 인해 그에게는 매우 단단하고 적극적인 지지자들이 어느 정치인보다 많았다. 이런 지지자들 가운데는 그가 하는 일이라면 무슨 일이라도 지지하는 열성적 지지자도 많았다. 그러나 그가 하는 일이 아무리 좋은 일이라도 색안경부터 쓰면서 반대하고 보는 무조건적인 반대자도 적지 않았다.

이런 배경 탓에, 그는 대통령으로 당선돼 집권을 하고서도 우리 사회에서 특권을 누려온 두터운 기득권층과 주류로부터는 끝내 심한 질시와 견제를 받는 비주류 대표일 수밖에 없었다. 정체가 분명하지 않은 반DJ 정서에서 헤어나기 위해 온갖 노력을 기울였으나, 그에게 씌워진 굴레에서 벗어나기는 힘들었다.

그가 임기 내내 중요한 정치적 결단을 하는 데 신중함이 지나쳐 답답할 정도로 재고 또 재는 소심한 면을 보인 것도 정치인으로서 그가 지닌 이런 특성과 깊은 연관이 있어 보인다. 햇볕정책을 성공시키는 데 요체가 되는 과감한 대북 지원을 밀어붙이지 못한 것도 그가 뿌리 깊은 반DJ 정서를 지나치게 의식한 탓이 컸다. 그는 한나라당의 정치적 반대공세 중에서도 가장 원색적이고 자극적인 퍼주기론에 휘말려,

당당하게 북한을 지원하자는 논리를 펴지 못했다. 김영삼 정부 때보다 오히려 적게 지원했다고 방어논리를 펴는 데 급급했다. 이로 인해 그는 결과적으로 북한에 했던 각종 약속들을 지키지 못해, 실망과 불만을 샀다.

김대중 대통령은 야당 시절에도 고비 때마다 색깔론의 망령에 시달렸다. 이는 그가 다른 정치인보다 진보적인 생각을 지녔고, 그런 생각을 남보다 앞서 주장한 데서 비롯된 측면도 있지만, 역대 군사정권들이 정치적으로 가장 위협적인 존재였던 그를 견제하고 낙마시키기 위해 만들어 낸 조작들이 쌓인 결과이기도 했다. 박정희 대통령은 그에게 가장 큰 정치적 위협이었던 김대중을 도쿄에서 납치하는 정치테러를 감행했고, 북한과 내통했다며 용공으로 몰았다. 전두환 신군부가 정권을 잡는 과정에서도 김대중은 내란음모 혐의로 사형선고를 받았고, 결국은 조국을 떠나 망명길에 올라야 했다. 노태우 대통령이나 김영삼 대통령 시절에도 그에게 이미 덧씌워진 이미지는 벗겨지지 않았고, 선거 때마다 색깔론 공격으로 큰 피해를 입어야 했다.

이회창 후보와 겨룬 1997년 선거에서 그가 김종필 자민련 총재와 연대를 한 것은 충청도 지역표를 움켜쥔 김종필씨의 고정표도 겨냥했지만, 보수반공의 원조로 일컬어진 김종필 총재와 손을 잡음으로써 그에게 가해질 색깔공세를 미리 차단하는 효과도 노린 것이었다.

한국 사회의 냉전적 잔재

분단과 함께 형성되고 한국전쟁을 치르면서 굳어진 레드 콤플렉스는 우리 사회 구성원들을 냉전적 시각에서 좀체 벗어나지 못하게 만들었다. 한국 사회에서 이른바 빨갱이로 지목되면 그의 사회적 생명력은 물론 목숨까지도 위태한 상황에 처하게 된다. 이런 비정상적인 상황에서는 사회 구성원들이 어떻게든 지배 이데올로기의 틀에서 벗어나지 않으려고 한다. 심지어는 이미 틀에서 벗어난 사람에 대해 집단적인 공격을 가함으로써 자신의 결백을 증명하려는 심리적 도착증세가 만연하기도 한다.

북한과 적대적 공존관계를 유지한 군사독재 정권의 지배 이데올로기는 북한에 대한 불신과 혐오였다. 햇볕정책은 이런 지배 이데올로기가 판을 쳐온 상황에서 북한과의 화해와 교류협력을 강조하는 내용이어서 정착하기까지 그만큼 더 어려움을 겪어야 했다.

지역적 소수파, 호남 멍에

김대중 대통령은 전남 신안군 하의도 출신으로 목포가 그의 정치적 고향이다. 그는 한국 사회에서 많은 차별을 받아온 호남 민중의 정치적 욕구를 풀어줄 대안으로 오래 전부터 기대와 지지를 받아왔다. 특히 광주항쟁 과정에서 혹독한 고통을 당한 호남 사람들의 집단적 소외의식은 야당 정치인으로서 김대중이 겪은 수난의 역정과 결합돼, 그에 대한 무조건적 지지 심리를 강화시키는 구실을 했다.

그러나 그에 대한 호남 사람들의 열성적 지지는 호남과 지역적으로 대립해온, 그리고 훨씬 더 많은 인구를 가진 영남지역에서는 그에 대한 거부감을 키우는 결과를 가져왔다.

지역적 구도에 의해 짜여진 일그러진 정치판과 정치적 이해관계 때문에 더욱 증폭된 지역주의는 김 대통령의 운신 폭을 더욱 좁혔다. 반

DJ 정서는 지역감정과도 밀접한 관계가 있다. 정치적 반대자들은 선거 때마다 지역감정을 부추겨 반사이익을 챙기려 했다. 그 과정에서 김 대통령에 대한 거부 정서는 널리 그리고 깊게 퍼졌고, 지역적 소수파로서 김 대통령은 줄곧 피해를 당해야 했다. 그는 대통령에 당선된 뒤 동서화합을 목표로 동진정책을 펴기도 했다. 그러나 호남 출신들을 요직에 많이 기용했다는 비판이 나오는 등 인사정책의 실패가 겹침으로써, 뿌리 깊은 지역주의를 극복할 수는 없었다.

여야간 이해를 다투는 국내 정치와 민족적 문제를 다루는 대북정책에 대해 구분해 생각하는 성숙한 정치의식이 필요하다. 하지만 오랜 독재체제에 길들여지고 지역주의가 기승을 부려온 사회에서 이런 성숙한 모습은 기대하기 힘들었다.

언론의 집요한 공세

김대중 대통령에 대한 국내 보수언론의 집요한 공격은 김 대통령의 햇볕정책에 지대한 타격을 주었다. 우리 사회에서 언론은 기득권을 대변하며 분단의식과 냉전문화를 재생산하는 부정적 역할을 해왔다는 비판을 받아왔다. 일반 국민들은 구조적으로 정보를 독점하고 있는 언론의 영향에서 벗어나기 힘들다. 특히 이데올로기 문제가 걸려 있는 남북문제에서는 언론의 영향력이 더욱 컸다.

분단 구조로 굳어진 한국 사회에서 언론은 기득권 세력의 가장 강력한 중심체 구실을 해 왔다. 정치권력은 선거를 통해 바뀌어도 재벌과 언론은 대를 물려가며 이어지고 그 영향력이 줄지 않는다는 말은 적확한 지적이었다. 한국 사회의 주류를 대표해온 언론은 권력 감시와 여론 형성이란 명목 아래 김대중 정부에 대해 집요하고도 집중적인 비판을 가했다. 민주화가 진행되면서 과거 군부세력이 차지했던 자리에 생긴 권력의 공백을 언론이 재빨리 차지한 것이었다. 언론은 선거 때마다 대통령 만들기를 하는 데 재미를 붙였다. 김대중 대통령은 언론이 선호하고 지지한 후보가 아니었다. 애초부터 심리적 갈등이 있을 수밖에 없었다.

대중 정치인으로서 언론의 위력을 누구보다 잘 아는 김대중 대통령은 집권 초기 언론과 좋은 관계를 유지하려고 온갖 애를 썼다. 캐시와 위스키(Cash & Whisky)란 비아냥거림이 나올 정도로 환심을 사기 위한 노력을 폈으나 한계가 있을 수밖에 없었다. 그가 대통령이 되어 추구했던 목표와, 그동안 한국사회에서 독점적 기득권을 누려온 보수언론의 목표는 충돌할 수밖에 없었다. 특히 분단 구조에서 기득권을 누려온 언론들은 북한을 바라보는 시각에서 냉전적, 보수적 태도를 바꾸려 하지 않았다. 햇볕정책이 남북 정상회담 개최 등으로 국민의 전폭적 지지를 받을 때는 잠시 비판을 멈췄지만 열기가 식자 다시 비판의 날을 세웠다. 대북 지원문제가 나오면 퍼주기론으로 견제하고, 북한의 일방적 태도가 불거지면 끌려 다니기만 한다며 정부의 퇴로를 미리 막아 협상의 폭을 좁혔다. 언론은 사사건건 발목을 잡고 늘어졌고, 어느 한쪽이 근본적으로 바뀌지 않는 한 충돌은 불가피했다.

언론은 끊임없는 공격으로 김대중 정권 길들이기를 시도했고, 이에 맞서 김대중 정부는 결국 언론사 세무조사란 최후의 칼, 양날의 칼을 빼어들기에 이르렀다. 기업을 하면서 정당한 세금을 내야 하는 것은 언론사라고 해서 예외가 될 수는 없다. 그러나 이제껏 특권적 지위를 누려온 언론사들에게 정부가 세무조사를 한다는 것은 직접적 충돌을 불사한다는 뜻이었다. 보수언론을 대표하는 몇몇 언론사주들이 탈세 혐의로 구속되면서 언론의 정부 비판은 무한대로 치달았다.

남북문제는 그 사이에 끼어 더욱 어려워졌다. 햇볕정책의 문제점으로 지적된 국민적 합의 도출의 실패와 이른바 남남갈등은 김대중 정부의 노력이 부족했던 것 못지않게 언론의 비협조와 공격적인 태도 때문이었던 것이 사실이다.

정치적 이용에의 유혹

위에서 살펴본 여러 제약 조건들이 김대중 정부의 대북정책 추진에 큰 장애요소로 작용하는 가운데서도 김 대통령은 햇볕정책을 일관되게 밀고나갔고, 남북 정상회담 개최와 6.15 공동선언 채택 등 빛나는 성과를 이룩했다. 노벨 평화상 수상으로 그의 정책에 대한 국제적 공인까지 이뤄졌다. 그럼에도 김대중 정부는 객관적 여건의 불리함에 더해 몇 가지 결정적인 실책까지 범함으로써 더 큰 어려움을 자초했다.

대표적인 실책은 남북문제를 정치적으로 이용하려는 유혹에서 벗어나지 못했다는 점이다. 정치적 소수파로 설움을 당해온 김대중 대통령은 민족문제를 해결해 민족적 지도자로 부상함과 동시에 일시에 정치적 승리도 챙기려는 유혹을 이기지 못했다. 그는 남북 정상회담 개최 합의를 4.13 총선에 이용하려 했다는 구설수에 올라 자승자박의 결과를 초래했다.

김대중 정부는 4.13 총선을 불과 사흘 앞둔 4월 10일, 두 달이나 뒤인 6월로 설정된 남북 정상회담 개최 합의 사실을 발표했다. 만일 정부가 총선이 끝난 다음에 남북 정상회담 개최 합의 사실을 공표하면서 "민족문제인 남북 정상회담 개최를 국내 정치에 이용한다는 말을 듣지 않기 위해서 그 전에 합의는 했지만 욕심을 누르고 발표를 늦췄다. 야당인 한나라당도 이런 충정을 이해하고 남북문제만큼은 정치적 이해를 떠나 여야가 한마음으로 합심해 초당적으로 도와 달라"고 호소했더라면 어찌됐을까. 역사에 가정은 없지만, 남북문제를 둘러싼 여야의 치열한 갈등을 줄이는 데 상당히 큰 구실을 하지 않았을까.

햇볕정책이 국제적으로 큰 평가를 받고 실질적인 성과를 거뒀음에도 국내에서 제대로 평가받지 못한 데는 정치적으로 거대 야당의 끝없는 견제와 발목 잡기에 시달린 탓도 있다. 정부가 정상회담 개최 합의 사실을 발표할 때도 그랬고 정상회담이 끝난 뒤에도 그랬지만 정상회담의 열매를 독점할 게 아니라 야당에도 적절히 나눠주었어야 했다. 야당이 정상회담의 후속 정책에 참여할 명분을 주고 경과 설명도 하고 했더라면 야당의 반발 강도가 한결 누그러졌을 것이다.

보수적인 시각에 물들어 있는 데다 차기 정권 획득에 온 신경을 다 쓰던 한나라당이 그랬다고 해서 햇볕정책에 대한 공세를 늦췄겠느냐는 반론도 가능하다. 물론 그런 점도 있을 것이다. 하지만 햇볕정책의 부정적 여파로 남남갈등이 불거지고 정치권의 치열한 정쟁이 남북화해 정책에 제동을 걸었다는 점을 감안하면, 김대중 정부의 노력이 부족했다고 말할 수 있다. 그럴수록 정부가 더 노력을 기울였어야 했다.

측근 부정으로 떨어진 도덕적 권위

수평적 정권교체로 온 국민의 기대 속에 출범한 김대중 정권은 민주화에 헌신한 공로까지 인정받고 있었기에 도덕적 권위가 그 어느 정권보다 높았다. 김대중 정권은 마침 IMF 사태로 인해 국가부도 위기에 빠진 경제를 살리는 데도 어느 정도 성과를 거둬, 위기 탈출에 성공했다는 평가를 받았다. 더구나 한국인으로는 처음인 노벨 평화상 수상은 그의 권위를 한껏 높였다.

그러나 정권 말기에 연이어 터져 나온 각종 게이트와 부정부패 추문들은 김대중 정권의 도덕성을 송두리째 의심하게 만들었다. 특히 김 대통령의 세 아들들이 모두 비리 사건에 연루되고 두 아들이 구속되는 초유의 일이 벌어지면서, 김 대통령은 스스로 얼굴을 들 수 없는 참담한 지경에 빠졌다. 정권 초기의 긴장감이 사라지고 견제기능이 떨어지면서 권력 주변 측근 실세들이 끼리끼리 봐주며 저지른 비리들이 곪아 터져 걷잡을 수 없는 사태로 이어진 것이다.

김영삼 정권에 이어 김대중 정권까지 아들을 비롯한 측근들의 비리로 깊은 수렁에 빠지자, 민주화를 위해 헌신했다고 자부해온 이른바 민주화운동 세력 전체가 비난과 냉소의 화살을 맞게 됐다. 주위를 단속하지 못하고 쓴 소리를 멀리한 김 대통령의 잘못이 나라의 민주화를 뒷걸음질하게 만든 셈이다.

김 대통령의 도덕적 권위 붕괴는 그가 그토록 중점을 두었던 남북관계의 진전과 햇볕정책의 성과에도 부정적인 영향을 끼쳤다. 보수언론을 비롯한 정치적 반대세력들이 햇볕정책에 대해 비난과 매도를 퍼부어도 적절히 대응할 기력을 찾지 못했다. 반세기 동안 대결해온 남북이 마음을 열고 화해와 협력을 할 수 있는 터전을 이제 겨우 마련했는데, 그 터전이 제대로 굳어지기도 전에 다시 파헤쳐지는 사태가 빚어진 것이다. 김대중 정부가 보수세력의 햇볕정책 때리기, 흠집 내기에 효율적으로 대처하지 못함에 따라 남북관계의 진전은 더뎌졌다. 한편으로 평화를 바라면서도 이를 위해 인내하거나 작은 고통을 감수하는 데 인색한 국민들을 제대로 설득하지도 못했다.

대북송금 의혹과 특검 수사결과 발표

김대중 정부의 햇볕정책이 분단 이후 첫 남북 정상회담을 열고 민족 화해를 촉진하는 뚜렷한 성과를 이뤄내고도 끝내 특검수사의 대상으로 전락해 시련을 겪게 된 데는 대북정책을 투명하게 추진하지 못한 정부의 잘못이 컸다.

계속 불거지는 대북송금 의혹에 밀려 김대중 대통령은 퇴임 열흘 전 사과의 뜻을 밝히는 대국민 담화를 발표해야 했다. 그리고 퇴임 직후 공포된 특별검사법에 따라 특검수사가 진행됐다. 특검이 발표한 수사 결과는 남북관계와 햇볕정책의 의미를 크게 훼손했다. 불투명한 정책 추진의 문제점이 고스란히 드러났다.

송두환 대북송금 특별검사는 2003년 6월 25일 70일간의 수사를 마치고 최종 수사결과를 발표했다. 송두환 특검은 "2000년 4월 8일 남북 정상회담 개최를 최종 합의하면서 현대는 포괄적 경제협력사업권을 얻는 대가로 4억 달러(현금 3억 5000만 달러, 현물지원 5000만 달러)를 정상회담 전까지 지급하기로 약속했고, 이와 별도로 정부는 1억 달러의 현금 지원을 하기로 약속했다"고 밝혔다.

송 특검은 "박지원 당시 문화관광부 장관은 정부가 부담하기로 한 대북 지원금 1억 달러의 재원 마련에 애로를 느끼고 2000년 5월경 정몽헌 현대아산 이사회 회장에게 정부지원금 1억 달러를 대신 지급해 줄 것을 요청했고, 정 회장은 이를 받아들이는 대신 현대상선에 대한 4000억 원의 산업은행 불법대출을 약속받았다"고 밝혔다.

송 특검은 대북송금의 성격과 관련해 "2000년 6월 현대그룹이 대북송금한 5억 달러는 각각 정부의 대북 지원금 성격 1억 달러, 현대의 대북 경제협력사업 선투자금 성격 4억 달러"라고 밝혔다. 송 특검은 "그러나 현금 4억 5000만 달러가 모두 정상회담 전에 송금되고, 송금과정에 정부가 적극 개입하였으며, 국민의 이해를 구하지 않고 비밀리에 송금함으로써 절차적 정당성을 확보하지 않은 관계로 정상회담과의 연관성을 부인할 수 없다고 판단했다"고 밝혔다.

이에 대해 임동원 당시 국정원장은 "1억 달러는 정상회담의 대가가 아니라 회담 개최에 합의한 것을 계기로 우리 정부가 북한의 어려운 사정을 고려해 정책적 차원에서 스스로 지원을 결정한 것"이라며 "실제 정상회담 협의 과정에서는 이런 얘기는 전혀 거론되지 않았으며, 따라서 정상회담 대가가 아니라 정부 차원의 대북 지원금이라고 표현해야 옳다"고 주장했다.

임 전 국정원장은 "당시 김대중 대통령이 '국민에게 소상히 알리자'고 했으나, 나를 포함한 참모들이 '앞으로 남북관계의 발전과 남북간 신의를 고려해 적절치 않다'고 만류했다"고 덧붙였다.

송 특검은 추가 송금의혹에 대해서는 "현재까지 밝혀진 바 없다"고 밝히고 "대북송금 지연이 정상회담 연기의 사유는 아니었던 것으로 판단한다"고 덧붙였다. 임동원 당시 국정원장이 2000년 5월 27일과 6월 3일에 북한을 방문해 일정을 협의하는 과정에서 북한이 경호상의 이유로 일정을 하루 앞당기거나 연기할 뜻을 비쳤다는 것이다. 이에 대해 남쪽은 원칙적으로는 일정 변경이 불가하지만, 부득이한 경우라면 언론에 대한 취재편의 제공 등 준비 관계상 앞당길 수는 없으나 연기하는 방안을 수용할 수는 있다는 뜻을 밝혔다고 한다. 북한은 6월 10일 대남 전언통지문을 통해 일정을 하루 연기하자고 알려왔고, 남쪽에서 이를 수용했다는 것이다. 그런데 마침 송금 과정에서 실수가 빚어져 입금이 하루 늦어짐으로써 '입금 지연으로 정상회담이 연기된 것 아니냐'는 의혹이 계속 제기됐다.

특검 팀은 이기호 전 청와대 경제수석, 이근영 전 산업은행 총재를 구속한 데 이어 박지원 전 청와대 비서실장을 불법대출 및 대북송금에 개입한 혐의(직권남용 등)로 구속 기소했다. 그리고 임동원 전 국정원장과 정몽헌 현대 회장은 외국환거래법 위반 혐의 등으로 불구속 기소됐다.

특검 수사 과정에서 박지원 당시 문화관광부 장관이 현대그룹에 150억 원의 뇌물을 요구해 받았다는 혐의가 불거져 또 다른 논란을 빚기도 했다. 그러나 박지원 전 장관은 자신은 결코 돈을 받은 적이 없다고 완강히 부인하면서 배달사고 가능성까지 거론했고, 한나라당은 제2, 제3의 특검을 추진하겠다고 나서는 등 공세의 강도를 높였다.

송두환 특검은 기자들과 만난 자리에서 1억 달러를 정부가 주기로 하고 현대에 대납을 요청한 사실을 밝히는 문제를 놓고 고민을 많이 했다고 술회했다. 또 자신은 수사결과 발표문에서 대북송금이 남북 정상회담의 대가라는 표현을 결코 쓴 적이 없다며, 언론이 남북문제에 미칠 영향에 대해 우리만큼도 고민하지 않고 대가라는 표현을 쓰는 등 한쪽으로 쓰는 것 같다고 강한 불만을 표시했다.

송두환 특검팀은 대북송금은 한반도 평화 정착을 위해 남북 정상회담을 추진하던 김대중 정부와 대북사업 정상화를 위해 남북관계의 진전이 필요하다고 본 현대그룹의 공동 필요성에 의해 출발했다고 결론을 내렸다. 특검팀이 수사결과 발표를 통해 밝힌 대북송금 전말은 다음과 같다.

• 대북송금 협의

김대중 정부는 한반도 평화 정착을 위해 남북 정상회담을 꾸준하게 추진해 오고 있었고, 1998년부터 금강산 관광사업을 필두로 일련의 대북사업을 추진해오던 현대그룹 역시 1999년 말 대북사업의 정상적 추진을 위해서는 남북관계의 획기적 진전이 필요하다고 봐 남북 정상간의 직접 만남을 주선하고자 했다. 정몽헌 현대아산 이사회장은 2000년 초 북한으로부터 정상회담 개최 의사를 확인하고 곧바로 당시 박지원 문화부 장관에게 북한의 의사를 전달했다. 김대중 전 대통령은 박 장관을 대통령 특사로 임명했고, 남북한은 2000년 3월 8일부터 세 차례의 예비접촉을 거쳐 4월 8일 남북 정상회담 개최에 최종 합의했다.

이 과정에서 현대는 북한으로부터 포괄적 경제협력사업권을 얻는 대가로 4억 달러를 정상회담 전까지 지급하기로 약속했고, 이와는 별도로 정부는 북한에 1억 달러의 현금을 지원하기로 약속했다. 5월 3일 현대와 북한은 베이징에서 철도, 통신, 전력 등 7대 경제협력사업권에 관한 잠정 합의서를 체결했고, 이후 8월 2일 최종 합의서에 서명했다.

• **산업은행 불법대출**

정부는 대북 지원금 1억 달러를 지급할 재원을 마련하는 데 어려움을 느꼈다. 이에 따라 5월 중순께 박 장관이 정 회장을 만나 정부지원금 1억 달러를 대신 지급해줄 것을 요청했다. 이때 정 회장은 "현대 계열사의 재정 악화로 대북송금을 자체적으로 마련하는 것이 불가능하니 정부에서 도와 달라"고 부탁했다.

5월말 청와대 옆 국가정보원 별관에서 박 장관이 임동원 국정원장과 김보현 국정원 대북전략국장 등이 동석한 가운데 이기호 경제수석에게 "현대 계열사에 대한 여신지원이 반드시 이뤄지도록 해 달라"고 요청했다. 이 수석은 6월 2일 박상배 산업은행 영업1본부장에게 전화해 "현대에 대한 여신지원을 검토하라"고 지시했고, 다음날 서울 시내 한 호텔에서 이용근 금융감독위원장, 이근영 산업은행 총재와 만나 "현대 여신지원에 협조해 달라"고 지시했다. 이날 한광옥 대통령 비서실장도 이근영 총재에게 "산은에서 협조하라"는 전화를 했다. 산업은행은 같은 달 7일 현대상선에 4000억 원을 대출해줬다.

• **현대계열사 자금 분담**

현대는 현대상선에서 2억 달러, 현대건설에서 1억 5000만 달러, 현대전자에서 1억 달러의 자금을 분담해 조성하기로 했다. 현대상선은 대출금 4000억 원 가운데 북한으로 송금한 2235억 원 외에 1000억 원은 현대건설 기업어음을 사고 나머지는 자체 운영자금으로 사용했다. 현대건설은 현대상선으로부터 기업어음 대금으로 받은 1000억 원에 자체 보유자금으로 1억 5000만 달러를 송금했고, 뒤에 현대상선에

1000억 원을 갚았다. 현대전자는 미국법인과 일본법인 보유자금으로 1억 달러를 조성한 뒤 다음달 스코틀랜드 공장 매각대금으로 이를 보전했다.

- **2억 달러 송금편의**

6월 8일 정몽헌 회장과 이익치 전 현대증권 회장의 지시를 받은 현대건설 김윤규 사장과 현대상선 김충식 사장은 김보현 국장의 소개로 국정원 실무자들을 만나 환전과 북한 쪽 계좌로 송금할 것을 요청했다. 국정원 실무자들은 다음날 김충식 현대상선 사장으로부터 2235억 원을 건네받아 외환은행의 협조로 2억 달러로 환전해 중국은행 서울지점을 통해 중국은행 마카오지점에 개설된 북한의 3개 예금계좌로 송금했다.

현대그룹이 북한으로부터 포괄적 경제협력사업권을 얻는 대가로 선투자금 성격의 4억 달러를 정상회담 전에 지급하기로 약속하고, 이와 별도로 정부가 대북 지원금 성격으로 1억 달러를 지급하기로 약속했다는 특검의 발표는 충격을 불러일으켰다. 물론, 남북 정상회담이 1억 달러를 지급하기로 했기 때문에 열릴 수 있었던 것은 아니다. 하지만 특검수사를 통해 밝혀진 사실은 그동안 정상회담의 대가로 단 1달러도 지불하지 않았다고 공언해온 김대중 정부의 말이 죄다 거짓이었던 것으로 드러났기 때문에 충격과 배신감이 클 수밖에 없었다.

그러나 당시 상황에서 정부가 취할 수 있는 선택의 폭이 매우 좁았다는 현실론도 설득력이 있다. 남북이 반세기 이상 군사적으로 대치해온 엄중한 상황에서 한반도의 전쟁위기를 구조적으로 해소하고 평화를 증진할 가장 좋은 돌파구가 남북 정상회담 개최라고 확신했다면 국익 차원에서 고도의 정치적 판단을 할 수 있으며, 역시 그런 차원에서 대북송금 문제를 봐야 한다는 것이다. 당시 북한은 극심한 식량난으로 아사자가 속출하는 등 매우 어려운 처지에 놓여있었다. 김 대통령이 경제적으로 어려운 북한에 대한 현금 지원 없이는 정상회담 개최가 불가능한 상황이라고 판단했지만 그렇다고 드러내 놓고 국민의 동의를 구할 수도 없는 상황이었다면, 평가는 역사의 몫으로 돌리고 국가 지도자로서 결단하는 수밖에 다른 도리가 없지 않았겠느냐는 설명이다. 남북 정상회담 합의와 같은 고도의 정치적 행위를 후에 사법적 잣대로 판단해서는 안 된다는 얘기도 일리가 있다.

실제 남북 정상회담이 열리고 6.15 공동선언이 발표된 뒤 남북관계가 급진전하고 한반도 긴장이 크게 완화됐다. 돈으로는 따질 수 없는 유형무형의 큰 성과를 거둬 민족이익에 부합하는 결과를 이뤄낸 것이다. 따라서 현대가 선투자금 명목으로 지급한 4억 달러는 이른바 7대 경제협력사업과 후에 연결됐으니 별도로 치더라도, 정부가 부담하기로 한 대북 지원금 1억 달러도 남북 화해와 한반도 평화를 일구는 돌파구를 여는 데 요긴하게 쓰인 것이라면 평화유지 비용이라고 볼 수 있는 것이다.

노태우 정부 시절 옛 소련과 수교하기 위해 차관 형식으로 지원한 자금 30억 달러에 비한다면 이번 대북송금액은 그리 큰 액수가 아니라는 주장도 있다. 액수의 많고 적음이 문제인 게 아니라 국민에게 알리지 않고 비밀리에 지원한 것이 문제라고 말하는 이도 있을 것이다. 일리 있는 비판이다.

하지만 현실적으로 짚어볼 대목이 있다. 당시 상황에서 남북접촉의 투명성을 유지하고 북한을 합법적으로 지원하기 위해 국민을 설득하는 게 과연 말처럼 가능했을까. 총선을 앞두고 여야가 첨예하게 맞서 있는 상황에서 북한과의 비밀접촉 사실을 공개했다면 남북문제가 여야간 정쟁에 휩싸이면서 정상회담 개최 합의는커녕 북한을 자극해 남북관계를 오히려 크게 후퇴시키는 결과가 초래됐을 것이 불을 보듯 뻔하다. 또 남북간의 비밀접촉이 사전에 알려졌다면 미국 등 주변국들의 견제와 개입으로 인해 정상회담이 성사되지 못했을 것이라는 게 대다수 전문가들의 분석이다. 대북송금 문제를 실정법 위반 차원이 아니라 큰 틀에서 민족문제를 고민하는 역사의 눈으로 봐야 한다는 주장이 나오는 것도 이런 맥락에서다. 미국의 경우 대통령의 외교 교섭 내용은 25년이 지나야 비밀해제가 된다. 그나마 국익보호 차원에서 주권이나 군사 사항에 관한 것은 제외되고 공개된다. 이와 비교해 볼 때 3년 전의 남북 정상회담 비사를 낱낱이 까발리는 것이 과연 국익에 보탬이 될 것이냐는 반론이 나오는 것은 당연하다.

특검수사로 인해 대북송금에 관한 진실은 밝혀져야 한다는 요구는 어느 정도 충족됐다. 대신 우여곡절을 겪으며 쌓아온 남북관계는 크게 손상됐다. 애초 특검법이 공포될 때 우려했던 일들이 현실로 나타난 것이다.

대북송금 특검은 진실을 밝히되 남북관계를 훼손해서는 안 된다는 이중적 목표를 세웠는데, 사실 이는 양립이 불가능한 일이었다. 표면적으로는 진상규명을 통해 국민의 알권리를 실현시켜야 한다는 명분으로 대북송금 특검이 성사됐지만, 그 밑바탕에는 대북 화해협력을 향한 햇볕정책에 반대하는 입장을 가진 정치세력의 이해관계가 자리하고 있었던 게 사실이다. 냉정하게 보면 특검법이 국회를 통과하고 공포되는 과정에는 다분히 각 정파들의 전략적 고려가 개재됐다.

대북송금 의혹을 어떻게 풀 것이냐는 논의가 한창 진행 중인 가운데 한나라당의 일방적 처리로 특검법이 국회를 통과했다. 이에 민주당이 계속 반대하고 남북관계 훼손에 대한 우려의 목소리가 나오면서 대통령이 거부권을 행사하는 방안이 심각하게 검토됐다. 그러나 여야 정치권이 특검수사의 범위와 기간 등에 대해 재협상을 하기로 약속하자 노무현 대통령은 "상생의 정치를 기대한다"며 거부권을 행사하는 부담을 지지 않으려 했고, 결국 특검법은 원안대로 공포되고야 말았다. 그리고 재협상을 통해 특검법을 수정하겠다던 여야의 약속은 끝내 지켜지지 않았다. 한나라당이 일방적으로 통과시킨 특검법에 대해 한차례 거부권을 행사해 내용 수정을 요구할 수 있었던 노 대통령이 많은 사람의 예상을 뒤엎고 왜 이를 수용했는지는 여전히 의문이다. 여야간 정치적 약속을 믿었다고 보기에는 너무 어설픈 대응이었다. 정치적 부담만 생각하고 남북문제에 대한 치열한 고민은 부족했던 게 아니냐는 비판이 나오는 것도 그 때문이다. 특검법이라는 실정법에 따라 수사할 수밖에 없는 특검으로서는 남북관계의 훼손을 막을 방법이 없었다. 설사 마음속으로 그리 되길 원했다 하더라도 실제로는 이루어질 수 없는 일이었다.

정부가 국민에게 알리지 않고 북한에 현금을 지원한 것은 비판을 피할 수 없을 것이다. 그러나 그 책임과 공과는 역사적으로 판단돼야 할 내용이지 실정법의 잣대로 재단될 일이 아니다. 더구나 대북송금을 문제 삼아 남북 정상회담의 역사적 의미를 퇴색시키거나, 민족화해를 염원하며 추진해온 모든 노력들을 도매금으로 깎아내려서는 더더욱 안 된다.

다만 김대중 정부가 남북관계의 특수성 때문에 모든 일을 투명하게 처리하지는 못하더라도 국민에게 알리고 이해를 구했어야 할 부분까지 숨기고 불투명하게 처리한 것은 분명히 잘못한 일이다. 어렵더라도 북한에 대한 경제적 지원의 필요성을 국민들에게 당당히 알리고, 그것이 한반도에서 전쟁위험을 줄이고 긴장을 완화시킴으로써 결과적으로 비용이 적게 든다는 점을 정면으로 설명하고 설득하는 노력을 기울였어야 했다. 그렇게 정면 돌파를 시도했더라면 대북 지원이 더 과감해질 수 있었고, 퍼주기라며 비난하는 반대세력의 공격에도 당당히 맞설 수 있었을 것이다.

김대중 대통령은 2000년 3월 9일 베를린 선언에서 "대한민국 정부는 북한이 경제적 어려움을 극복할 수 있도록 도와줄 준비가 되어 있다"고 밝혔다. 또 "남북간에 본격적인 경제협력을 실현하기 위해서는 도로, 항만, 철도, 전력, 통신 등 사회간접자본이 확충되어야 한다"고 강조하면서 "정부는 북한 당국이 요청하면 이를 적극적으로 검토할 준비가 되어있다"고 국제사회에 공개적으로 약속했다.

그러나 그는 이런 약속들을 거의 지키지 못했다. 북한이 가장 필요로 했던 전력 지원은 미국이 대북 협상력을 떨어뜨린다며 견제하는 바람에 검토만 하다가 실천에 옮기지 못해 북한의 실망을 샀다. 다른 부분의 지원들도 국내 보수세력들이 다분히 정략적으로 비난한 퍼주기 시비에 휘말려 과감하게 실천하지 못했다.

햇볕정책의 성과

많은 제약 요인과 문제점을 안고 있었음에도 불구하고 햇볕정책은 한반도 현실에서 남북의 화해와 협력을 목표로 내세웠던 가장 적실성 있는 정책이었기에 다음 정권도 그것을 이어가야 한다는 주장이 설득력을 얻고 있다. 실제로 햇볕정책이 거둔 실질적 성과는 크다.

줄어든 전쟁위협

남북 정상회담이 이루어지고 6.15 공동선언이 발표됐지만 북한이 달라진 것이 무엇이 있느냐, 괜히 우리만 들떠서 밑 빠진 독에 물 붓기 식으로 일방적으로 퍼주기만 한 것 아니냐는 일부 보수세력의 비판은 잦아들 줄 모른다.

햇볕정책에 대해 비판하는 보수세력은 이 같은 퍼주기론 외에도 우리 정부가 북한에 끌려 다니기만 했다고 비난하거나, 햇볕정책으로 북한을 지원한 것이 쓰러져가는 김정일 정권을 다시 일으켜 세우는 구실을 했다고 몰아세우기도 한다. 심지어 북한에 지원한 식량이 북한군의 군량미가 되어 남쪽을 위협한다거나, 북한에 대한 현금 지원이 무기가 되어 돌아온다는 자극적인 주장을 펴기도 한다. 북한 핵 문제를 둘러싼 논란이 일고 한반도에 북핵 위기론이 번지면서 이들의 목소리는 더욱 높아졌다. 이들이 내세우는 논리도 일정하게는 근거가 있는 게 사실이다. 하지만 햇볕정책을 통해 우리가 얻을 수 있었던 소득들에 비하면 그런 문제들은 훨씬 작은 요소들에 지나지 않는다.

다른 것은 제쳐 놓더라도, 우리가 전쟁의 위협을 피부로 느끼지 않게 된 것만 해도 엄청난 성과다. 휴전선을 사이에 두고 170만 군대가 총칼을 마주하는 상황에서, 남북 사이에 이런 정도의 믿음이 생긴 것은 엄청난 변화라고 말하지 않을 수 없다. 한반도에서 전쟁위기를 줄이고 평화를 유지하겠다는 것이 햇볕정책의 첫째 목표였다면, 그 적실성은 이미 상당히 입증된 셈이다. 그러나 이는 초보적인 단계의 평화일 뿐이다. 남북이 지금과 같은 불안한 평화에 머물지 않고 좀더 확고한 믿음을 쌓기 위해서는 헤쳐 나가야 할 난관들이 많다. 군사적 신뢰가 쌓이고 군축이 이뤄지는 데까지 가야 한다. 그러기 위해서는 남북 간 교류협력이 더 긴밀해져야 한다. 교류협력의 확대를 통해 남북이 서로 기대는 것이 많아져야 북쪽이 평화의 필요성과 소중함을 더 깨닫게 되고 그런 쪽으로 정책을 펴나갈 것이다. 그리고 남북협력을 제도화하는 노력을 더 많이 기울여야 한다. 그래야 남북관계가 돌발변수에 흔들리지 않고 일관되게 갈 수 있다.

북한 핵 문제로 한반도에서 전쟁 위기가 높아지면서 남북이 긴밀히 협조해야 할 필요성이 더욱 커졌다. 북한이 국제적으로 고립돼 처지가 어려운 때일수록 우리 정부는 북쪽과 대화를 긴밀히 하고 속마음을 주고받을 수 있는 통로를 마련해야 한다. 마음이 통해야 민족문제도 힘을 합쳐 헤쳐 나갈 수 있다. 한반도 위기가 고조될수록 북한과의 교류협력을 더욱 강화해야 하는 것은, 자칫하면 우리도 모르는 사이에 민족이 전쟁의 참화에 휩쓸려버릴지도 모른다는 위기감 때문이다. 한반도에서의 군사적 충돌은 최악의 경우 우리와 아무 상의 없이도 진행될 가능성이 있다. 군사적 충돌은 그것이 처음에는 제한적 형태를 띠더라도 결국은 전체적인 대결로 치달을 수밖에 없다.

북한의 변화 가능성 커져

남북 정상회담 이후 북한은 경제관리 개선조치를 취하는 등 많은 변화를 모색하고 있다. 본질적인 변화인지는 아직 단정하기 어렵지만, 이런 변화들이 쌓일 때 전략적 변화도 비로소 가능해질 것이다.

북핵 문제를 놓고 미국과 벼랑끝 전술을 펼치는 모습은 전과 조금도 다름없다는 비판을 받지만, 그 기저에는 미국과의 대화를 통해 체제 보장을 얻어내려는 강한 열망이 깔려있다. 일반적으로 예측하듯 북한이 중국 모형을 받아들여 개혁개방에 나선다면 남북간 교류와 협력도 한층 확대되고 한반도 평화도 탄력을 받을 터이다.

김대중 정부는 햇볕정책을 내밀하게 뒷받침하는 대북전략을 갖고 있었다. 그 내용은 다음 네 가지로 요약된다.

첫째, 북한은 일종의 독재국가이니만큼 북한을 변하게 하려면 최고 지도자나 그와 가장 가까운 측근들을 공략한다는 전략이다. 이들을 설득해야 이들의 영향력으로 북한 사회의 변화가 촉진된다는 것이었다. 이는 위로부터 변화를 이끌어내는 전략이다. 북한이 경제관리 개선조치를 취하는 등 시장경제를 받아들이는 쪽으로 가는 최근 모습은 위로부터의 변화가 시작됐음을 뜻한다.

둘째, 북한 주민들의 마음을 얻는다는 전략이다. 식량 지원이나 비료 지원 등을 통해서, 그리고 이산가족 만남 등을 통해서 남한에 대한 북한 주민들의 적개심을 줄이고 그들 마음에 동포애를 강화시키는 것이다. 이는 아래로부터 변화를 이끌어내는 전략이다. 식량이나 비료를 지원할 때 남한의 상표가 부착된 포대에 넣어 보냄으로써 북한 주민들이 남쪽에서 도와주는 것을 알게 만들고, 남쪽이 잘 산다는 것도 보여

줘 그들이 남쪽에 대해 좋은 감정을 갖도록 만든다는 것이다.

셋째, 경제적 교류협력을 촉진해 남한에 대한 북한의 의존도를 높이도록 한다는 전략이다. 남쪽에 대한 의존이 높아지면 여간해선 도발을 하지 않게 되고 평화의 소중함을 알게 되는 효과가 생긴다는 것이다. 북한이 현금 수입을 올릴 수 있는 금강산 관광사업을 하는 동안에는 평화가 저해돼 사업이 중단되는 일이 생기지 않도록 노력했다는 점을 주목할 필요가 있다. 유럽경제공동체가 유럽연합으로 발전했듯이 남북이 경제공동체를 만들면 나중에 정치적 통합도 가능해진다는 것이다.

넷째, 군사적 긴장을 완화한다는 전략이다. 경의선과 동해선 철도와 도로를 연결하면서 비무장지대 안에서 지뢰제거 작업을 하고 군사당국간 직통전화를 놓았던 것은 군사적 긴장을 완화하고 군사적 신뢰를 구축하는 조처의 일환이었다. 개성공단 건설 등에 나서면 그만큼 경제적 필요성이 증가하고, 그러면 북한에 노동력이 부족해져 군인 수를 줄여야 할 것이라는 계산도 고려됐다.

김대중 정부의 대북전략은 공개적인 햇볕정책을 떠받치며 북한의 변화를 촉진한다는 목적을 갖고 있었다. 과연 얼마만큼의 성과를 거두었는지는 역사가 평가할 것이다.

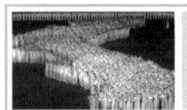 ## 에필로그 | 햇볕정책을 위한 변론

    5년의 임기를 마치고 퇴임한 김대중 전 대통령은 한동안 극도로 말을 아꼈다. 노무현 대통령에게 정치적 부담을 주지 않기 위한 배려도 담겨있었을 것이다. 더구나 대북송금 사건에 대한 특검법이 공포되고 햇볕정책을 앞장서 추진했던 핵심 측근들이 줄줄이 특검의 조사를 받는 상황에서 달리 할말도 없었을 것이다.

    김 전 대통령은 퇴임한지 110일이 지난 뒤 6.15 남북 공동선언 3주년을 맞아 가진 KBS와의 특별대담에서 날로 심각해지는 한반도 정세에 대한 우려와 함께 자신의 심경을 담담하게 밝혔다. 분단 이후 처음으로 남북 정상회담이 열리고 남북간 교류와 협력이 봇물 터지듯 하던 것이 북한 핵 위기로 전쟁위험까지 걱정해야 하는 상황이 된 게 안타까웠을 것이다. 무엇보다 특검수사로 자신의 최대 업적으로 자부해온 햇볕정책이 뿌리부터 훼손되는 마당에 계속 침묵만 지킬 수가 없었을 것이다.

그는 "대북송금 문제가 사법심사의 대상이 되어서는 안 된다는 소신에는 변함이 없다"며 "국가와 경제를 위해 헌신한 사람들이 부정비리가 없음에도 사법처리의 대상이 된 것에 대해 당시 책임자로서 가슴이 아프다"고 특검과 정치권에 대한 불만을 에둘러 표현했다. 평화를 굳힐 좋은 기회를 놓치고 한반도 정세를 위기국면으로 몰아온 김정일 국방위원장에 대한 비판과 서운한 감정의 표출도 빼놓지 않았다. 그가 서울 답방 약속을 지키지 않아 북한과 잘하겠다는 사람들을 궁지로 몰고 강경세력의 입지를 강화시켰다는 것이다.

그러나 열흘 뒤 대북송금 사건에 대한 최종 수사결과가 발표됐고, 기소된 사람들은 사법부의 최종 심판을 받기 위해 줄줄이 법정에 섰다. 임동원 전 국정원장은 대북 지원금 1억 달러는 정상회담의 대가가 아니라 정책적 차원의 지원금이라는 입장을 굽히지 않았고, 박지원 전 청와대 비서실장은 민감한 부분에 대해 "외교관계나 남북관계의 특수성을 감안해 진술을 거부하겠다"며 입을 다물었다. 박 전 실장에 대해서는 150억 원의 비자금을 현대로부터 받았다는 혐의가 추가로 터져 나와 별도로 수사가 진행될 예정이다. 정몽헌 현대아산 회장은 대체로 혐의를 인정하는 태도를 보였다.

북한 핵을 둘러싼 한반도 위기는 갈수록 고조되고 북한과 미국의 갈등은 좀체 풀릴 기미가 보이지 않는다. 그 사이에 끼인 남한의 시름은 깊어간다. 한반도의 봄은 언제나 올 것인가. 그리고 햇볕정책으로 상징되는 민족의 화해와 협력의 기운은 언제 활짝 필 것인가.

전남대 최영태 교수가 쓴 한 칼럼에도 나왔듯이 동방정책을 펴 독일 통일의 길을 닦은 빌리 브란트 서독 총리도 역사적 평가에 걸맞은 국내적 명예와 대우를 되찾기까지 시대적 역풍에 휘말려 많은 고통을 당했다. 그가 이끌던 사민당은 선거에 패했고 그는 총리 자리에서 물러나야 했다. 그런가 하면 동독은 자신들에게 도움의 손길을 편 브란트 측근에 간첩을 침투시켜 그의 정치적 몰락을 부채질했다.

그러나 16년 뒤 베를린 장벽이 무너지고 독일이 통일될 때 독일 국민들은 브란트 총리를 기억해냈고, 뒤늦게나마 그에게 위로와 지지의 박수를 보냈다. 김대중 대통령의 햇볕정책도 언젠가 국내에서 그런 명예와 대우를 받을 날이 올 것으로 믿는다.

햇볕정책 관련 일지 (1998~2003)

1998년	
2. 25	김대중 대통령 취임
	- 남북 기본합의서 이행을 위한 특사교환 제의
3. 1	김대중 대통령 3.1절 기념사
	- 남북 특사교환 촉구, 이산가족 생사확인 및 상봉실현 촉구
3. 9	정부 세계식량계획(WFP)을 통한 옥수수 5만 톤 식량 지원 발표
4. 4	이성호 북한적십자회 위원장대리 대남서한 발송
	- 비료 지원 요청 관련 남북 당국자회담 제의
4. 6	정원식 대한적십자사 총재 대북서한 발송
	- 북한의 남북 당국자회담 개최 제의 수락 및 수정제의
4.11~17	남북 차관급회담(베이징)
4. 30	남북경협 활성화 조처 발표
	- 대기업과 경제단체의 수시방북 제도 확대
	- 승인을 요하는 품목 축소 및 생산설비 반출제한 완화
5. 2~12	리틀엔젤스 예술단 평양 공연
6.16	정주영 현대 명예회장 소떼 500마리 이끌고 판문점 경유 방북
6. 22	합참, 북한 잠수정 1척 동해안에서 예인 발표
8. 31	북한 대포동 1호 미사일(광명성 1호 인공위성) 발사
9. 1	고령 이산가족 방북절차 신고제로 전환
9. 3	민족화해협력범국민협의회(민화협) 결성
9. 5	북한 최고인민회의 제10기 회의서 헌법 개정, 김정일 국방

10. 27	위원장 재추대 정주영 현대 명예회장 소떼 501마리 이끌고 2차 방북
10. 31~11. 7	윤이상 통일음악회 개최(평양)
11. 18	현대 금강산 관광선 첫 출항

1999년

1. 30~2. 6	국제옥수수재단 김순권 교수 방북 — 1000여 북한 마을에서 개량 옥수수를 재배하기로 북쪽과 합의
2. 28	금강산 휴게소 및 공연장 준공 — 분단 후 최초로 설립된 남북공동 민간 건축물
3. 16	북미 금창리 핵 의혹 시설 협상 타결(뉴욕) — 미국 대표: 카트만 특사, 북한 대표: 김계관 외무성 부상 — 북한, 미국 조사단의 금창리 시설 복수방문 허용 — 미국, 인도적 차원의 대북 식량 지원 약속
3. 29~30	제4차 북미 미사일 협상(평양) — 미국 대표: 아인혼 국무부 비확산 담당 차관보, 북한 대표: 한창언 외무성 북미국장
3. 30	대한적십자사 비료 5000톤 대북 지원계획 발표
4. 28~5. 4	민주노총 대표단 방북 — 남북 노동자 축구대회 등 논의
5. 18~24	금창리 현장조사단(단장: 미 국무부 조엘위트 과장) 방북
5. 25~28	페리 미국 대북정책조정관, 방북해 강석주 외무성 제1부상 등과 회담
5. 28	미국 금창리 핵 의혹 해소됐다고 발표
6. 3	남북 비공개 접촉, 차관급회담 개최 등 합의(베이징)
6. 3~6. 7	김영남 북한 최고인민회의 상임위원장 중국 공식 방문

	- 장쩌민 국가주석 면담, 상하이 등 지방도시 방문
6. 8~6. 15	북쪽 경비정 6척 서해 북방한계선 월선
6. 15	서해교전(연평해전) 발생
6. 20	북한, 금강산 주부 관광객 1명 억류(→6.25 석방)
6. 22	북한, 금강산 관광 중단(→8.5 재개)
6. 22~26	남북 차관급회담 개최(베이징)
	- 남쪽 대표: 양영식 통일부 차관, 북쪽 대표: 박영수 내각 참사
7. 8	북한 이탈주민 정착 지원시설 하나원 개원
8. 9~14	민주노총 축구선수단, 남북노동자축구대회(8.12~13, 평양) 참가차 방북
8. 23	한중 국방장관회담 개최
	- 군사사절단 정례 교환방문 합의
9. 2	북한, 서해 북방한계선 무효 선언
	- 서해 군사분계선 일방적 주장
9. 2	한러 국방장관회담 개최
9. 7~12	북미 고위급회담, 미사일 문제 타결(베를린)
	- 북한은 미사일 발사 유예, 미국은 대북 경제제재 완화 합의
9. 15	페리 미국 대북정책조정관, 의회에 대북정책 권고안(페리보고서) 보고
9. 17	클린턴 미국 대통령, 대북 경제제재 해제 발표
	- 물자 수출입, 금융거래, 투자, 북미간 항공기와 선박 운항 분야 제재 해제
	- 테러지원국 지정은 유지
9. 24	북 외무성 대변인 미사일 발사 유예 선언
9. 27~10. 1	현대 농구대표단 방북, 남북 통일농구대회 개최
9. 28~10. 2	정주영 현대 명예회장 방북, 김정일 위원장 면담, 서해공단 개발 협의

10. 5~9	탕자쉬안 중국 외교부장, 북중 수교 50주년 기념 방북
10. 22	통일부, 북한 위성텔레비전 방송 시청 허용
12. 1~3	일본 무라야마 도미이치 전 일본 총리 등 초당파 의원 대표단 방북
	− 김용순 노동당 비서와 회담, 오부치 게이조 총리의 친서 전달
12. 15	한반도에너지개발기구(KEDO) 한전과 경수로 주계약 체결
	− 한전에서 100만 킬로와트 급 한국형 경수로 2기를 일괄도급 방식으로 제공
12. 19~20	북일 적십자회담 개최(베이징)
	− 대북 식량 지원 및 일본인 납치자 문제 협의
12. 20	북일 수교 예비회담 개최(베이징)
12. 22~25	아태평화위 농구대표단(단장: 송호경) 서울 방문
	− 남북 통일농구대회 개최(12.23~24, 서울)

2000년

1. 3	김대중 대통령, 신년사 통해 남북 경제공동체 구성 제의
1. 12	한국담배인삼공사, 남북 합작담배 한마음 남북 동시판매 발표
3. 8	남북 특사 비밀접촉 시작(싱가포르)
	− 남쪽 특사: 박지원 문화관광부 장관, 북쪽 특사: 송호경 아태평화위 부위원장
3. 9	김대중 대통령 베를린 선언 발표
	− 북한 사회간접자본 건설 지원 및 한반도 냉전 종식과 평화 정착 추구 선언
3. 17~4. 8	남북 정상회담 특사접촉(상하이, 베이징)

3. 23	북한 서해 5개 섬 통항질서 발표
4. 10	남북, 정상회담 개최 합의 동시발표
	－ 6.12~14 김대중 대통령이 평양을 방문하기로 함
4. 22~5. 18	남북 정상회담 준비접촉 회담(판문점)
	－ 남쪽 대표: 양영식 통일부 차관, 북쪽 대표: 김령성 최고인민회의 참사
5. 24~30	북한 평양학생소년예술단 서울 공연
5. 29~31	김정일 북한 국방위원장 중국 방문, 장쩌민 주석과 정상회담
5. 29~6. 10	북한 평양교예단 서울 공연
5. 31	남북정상회담 선발대 30명 방북
6. 13~15	남북 정상회담 개최, 6.15 남북 공동선언 채택(평양)
7. 19~20	푸틴 러시아 대통령 방북, 북러 정상회담 개최
7. 26	남북 외무장관회담(방콕)
7. 29~31	1차 남북 장관급회담(서울)
8. 5~12	언론사 사장단 방북, 김정일 위원장 면담, 언론교류 등 합의문 발표
8. 15~18	1차 이산가족 방문단 교환(서울, 평양)
8. 29~9. 1	2차 남북 장관급회담(평양)
9. 2	비전향 장기수 63명 송환
9. 15	남북 선수단 올림픽 개회식 공동입장(시드니)
9. 18	경의선 기공식(임진각)
9. 22~28	백두산 관광단 109명 방북
9. 25~26	1차 남북 국방장관회담(제주도)
9. 25~26	1차 남북경협 실무접촉(서울)
9. 27~30	3차 남북 장관급회담(제주도)
10. 9~12	북한 조명록 차수 워싱턴 방문해 클린턴 대통령 면담

	- 북미 공동 코뮤니케 발표(10.12)
10. 9~14	남한 방문단 방북, 노동당 창건 55주년 행사 참관
10. 18	한중 정상회담(서울)
10. 20	아셈(ASEM) 정상회의, 한반도 평화선언 채택(서울)
10. 23~25	올브라이트 미 국무장관 방북
	- 김정일 국방위원장과 두 차례 회담, 미사일 문제 등 협의
11. 8~11	제2차 남북경협 실무접촉(평양)
	- 투자보장 등 4개 합의서 가서명
11. 16	북한-유엔사 장성급회담(판문점)
	- 비무장지대(DMZ) 관리권 한국에 이양 합의
11. 28	1차 남북 군사실무회담(판문점)
	- 경의선과 도로 연결공사 협의
11. 30~12. 2	2차 이산가족 방문단 교환(서울, 평양)
12. 5	2차 남북 군사실무회담(판문점)
12. 8	김대중 대통령 노벨 평화상 수상
12. 11~14	민주노총, 남북노동자 통일토론회 개최(금강산)
12. 12~16	4차 남북 장관급회담(평양)
12. 27~30	남북 경제협력추진위원회 1차 회의(평양)

2001년

1. 15~20	김정일 국방위원장 중국 방문, 상하이 등 경제특구 시찰
2. 6~20	유럽연합(EU) 경제대표단 방북
2. 8	5차 남북 군사실무회담 개최(판문점)
	- 경의선 철도, 도로 연결공사에 따른 군사적 보장 합의서 타결
2. 8~10	남북 전력협력 실무협의회 1차 회의(평양)
2.21~24	남북 임진강 수해 방지 실무협의회 1차 회의(평양)

2. 26~28	3차 이산가족 방문단 상호 교환방문(서울, 평양)
2. 27	푸틴 러시아 대통령 방한, 한러 정상회담 개최
3. 6~11	김대중 대통령 방미, 부시 대통령과 한미 정상회담 개최
3. 13	북한, 5차 남북 장관급회담 연기 요청
3. 20	경수로 건설 현장에 우즈베키스탄 인력 207명 투입
3. 24	고 정주영 현대그룹 명예회장 빈소에 북쪽 조문사절단 파견
4. 26	정부 대북 비료 지원(20만 톤) 발표
5. 1	민주노총과 한국노총, 북 직총과 노동자대회 개최(금강산)
5. 3	페르손 EU 의장 방북, 김정일 국방위원장과 면담
5. 4	페르손 EU 의장 방한, 한·EU 정상회담 개최
5. 14	북한과 EU, 외교관계 수립 계획 발표
6. 6	부시 미국 대통령, 북한과 대화 재개 선언
6.15~16	민족통일대토론회 남북 공동행사로 개최(금강산)
6. 20	한국관광공사 금강산 관광사업 참여 발표
7. 18~19	남북농민통일대회 개최(금강산)
7. 26~8. 18	김정일 북한 국방위원장, 열차로 러시아 방문
8. 4	김정일 국방위원장, 푸틴 러시아 대통령과 정상회담
8. 15~21	8.15 남북 공동행사에 남쪽 방문단 참가 - 7대 종단, 민화협, 통일연대 대표 등 394명 방북
9. 3~5	장쩌민 중국 국가주석 북한 방문, 북중 정상회담
9. 11	미국 9.11 테러 발생
9. 15~18	5차 남북 장관급회담(서울)
10. 3~5	금강산 관광 활성화를 위한 남북 당국간회담(금강산)
11. 3	북한 외무성 대변인 반테러 국제협약 가입 결정 발표
11. 9~14	6차 남북 장관급회담(금강산)
12. 16~31	북한 경수로 사업 관계자 19명, 남한 방문해 원자력발전소

	등 시찰
2002년	
1. 1	김대중 대통령 신년사
	- 한반도 평화체제 강화 및 남북관계의 지속적인 발전 추진
1. 29	부시 미 대통령 악의 축 발언 파문
2. 19~21	부시 대통령 방한, 한미 정상회담 개최
	- 미국은 북한 침공 의사 없으며 한국의 대북 화해협력 정책 지지한다고 발표
3. 21	정부 금강산 관광 경비지원 방안 발표
	- 이산가족, 학생, 교사, 국가유공자 등에 대해 경비 60~70퍼센트 지원
3. 22	한일 정상회담 개최
3. 28~4. 1	메가와티 인도네시아 대통령, 남북 동시방문
4. 3~4. 6	임동원 특보, 대통령특사로 방북, 김정일 국방위원장 면담
	- 남북 공동보도문 6개항 서울과 평양서 동시 발표
4. 11	민통선 내 경의선 도라산 역 개통식(1일 2회 운행)
4. 28~5. 3	4차 이산가족 상봉(금강산)
5. 11~14	박근혜 의원 유럽·코리아 재단 이사 자격으로 방북, 김정일 위원장 면담
6. 14~15	6. 15 남북 공동선언 발표 2돌 기념 통일대축전 개최(금강산)
	- 민화협, 통일연대, 7대 종단 등 208명 참석
6. 29	제2 서해교전
7. 1	미국 대북특사 방북계획 철회
7. 25	북한 서해교전 관련 유감 표명 및 당국간회담 제의

8. 12~14	7차 남북 장관급회담(서울)
8. 14~17	8.15 민족통일행사 개최(서울)
	- 북쪽 대표단 116명 참가
8. 20~23	북러 정상회담 개최(블라디보스톡)
9. 5~8	남북 통일축구경기 개최(서울 월드컵 경기장)
9. 12	북한·유엔사, DMZ 공사 관련 관리권 이양 합의문 서명
9. 12	북한, 신의주특별행정구 기본법 채택
9. 13~18	제5차 남북 이산가족 상봉(금강산)
9. 14~17	남쪽 태권도 시범단 평양 방문
9. 17	북일 정상회담 개최(평양)
	- 북한 일본인 납치 사과, 북일 평양선언 채택
9. 18	경의선과 동해선 철도 및 도로 연결공사 착공식
9. 19	남북, 경의선·동해선 DMZ 지뢰 제거작업 동시 착수
9. 24	남북 군당국간 직통전화 개통
9. 25~30	MBC 평양 특별공연
	- 이미자, 최진희 등 181명 방북, 북쪽과 합동 공연
9.29~10.14	북쪽 선수단, 응원단 등 668명 부산 아시아경기대회 참가
10. 3~5	켈리 미 대통령특사(국무부 차관보) 방북
10. 17	북한의 핵개발 시인 관련해 한미일 공동 발표
10. 19~22	8차 남북 장관급회담(평양)
10. 23~26	북한 태권도 시범단 41명 서울 방문
10.26~11.3	북한 경제시찰단 남한 방문, 산업시설 시찰
	- 박남기 국가계획위원회 위원장 등 18명
10.30~11.2	개성공단 건설 실무협의회 1차 회의(평양)
	- 1단계 100만 평을 2003년까지 끝내기로
11. 25	북한 최고인민회의 상임위원회 정령 발표
	- 금강산관광지구 지정(10.23), 금강산관광지구법 채택(11.13)

	관련
11. 27	북한 최고인민회의 상임위원회 정령 발표
	- 개성공업지구 지정(11.13), 개성공업지구법 채택(11.20) 관련
12. 12	북한, 미국의 중유 공급 중단에 대응해 핵 동결 해제 선언
12. 14	경의선과 동해선 비무장지대 남북 관리구역 지뢰 제거 완료
12. 31	북한 국제원자력기구(IAEA) 사찰관 2명 추방

2003년

1. 10	북한 핵확산금지조약(NPT) 탈퇴 선언
1. 21~24	9차 남북 장관급회담(서울)
1. 27~29	임동원 대통령 외교안보통일 특보 방북
	- 김대중 대통령 친서 전달, 김정일 국방위원장 면담은 실패
2. 14	김대중 대통령, 대북송금 관련 대국민 담화 발표
2. 24	김대중 대통령 퇴임
2. 25	노무현 대통령 취임
3. 14	노무현 대통령, 여야 재협상 전제로 대북송금 특검법을 한나라당 안대로 공포
4. 2	국회, 이라크전 파병 동의안 의결
4. 23~25	북미중 3자회담 개최(베이징)
	- 북한 새롭고 대범한 해결방도 제안
	- 북한 리근 대표, 미국 켈리 대표에 핵 보유 통보 파문
4. 27~30	10차 남북 장관급회담 (평양)
5. 15	노무현 · 부시 한미 정상회담
	- 핵 위기 고조시 추가적 조처 검토에 동의
5. 23	부시 · 고이즈미 미일 정상회담

	- 핵 위기 고조시 좀더 강경한 조치 언급
6. 7	노무현·고이즈미 한일 정상회담
	- 한미, 미일 정상회담 기조 재확인
6. 25	송두환 특검, 대북송금 사건 수사결과 발표
6. 27~7. 2	남북 이산가족 상봉(금강산)
6. 28	북한, 개성공업지구 및 금강산 관광지구의 개발규정과 기업창설 운영규정 발표
7. 7	노무현·후진타오 한중 정상회담
	- 한반도의 비핵화와 핵 문제의 평화적 해결 확인
7. 9~12	11차 남북 장관급회담(서울)